中国金融四十人论坛书系
CHINA FINANCE 40 FORUM BOOKS

深化经济体制改革
重点领域一揽子方案建议

李　波◎主编

中国经济出版社
CHINA ECONOMIC PUBLISHING HOUSE
北　京

图书在版编目（CIP）数据

深化经济体制改革重点领域一揽子方案建议/李　波主编．
北京：中国经济出版社，2014．4
ISBN 978－7－5136－3152－5

Ⅰ．①深… Ⅱ．①李… Ⅲ．①中国经济—经济体制改革—研究 Ⅳ．①F121

中国版本图书馆CIP数据核字（2014）第050074号

责任编辑　乔卫兵　方雷
责任审读　霍宏涛
责任印制　马小宾
封面设计　华子图文设计公司

出版发行　中国经济出版社
印 刷 者　北京九州迅驰传媒文化有限公司
经 销 者　各地新华书店
开　　本　710mm×1000mm　1/16
印　　张　16．5
字　　数　220千字
版　　次　2014年4月第1版
印　　次　2017年10月第3次
书　　号　ISBN 978－7－5136－3152－5
定　　价　65．00元

中国经济出版社网址 www．economyph．com 社址北京市西城区百万庄北街3号邮编100037
本版图书如存在印装质量问题，请与本社发行中心联系调换（联系电话：010－68319116）

中国金融四十人论坛书系
CHINA FINANCE 40 FORUM BOOKS

书系编委会

“中国金融四十人论坛书系”是由中国金融四十人论坛创设的书系，专注于宏观经济和金融领域，着力金融政策研究，力图引领金融理念突破与创新，打造高端、权威、兼具学术品质与政策价值的智库书系品牌。

自2009年以来，“中国金融四十人论坛书系”已出版30余本专著、文集。凭借深入、严谨、前沿的研究成果，该书系已经在金融业内积累了良好口碑，并形成了广泛的影响力。

中国金融四十人论坛内部重大课题

《深化经济体制改革重点领域一揽子方案建议》

课 题 顾 问（按姓氏音序排列）：

江　平　钱颖一　吴敬琏　吴晓灵　周小川

课题组成员（按姓氏音序排列）：

白重恩　蔡洪滨　黄海洲　李　波

马　骏　魏加宁　伍　戈　徐　林

袁　力　周诚君　周汉华

本 书 主 编：李　波

执 行 编 辑：伍　戈　林　赞　席　钰　顾　及

序

本书是中国金融四十人论坛2013年为我国全面深化改革总体方案设计提供的“最小一揽子”建议方案。

2012年11月的中国共产党第十八次全国代表大会，是中国改革和发展征途上的一个重要里程碑。十八大明确提出必须“以更大的政治勇气和智慧，不失时机深化重要领域的改革”。根据过去的经验，在改革的基本要求确定以后，首先要做的事情，就是进行改革的总体规划。因此，2012年12月的中央经济工作会议要求在2013年“深入研究全面深化改革的顶层设计和总体规划，明确提出改革总体方案、路线图、时间表”。

曾经有一种误解，以为所谓“顶层设计”是由顶层官员进行的设计，而与一般的民众无关。实际上，所谓“顶层设计”，是指在构建像社会经济体系这样的大系统时，要从顶层开始设计整个系统的总框架，然后才能与这个总框架相照应，进行子系统的设计。这样，各个子系统才能相互协调，实现良性互动。所以，2013年制定全面深化改革总体规划的方针是“顶层设计和基层创新相结合”。中共中央还在2013年4月20日发出《关于对党的十八届三中全会研究全面深化改革问题征求意见的通知》，发动全社会干部群众提供意见和建议。显然，进行全面深化改革的总体方案和路线图是和我们整个社会的全体公民有关的事情。大家都应当参与到其中，积极地提出自己的意见和建议。由于这一轮改革的重点是经济体制改革，经济和金融的专业人士，更是负有义不容辞的责任，要从学者的角度，根据自己的研究对全面深化改革的总体设计提出独立的意见。

由于近年来在一些重要部门改革的迟滞，目前在我国社会经济体系中积累的矛盾很多，需要进行的改革项目多达数百项，而用以支持改革的资源毕竟是有限的，改革的总体规划不可能面面俱到，四面出击的结果只会分散精力，甚至弄得一事无成。1993 年在研讨设计上一轮全面改革的整体方案时，采用了一种名叫“最小一揽子配套改革”的办法来解决这一矛盾。就是说，在众多需要进行改革的改革项目中，最为关键和相互关系最为紧密的少量改革项目，形成既是一揽子配套、项目又不是太多的阶段性改革方案。

根据以上的种种考虑，中国金融四十人论坛在 2013 年 3 月启动了《深化经济体制改革重点领域一揽子方案建议》的内部重大课题。中国金融四十人论坛是一家由 40 位 40 岁上下的金融精锐组成的非官方、非营利性的独立智库，致力于以前瞻视野和探索精神，夯实中国金融学术基础，研究金融界前沿课题，推动中国金融业改革与发展。论坛的这个课题组选定《构建有利于地方改革创新的统一大市场》《关于财税体制改革的思路》《社会保障体制改革的方案设计》《土地制度改革与新型城镇化》《建设法治的市场经济》《新形势下对外开放的战略布局》等六个子课题，组成改革重点领域的一揽子方案。经过半年多的努力，课题组先后完成和发布了六份研究报告以及在六份研究报告基础上提出的深化经济体制改革重点领域的五十项建议。在此期间，课题组召开了多项研讨会议并和学界进行广泛的交流。

十八届三中全会成功制定《关于全面深化改革若干重大问题的决定》这一历史性文件，是与朝野上下和官、产、学各界的共同努力分不开的。在这一决定的制定过程中，来自全国的书面意见和建议就多达一百几十份，其中自然也包括中国金融四十人论坛的《深化经济体制改革重点领域一揽子方案建议》。从这方面看，中国金融四十人论坛的经济学家和金融专家也为制定这一具有历史意义的决定添砖加瓦，做出了贡献。

我一直认为，制定总体规划固然不易，执行这一规划，由于不可避免地遇到种种困难和障碍，就更加困难。我们大家都不应以为已经大功告成而松懈下来，还必须再接再厉，尽我们的公民责任，为实现全面深化改革的完全成功而继续努力。

吴敬琏
2014年3月22日

前　言

上个世纪70年代起，中国步入到改革开放的历史大潮中。这40年来，中国经济迅速发展，对外交往日益频繁，人民物质文化生活水平不断提高，中国享受到了市场化、全球化的红利，分享了全人类科技进步和文明发展的成果。实践已经证明，唯有开放包容才能聚集资源，唯有改革创新才能顺应历史趋势，以“思变”应“万变”当是不变的永恒规律。

当前国内经济体制改革正处于攻坚克难的关键时期，各方对于加快改革都充满了期待。抓住战略机遇深化改革，着力解决深层次矛盾，促进科学发展，不仅事关中国未来十年的经济发展，而且关系国家的长治久安。当前经济、社会矛盾突出的领域有哪些？从何处下手解决问题？改革的可能方案有哪些？各种方案的利弊是什么？带着这些问题，我们启动了关于深化经济体制改革一揽子方案的研究课题。课题组成员经过近一年的深入研究和反复讨论，形成了系列研究成果，包括《构建有利于地方改革创新的统一大市场》《关于财税体制改革的思路》《社会保障体制改革的方案设计》《土地制度改革与新型城镇化》《建设法治的市场经济》《新形势下对外开放的战略布局》等。这些研究涵盖范围广，内容丰富，既有系统的理论研究，也提出了具体的解决思路和方案。课题组将这些研究成果集结成册，希望将改革的一揽子方案系统的呈现在读者面前，也希望政策制定者在复杂的环境中推陈出新，将改革深入推进。

《深化经济体制改革重点领域一揽子方案建议》课题组成员包括白

重恩、蔡洪滨、黄海洲、李波、马骏、魏加宁、伍戈、徐林、袁力、周诚君、周汉华（按姓氏音序排列）。江平、钱颖一、吴敬琏、吴晓灵、周小川（按姓氏音序排列）等顾问对课题研究精心指导。在课题评审会上，各领域专家提出了很多宝贵的建议。在此，一并感谢他们无私的帮助和指教！

编　者

2014 年 3 月

目录

中国金融四十人论坛
CHINA FINANCE 40 FORUM

第一章 引言[①]

执笔人：《深化经济体制改革重点领域一揽子方案建议》课题组

① 感谢吴敬琏、江平、钱颖一、吴晓灵等专家提供的宝贵意见以及课题系列讨论会上各与会嘉宾的建设性建议。

一、深化经济体制改革的总体思路

2013年是实施“十二五”规划承上启下的重要一年，也是新一届政府全面开展工作的第一年，当前国内经济体制改革正处于攻坚克难的关键时期，各方对于加快改革都充满了期待。抓住战略机遇深化改革，着力解决深层次矛盾，促进科学发展，不仅事关中国未来十年的经济发展，而且关系国家的长治久安。当前，各项改革均面临相互关联、错综复杂的挑战，需要牢牢把握三个基本思路。

一是地方创新是“成功改革”的实践沃土。我国改革开放30多年的实践表明，在维护统一大市场的同时，发挥地方的积极性和创造性，对于寻找改革突破口，探索和比较不同的改革路径，寻找最优的改革方案，都具有十分重要的意义。从国际经验看，在维护统一大市场的前提下，向地方适度下放权力是大国发展的一个普遍趋势和基本规律，这对于我国完善有利于地方改革创新、促进地区间在制度层面良性竞争的中央地方关系，具有重要的借鉴意义。目前各方对社会保障、教育、医疗、土地等改革存在较多争议，一时难以形成统一方案，事先也很难准确判断和精确计算各个方案的优劣和成本。在此背景下，中央直接出台一个全国统一的整体改革方案可能会面临较大阻力，也具有较大风险，不容易下决心。因此，从可行性、必要性和可取性来看，可以参照近年来美国“自下而上”的改革模式，充分、具体地考虑每项支出责任的历史沿革和复杂性，除司法等少数地区间外部性较强的领域外，不急于大幅改变现有的中央地方事权划分，而应为地方政府匹配适当的财力，鼓励地方在中央制定的方向、原则和框架之下，在多个领域探索不同的改革路径和管理模式，通过地方间适度竞争，寻找最优制度组合，实现优化趋同。

二是对外开放是“深化改革”的强大推手。过去30多年的实践经验表明，对外开放不仅促进了我国经济社会的全面进步，而且也为改革事业提供了较好的参照系和前进动力。对外开放不但提升了国内标准，促进了各领域与国际接轨，而且参与国际竞争和国际规则制定也反过来推动国内体制改革：国企改革步伐加快，民营经济迅速发展，金融体制、投资体制、住房体制、社保体制等各项改革全面推开。我国通过不断扩大开放，引进资金，引进管理，培养人才，促进企业改革，促进金融改革，提升国际地位。展望未来，上述“改革红利”虽然继续存在，但边际贡献率将会逐步下降，因此，应当着眼于寻找新的发展机遇，进一步扩大对外开放，探索运用全球资源来解决我们发展中的瓶颈问题，同时主动提高标准，向国际上的高水准看齐，以开放促改革。

三是法治建设是“平稳改革”的坚定基石。法治的规范性与权威性，可以有效规范和制约政府行为，防止权力被滥用，可以使全社会养成遵纪守法的良好风气，维护市场秩序与社会秩序。过去30多年，我国采用了市场经济体制改革先行，法治建设跟随发展的变革方式，与大多数转轨国家的变革路径有一定相似之处。相比法治先行模式，这种模式可能积累一定的矛盾和风险。如果制度不匹配，如果长期缺乏法治支撑，这种变革模式将有可能陷入停滞甚至倒退，相关制度框架也难以实现整体跃升。法治的市场经济，既是改革本身追求的目标，也是国家进一步发展的制度基础。因此，要顺应形势要求，不失时机地大力推进法治建设，构建法治的市场经济，创造和维护有利于深化改革的法治环境。

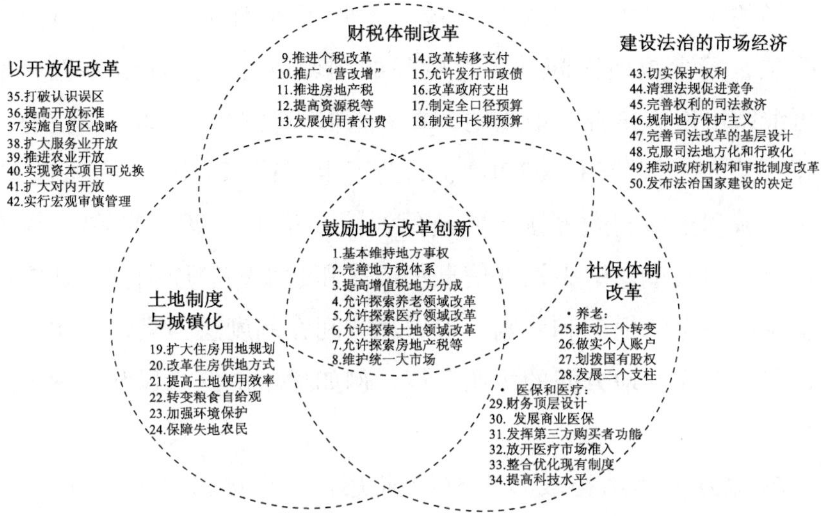

图1－1　深化经济体制改革五十项建议

二、深化经济体制改革重点领域一揽子方案建议（暨五十项建议）

深化经济体制改革面临众多议题，涉及领域广泛。一方面需要研究从政府改革、司法改革、公平竞争、宏观调控等层面完善社会主义市场经济的制度框架，另一方面需要在财税体制（包括中央地方关系）、社会保障、医疗体制、土地制度、城镇化及对外开放等重点领域寻找改革的突破口。《深化经济体制改革重点领域一揽子方案建议》课题组针对下一步亟须突破的几个重点领域，就稳步有序地推进相关改革提出了五十项建议。

（一）构建有利于地方改革创新的统一大市场①

1. 除司法等少数地区间外部性较强的领域外，不必急于大幅改变中央地方现有的支出职能划分，而是鼓励地方在多个领域改革创新，地区间在制度层面适度竞争，优化趋同。改革开放的实践证明，推动改革要充分发挥地方积极性；国际经验也表明，向地方适度放权不会影响统

① 详见子课题报告《构建有利于地方改革创新的统一大市场》，执笔人李波、魏加宁。

一大市场的运行，关键是法治的统一。除了推动司法权“去地方化”（第49项）等少数地区间外部性较强的领域以外，其他地方现有事权目前可继续由地方掌握，鼓励地方在养老保障（第24、25、26项）、医疗保障（第29、30、31、33项）、医药卫生（第32、33、34项）、教育等民生领域和土地制度等新型城镇化领域（第11、20、24项）探索创新，推动各项改革。中央根据信息复杂性和激励相容原则，为地方的改革创新制定一定的框架和原则，引导地方间在制度层面良性竞争，优化趋同；建立和完善地方间的协调政策，例如适当协调社保和医保的跨地区结算。

2. 在地方仍然承担较多事权的前提下，建立和完善地方税体系，赋予地方适当的财权，包括一定的税收立法和征管权。结合新型城镇化的要求，以及城镇化快速发展后带来的土地增值、工商及服务业繁荣等，适度赋予地方政府一定的税收立法和征管权，建立以财产税（第11项）、资源税（第12项）、基础设施和公共服务使用者付费（第13项）等一揽子综合性地方税收及其征管体系。完善地方税体系的同时，要明确地方政府不得对生产和流通环节自主征税以保证市场统一，不得实行地域歧视政策以防止地方保护主义（第8项）。

3. 在地方税体系建立和完善之前，应提高地方政府在现有税种中的分享比例（第9、10项）。一个可行的方案是，在今后三至五年，提高增值税地方分享比例到50%，这将大致弥补“营改增”后地方财政收入的缺口。我们认为：地方分享增值税不是制造业重复建设的主要原因。重复建设的主要原因在于：一是预算软约束的地方政府充当投资主体或干预投资行为，项目大干快上造成了重复建设；二是地方保护主义妨碍了商品、服务和要素的自由流动，人为分割的市场在一定程度上保护了重复建设；三是垄断行业和服务业存在有形和无形的进入门槛，地方国企和民营企业投资领域狭小加剧了重复建设；四是产业政策以制造业为导向，长期不重视服务业，在外向型经济的发展过程中积累了大量产能。

4. 在养老保障领域，鼓励各地在中央确定的指导原则下，因地制宜，通过改革创新寻找最佳方案，优化趋同。子课题报告的执笔人认为，不急于实现基础养老金的全国统筹，鼓励地方在个人账户和统筹账户的改革中积极探索，推动实现三个转变（第25项）。中央政府可为各地的探索制定最低标准，同时在过渡期内为地区间协调做出一定的安排，包括提供基本的养老保障信息管理平台、承担或协调养老金的跨区域结算等。从长期来看，随着社会经济发展水平的提高，通过各地相互竞争优化趋同，逐步发挥养老保障体系的各项功能。

5. 在医疗保障和医药卫生领域，鼓励地方探索创新，寻找改革路径。目前对医疗保障和医药卫生体制改革存在诸多争议：首先，对可能存在的财务缺口缺乏深入分析和科学估计；其次，对扩大医疗服务的有效供给存在不同方案；第三，对公立医院的下一步改革存在不同思路，有观点坚持“收支两条线”，也有观点主张建立有效激励；第四，对社会化基本医疗保障和商业性医疗保险各自定位和下一步发展存在不同意见。鉴于对相关改革存在诸多争议，可以允许不同地方尝试不同办法解决面临的问题，地区间适度竞争，优化趋同。中央可承担或协调医保的跨区域结算，满足居民异地就医需求。

6. 在与城镇化相关的土地管理领域，减少地方政府对土地财政的依赖，发挥市场配置资源的基础性作用。初期可以考虑允许不同地区选择不同方案进行住房用地供地方式改革试点，在实践中积累经验，逐步优化趋同。可供选择的方案（第20项）包括：一是地方政府零地价或低成本价提供住房用地；二是地方政府的卖地收入归中央；三是政府退出征地过程，实现建设用地供给的市场化。在改革供地方式的同时，大幅扩大城镇住房用地规划（第19项），允许城市政府发行市政债（第15项）筹集土地购置和初级开发所需资金，其偿付能力来源于土地开发项目未来所带来的现金流，包括可稳定征收的房地产税、公共设施及服务的使用者付费、商业繁荣后带来的各种税收增收等。

7. 在房地产税、使用者付费等领域，鼓励地方积极探索各种不同的实施方案。伴随着新型城镇化的推进，城市政府的收入将越来越依靠房地产税（第11项）、使用者付费（第13项）等渠道。目前对于房地产税的实施，主要有两类不同的方案，一是新老划断，只对新购房产征税；二是对存量、增量房产统一征收房地产税。在中央政策的统一指导下，可以允许不同城市尝试不同方案，城市间适度竞争，优化趋同。同样，在使用者付费领域，在科学规范的前提下，鼓励城市政府尝试不同的使用者付费领域和机制，弥补城市政府财政收入的不足，优化新型城镇化过程中各个城市的公共设施和公共服务的提供。

8. 维护统一大市场。鼓励地方改革创新的前提是全国性统一大市场能够得到巩固和维护，从而保证生产要素、商品和服务在全国范围内的自由流动，提高资源配置和经济运行的效率。一是规制地方保护主义，建立对抽象行政行为的司法审查制度，并解决具体行政行为诉讼过程中的“三难”问题（第48项）；二是推动司法“去地方化”和“去行政化”（第49项）；三是清理现有法律和相关政策文件，对国有资本战略布局进行法律规范，并建立有效的反垄断法执法机制，促进公平竞争（第44项）；四是深化政府机构改革，减少政府层级（第46项）；五是建立有效的城镇化融资机制，提高地方财政支出和资产负债的透明度（第15、17项）。

（二）推动财税体制改革，促进经济结构优化①

9. 推进个税改革。按照“宽税基、低税率”的原则，一是稳定起征点，提高个税占税收收入的比例，改善收入分配；二是将目前7种税率减少到5种甚至更少，最高税率从目前45%降低到35%，甚至更低；三是推动个人所得税综合计征。借鉴国际经验，以家庭为单位抵扣，如赡养、按揭。

10. 将“营改增”扩大到全国和所有服务业。一是全面推行“营改增”，尤其在服务业行业；二是银行业营业税税率的降幅（5%下降到

① 详见子课题报告《关于财税体制改革的思路》，执笔人马骏、白重恩。

4%，降幅约20%）与其他服务业“营改增”享受的间接税降幅基本一致；三是将保险业的营业税税率也同时从5%下调到4%；四是适当提高增值税由地方政府分享的比例。

11. 改革地方税制度，推进房地产税改革，给予地方一定的税收立法权。根据税源和事权的一致性，改革地方税制度。逐步建立以房地产保有税为主的财产税制度，鼓励城市政府积极探索各种不同的房地产税实施方案和制定差异化税率。同时推动两个方面的配套改革：一是对房地产现有交易等相关环节的税费进行大幅削减，以减少保有环节税种推出可能遇到的阻力；二是通过大幅扩大城镇住房用地供给（第19项）、改变住房用地供地方式（第20项）等途径，降低地价和房价，为房地产保有环节实行征税创造条件。

12. 提高资源税和排污收费，在主要城市实行汽车牌照拍卖制度。一是将煤炭资源税税率提高5～9倍，加快其他资源税改革，完善能源最终消费价格的形成机制；二是将二氧化硫和氮氧化物等排污征收标准提高1～2倍，相应提高烟尘排污费、硫酸雾排污费、粉尘排污费等征收标准，并逐步将各类环保收费整合并转变为统一的环境保护税（第23项）；三是在主要城市实行汽车牌照拍卖制度，逐步将汽车保有量的年增长率降到5%，牌照收入的大部分，专项用于地铁等居民“清洁出行”方式的投入。

13. 科学规范地运用使用者付费。利用市场创新和科技手段，按照公共设施和服务的使用者付费原则，针对公共设施和服务向使用者收费，以通过市场化手段弥补地方政府（尤其是城市政府）的成本支出。正式将使用者付费列入财政预算，并做好乱收费的清理工作。

14. 改革转移支付制度。建议在今后几年的时间内，由财政部门、人大、外部专家设立专门的研究小组，以减少专项转移支付的数量和占全部转移支付的比重、提高一般转移支付的总额和比重为目标提出具体操作方案，争取将一般性转移支付占全部转移支付的比重提高到三分之二以上。将取消的部分专项转移支付和历史遗留的基数返还纳入一般性转移支付。在一般性转移支付的公式设计中，参考国际经验，以促进地方的基本公共服务均等化为目标，客观反映地方自主财力，避免人为因素的干扰，提高透明度。同时，建立以维护国家统一为目的的“横向转移支付”和以利益相关者为主体的“生态补偿机制”。

15. 允许城市政府自主发行市政债。供地方式改革后，城市政府购置和开发土地的支出可以通过市场化发行市政债进行筹集，其偿付能力通过土地开发项目未来所带来的现金流，包括可稳定征收的房地产税、公共设施及服务的使用者付费、商业繁荣后带来的各种税收增收等来保证。短期内市政项目融资可通过项目型城市政府债券等方式来实现。从长远看应尽快修订《预算法》，允许城市政府自主发行市政债。同时，充分发挥金融市场在市政债发行中的价格发现、风险管理和工具创新功能。

16. 推动政府支出改革。减少政府在经济建设领域的支出，大幅度提高财政对社会保障、教育和医疗等民生领域和对节能、环保等领域支出的比重。一是提高财政对社会保障和医疗投入占 GDP 的比重；二是将财政对清洁能源、节能、环保的投入占 GDP 的比重提高一到两倍；三是降低三公消费等一般性支出占 GDP 的比重；四是严格控制地方政府通过低价土地（尤其是工业用地）、税式支出、基金支出的方式过度干预竞争性领域的经济活动。

17. 建立全口径预算体系，强化人大的预算审议监督职能，增加政府预算透明度。彻底清理所有未纳入预算的各种体制外收费，将所有财政性资金全部纳入国库单一账户管理，强化国库资金收支监督。在新的《预算法》中明确只有全国人大、国务院、省人大、省政府才有权规定向企业和个人收取税费。同时，强化政府预算约束，提高政府运行透明度。公共预算、政府性基金预算、国有资本经营预算、社会保障预算应当保持完整、独立，同时保持各类预算间相互衔接；重点公开专项转移支付和“三公经费”。赋予社会公众申请预算公开的权利，并为权利的行使提供法律救济。要切实加强各级人民代表大会对税收、拨款、转移支付等的预算审议监督职能，由各级人大审批（而非仅仅备案）包括一般财政预算、政府性基金预算、完整的国有企业资本经营预算在内的公共预算。将“预算审议监督”作为各级人大的工作重点，并为此改革其活动方式和成员构成。通过建立健全完整的预算制度，把国企改革、社会福利制度与政府治理机制的完善有机结合起来，为新一轮财税改革的顺利进行提供制度基础。

18. 建立中长期预算框架，增强财政的可持续性。建立中长期财政预算框架（包括5~10年财政预测，并公布主要或有负债），在公布年度预算的同时公布中长期预算框架，推动财政资源在代际之间相对公平的分配。除了预算部门之外，还应该要求人力资源与社会保障部对长期（如今后40年）养老金缺口和医疗保障费用进行预测，并会同财政部门估算相关费用对财政赤字和债务的影响以及这些财政压力将发生时点。

除上述改革建议外，还应推动政府机构改革，减少政府层级（第46项），这将有利于落实省级以下政府之间的分税制。

（三）推动土地制度等相关改革，实施新型城镇化战略①

19. 大幅扩大城镇住房用地规划。改变严守耕地红线的思路，从保证实物耕地总量红线转向保证土地产量红线，实现全国范围内的土地产量占补平衡，从而为大幅扩大城镇住房用地规划创造条件。建立土地“当量”制度，包括土地“当量”评估、交易和投融资体系是一种具体的实现方式。

20. 改革城镇住房用地供地方式。建议考虑三种改变供地方式的方案：一是改革土地招拍挂制度为零地价或低成本价供地；二是地方政府的卖地收入归中央；三是政府退出征地过程，实现城镇住房用地供给的市场化。初期可以考虑允许不同地区选择不同方案进行试点，在实践中

① 详见子课题报告《土地制度改革与新型城镇化》，执笔人：蔡洪滨、李波、林赞、伍戈、徐林、席钰、袁力、周诚君（按姓氏音序排列）。

积累经验，逐步优化趋同。改革供地方式以后，政府购置和开发土地的支出可以通过发行市政债筹集（第 15 项）。

21. 提高农地和城市建设用地使用效率。鼓励耕地承包经营权的流转，发展农业科技和农业金融产品，加大水利工程等农田整治力度，更加集约利用农业土地，推动农业现代化，提高农地产出。通过转变政府观念、提高管理高密度人口能力、改善城市基础设施和房屋建设技术水平等提高建设用地容积率。同时，推动盘活城镇低效用地和农村闲置建设用地。

22. 转变粮食自给观。根据粮食自给率维持在 90% 以上的国际经验，将扣除大豆进口后的粮食进口量与国内粮食总产量的比例控制在 10% 以下作为确保我国粮食安全的底线。在此基础上，扩大农业国际贸易与投资，一方面适度扩大粮食进口，另一方面鼓励国内农业投资“走出去”（第 39 项）。同时，还要设立必要的应急计划，应对国内大的自然灾害或世界范围内的自然灾害。

23. 利用市场化手段加强环境保护。一是加快排污权、碳排放权等交易市场建设，在规范设计和加强市场监管的基础上，通过总量控制和配额分配鼓励多方参与市场交易，实现有效率的节能减排；二是积极发展绿色信贷、绿色保险和绿色资本市场，在合理定价和测算回报的基础上，建立改善环境的投融资体系，进一步加强资本市场的环保监督作用，充分发挥金融创新在优化环境资源配置中的作用；三是逐步开征环境保护税，替代原有的各项环保收费，同时完善对严重污染环境行为的法律责任追究机制。此外，考虑拿出城镇化收益的一部分用于环境保护。

24. 妥善解决失地农民的社会保障、公共服务等问题。建议地方政府尽早结合城镇化规划，将失地农民社会保障问题纳入资金安排机制予以统筹考虑。建立合理的土地增值收益共享机制，使土地增值收益主要用于覆盖土地“农转非”征用及开发成本、土地占补平衡投入（如农田整治）、促进农民“农转非”后的就业、社会保障和公共服务所需要的投入。在整体社会保障体制改革允许地方尝试的前提下，鼓励地方政府就失地农民社保尝试不同方案，适度竞争，优化趋同。

除上述建议外，还应同时推进房地产税改革（第 11 项）、科学规范地运用使用者付费（第 13 项），允许地方发行市政债（第 15 项）。在上述一整套包含有效激励约束机制的城镇化融资体制设计中，当期以发行市政债筹集城市政府购置和开发土地的支出，未来由土地开发项目所带来的现金流（房地产税、使用者付费等）偿付负债。通过城市政府财政收入在时间轴上的这种平移，实现政府现金流的跨期合理分配，这既有助于解决土地财政和高房价等问题，又有利于新型城镇化的顺利推进和城市政府财政收入的长期可持续性。

（四）推动社会保障体制改革，妥善应对人口老龄化和大规模城镇化带来的挑战①

25. 逐步推动养老保障体制的三个转变，实现长期财务可持续，提供工向激励，构建有效社会安全网。一是养老保障的待遇标准从受益基准制（on Benefit Basis）向供款基准制（on Contribution Basis）转变；二是养老保障的资金来源从现收现付制（Pay as You Go）向预筹积累制（Fully Funded）转变；三是养老金个人账户安排从名义个人账户（Nominal Personal Account）向做实个人账户（Real Personal Account）转变。

26. 逐步做实个人养老账户，积极探索账户管理。配合个人账户管理方式的转变，逐步通过划拨国有股权和收益等方式来弥补历史欠账，推动个人预筹积累成为做实个人账户的长期资金来源。同时，根据劳动所得税收抵免计划的思路，分段对一定限额之下的职工缴费给予补贴计入个人账户，退休后养老金完全按当时个人账户积累资金额计发。对缴费的补助可以用国有股份和收益，也可来自公共财政预算。此外，建议中央和地方就历史欠账达成安排，界定各自责任，以解决地区间历史负

① 详见子课题报告《社会保障体制改革的方案设计》，执笔人白重恩、李波、马骏。

担不同和地方预算软约束等问题。在此基础之上，鼓励地方在个人账户做实路径和资金管理方式等方面探索创新，优化趋同。例如鼓励地方尝试各种不同的养老金管理机构运行模式，增加个人在投资方面的选择权，推动养老保障体制改革与资本市场发展之间的良性互动等。

27. 划转部分国有股权和收益到社保体系。从 2013 年起每五年划拨 10% 的国有股权进入社保体系，直至 80% 的水平。按照财务可持续的要求，社保体系只使用所持股份每年分派的红利（股息），但不变现上述股票，允许社保基金适当调整所持有股票的组合。探索国有股权直接进入养老金个人账户，帮助弥补养老金个人账户的历史欠账，促进个人账户逐步做实。

28. 逐步整合各类基本养老保险制度，大力发展养老保障第二和第三支柱。尽快建立以个人账户为主体的机关事业单位基本养老保险制度，同时改革完善企业职工基本养老保险，待条件成熟后统一城镇从业人员基本养老保险制度。在政府强制性基本养老保险（第一支柱）的基础上，加快引导企业发展年金计划（第二支柱），积极鼓励和引导个人参加自主型或商业性养老储蓄计划（第三支柱），满足不同的养老保障需求，以减少对第一支柱的依赖和压力。为促进第二和第三支柱的发展，可以根据收入水平给予企业年金计划和自愿型养老储蓄计划一定的税收优惠。

29. 从巨型财务问题的视角，召集财政、金融、保险等方面的专家学者，加快顶层设计，研究解决医疗保障资金来源问题。研究新农合、城镇居民医保、公费医疗和长期护理保障的资金来源；设计整合各类基本医疗保障制度的资金安排；评估增强可携带性可能带来的财务问题；测算在老龄化和医疗成本上升背景下未来可能出现的资金缺口，并分析对财政的压力；安排合理的制度，充分发挥社会化医疗保险和商业化医疗保险各自的作用；设计控制医疗成本的各种办法等等。

30. 大力发展商业性健康保险行业，建立大病医疗保险体制和长期护理保险制度。充分发挥商业性医疗保险功能，满足包括大病保险和长期护理保险在内的多样化需求，减少居民对社会化基本医疗保险的过度依赖。一方面，鼓励单位提供商业化医疗保险，建立由政府推动、商业化运行的大病医疗保险体制。另一方面，建立强制性社会保险和自愿型商业保险并行的长期护理保险制度模式，初期以商业保险为主，逐步过渡到强制性社会保险与自愿型商业保险相结合的长期护理保险模式。

31. 充分发挥医疗保险机构的第三方购买者功能，改革对服务者的支付方式，帮助解决信息不对称问题。一是探索医疗保险机构合理的支付制度，如按人头付费、按病种付费等，激励医疗机构选择成本效益比较好的技术手段；二是通过补偿比例的合理设计，鼓励患者到低级别医疗机构就医，推动形成合理的医疗服务体系；三是发挥医疗保险机构认证等“第三方购买者”职能，帮助解决医疗服务市场的信息不对称问题，在竞争中发展壮大优质服务提供者。

32. 放开医疗市场准入，推动形成多元办医、有序竞争、分层合作的格局。放开医疗市场准入，适度放松对医疗服务价格的管制，鼓励民办医疗；按照统一标准实施行业监管和医保政策，营造公立和民营医疗机构的公平竞争环境；继续推进管办分开，加快公立医院改革转型和部分公立医院的改制步伐，提高服务质量，降低服务成本；废除收支两条线等做法，适度挂钩基层医务人员薪酬与医疗收入；加强城镇社区医疗诊所和农村地区中心卫生院的建设，建立多层次医疗服务体系。

33. 整合政府经办的基本医疗保险制度，优化公立医保机构的治理，增强公立医疗机构医疗卫生服务提供者的激励。一是将公费医疗纳入城镇职工医疗保险范畴，整合城镇居民基本医疗保险和新型农村合作医疗，在条件成熟时合并职工医保和居民医保；二是明确居民医保中政府与个人保费分担和待遇标准，通过成立独立的专业委员会确定报销的范围和标准，并定期修正；三是推动社会保险管理中心依法独立运作，加快治理机制完善；四是适度放松对基本医疗服务的价格管制，赋予医院更多自主权，减少医疗服务市场的扭曲；五是改革公立医院人事制度，允许公立医疗机构自主聘用或解聘，探索注册医师多点执业，并通过薪酬激励或鼓励民办诊所，引导医生去基层和农村执业；六是允许公立医疗机构自主建立薪酬制度。

34. 按照发展科技行业的思路，提升医疗医药行业的科技水平。一是政府要加大对医疗医药科研的支持力度，鼓励高校和科研机构增加对医疗医药基础学科建设的投入，支持医疗机构加快前沿专业领域的医疗科研人才引进和培养，提升我国医疗科研队伍整体水平；二是健全高新医疗医药企业的孵化机制，改善医疗医药行业的风险投资环境，通过VC（风险投资）和PE（私募股权投资）发掘和培育具有发展潜力的国内生物医药和医疗器械等企业，为医疗医药行业向科技型行业转变提供支持；三是通过资本市场为医疗医药企业的做大做强提供资金支持，为医疗医药行业风险资本的合理退出创造渠道，同时加大对医疗医药科研的财税支持力度，提高医疗医药企业科技创新的积极性。

（五）提高对外开放水平，进一步推动以开放促改革①

35. 打破认识误区，加强宣传教育和理论研究。一方面，以开放的心态参与全球资源配置，把握全球的资源、需求和人才，在全球化过程中实现互利共赢。正确认识发达国家主导的TISA、TPP和TTIP谈判在当前国际贸易自由化和投资便利化发展方向上的作用，创造条件主动参与，推动实现更高的开放水平和开放标准。另一方面，开展系统的、大范围的对BIT、TISA、TPP、TTIP等新一轮自由贸易和投资保护协定的宣传、培训和普及工作。同时，加强理论研究和技术准备，做好基础梳理工作。投入充足的人力物力，有规划地进行学科和课题设置，明确自由贸易和投资保护协定研究的重点领域和具体内容，开展务实、细致、深入的研究。一方面，要对各相关自由贸易和投资保护协定的具体标准、规则和条款逐一深入研究，找出我国目前存在的差距；另一方面，对当前我国滞后较多的领域逐一进行梳理，分门别类提出改革的建议。在此基础上，可以制定出我国在若干重点领域扩大开放的时间表、路线图，并以此为目标抓紧开展相关工作。

① 详见子课题报告《新形势下对外开放的战略布局》，执笔人黄海洲、周诚君。

36. 以加快推进中美 BIT 谈判为契机，推动服务贸易和投资保护协定领域标准的提高。围绕投资准入、公平竞争、权益保障三个领域，及其涉及的准入前国民待遇、负面清单、国有企业、外汇资金转移、劳工规则、金融服务、业绩要求、税收、法律法规透明度、环境条款等 14 项具体内容开展逐一评估，有取有舍。在部分领域如准入前国民待遇、负面清单、国有企业条款、外汇管理和金融服务等方面采取更加开放的态度，并抓紧开展相关工作，包括：对我国外商投资及国内投资管理体制相关法律法规的修改完善；对包括金融、文化、医疗、教育等行业在内的服务业扩大开放尽早做出通盘考虑和整体设计；对涉及国有企业、劳工规则、环境条款等过去我国较少接触、相对陌生的领域抓紧研究，给出判断，制订方案。

37. 加快实施更高标准的自由贸易区战略。在多哈回合受阻，发达国家、部分新兴市场国家和发展中国家加快推进以 TPP 和 TTIP 为代表的更高标准自由贸易区谈判的背景下，我国宜采取主动，抓紧研究，制订策略，迎头赶上。建议通过发展不同层级的自由贸易区，在提高标准、扩大开放中进行各种尝试，摸索经验，控制风险。当前，可以台港澳、中韩、中日韩、中澳、中瑞、中冰自贸区协定相关谈判和措施为突破口，小范围内先行推动部分领域的高标准开放试点，为逐步扩大乃至全面开放积累经验。

38. 扩大服务业领域的对外开放。在银行业、证券业、保险业、电信业、邮政快递业、建筑业和法律服务业彻底放开市场准入，取消外资持股比例或经营范围限制，实现实质性开放。同时，扩大教育、医疗、文化等行业开放试点。一方面要加快推进市场化进程，将政府提供的公共服务与市场竞争性业务进行拆分。对能够实行市场化经营的服务，可以引导民间资本和外国资本增加市场供给，实现产业化发展；对于公益性服务、保障社会公平的基本公共服务，应加快创新公共服务提供方式，从原来政府单一提供、直接提供的方式，转变为政府补贴或采购、政府与社会多元化提供相结合的方式。另一方面要加快健全事业单位法人治理结构方面的改革，探索建立理事会制度，作为事业单位的决策机构，决定本单位业务发展规划、财务预算方案、人事管理等重大事项，促进事业单位向非营利机构或现代企业转变，并积极引导和鼓励社会资本（包括民间资本和外国资本）通过控股、参股、收购、兼并等方式参与事业单位改革。

39. 推进农业领域的对外开放。一是基于粮食结构性保障措施，取消过多的农产品进口限制、贸易保护政策。二是注重发挥我国农业生产的比较优势，调整农产品出口结构，按更高标准推进农产品贸易自由化。三是优化和整合农产品支持体系。在符合国际标准的前提下，对重要农产品实行适度的价格支持，为生产者提供最低收入保障，继续加大对种粮农民的直接收入补贴，减少对贸易产生的扭曲。四是积极扩大农业“走出去”。一方面，在符合国际标准的前提下，政府可采取财政、税收等方面的支持措施；另一方面需要企业提高自身竞争力，发挥主动性、积极性和创新性，通过农产品出口、对外直接投资、境外农业资源开发、农业对外承包工程、农业对外劳务合作、设立境外研发中心、建立国际营销网络、提供境外咨询服务等多种途径“走出去”。五是建立全球大宗商品交易中心及风险调节机制。在现有商品交易所的基础上，筹建全球大宗商品交易中心，逐步增加在全球大宗农产品定价中的话语权，统筹利用国际国内两个市场、两种资源（第 22 项）。

40. 实现人民币资本项目可兑换。一是制定并公布人民币资本项目可兑换的路线图、时间表，明确 2015 年年末实现资本项目可兑换。二是对现有政策进行梳理，对已经“可兑换”或“基本可兑换”的项目进一步做实，如货物贸易和服务贸易结售汇、直接投资项下绝大部分汇兑等，应大幅简化审核手续，降低政策门槛，鼓励企业“走出去”。为企业提供更高的便利性和自由度。三是近期加快推进跨境贸易结算及资本市场跨境投融资领域改革。推动人民币成为更广泛的交易和结算货币，同时推行 QDII2、股票市场国际版、熊猫债等资本市场改革，推动形成以人民币定价的国际资产，并在条件基本许可的范围内加大试点和推广力度。四是中期可全面推进外债、资本市场领域的对外开放。将外债管理转向以负债率和币种匹配为核心的宏观审慎管理；允许部分境外金融机构进入我银行间市场；进一步扩大 QDII 和 QFII 主体资格，增加投资额度；允许境内银行和企业参与境外衍生品市场，允许非居民机构投资境内衍生品市场；允许个人接受或发放跨境贷款以及合法资金转移等，促进个人境外投资。同时，构建与资本自由流动相适应的跨境资金流动监测预警体系，健全风险防控措施。此外，要将资本项目可兑换纳入法制框架，加快推进相关法规清理。各项具体开放措施在时间安排上也有一定的灵活性，可以根据国内外经济金融形势和改革基础条件的变化择机实施，成熟一项，推动一项。

41. 协同推进对外开放和对内开放。尽快在铁路、电信、金融、教育、医疗、文化等服务业领域全面扩大对内开放，重点是扩大准入，取消对民营资本投资铁路、电信、金融、教育、医疗、文化等领域的各种限制，提高准入便利性，保护其投资权益。废止对外投资审批制度，支持企业“走出去”，通过价格杠杆引导市场主体的对外投资活动。

42. 改革监管方式，更加注重对外开放中的宏观审慎管理。扩大开放的同时要注重风险的控制，吸取美国在次贷危机中监管缺失的教训，通过适当的监管控制对外开放风险。改革监管方式，从重微观审批转向重宏观审慎管理，从重事前批准转向重事后监测，从“正面清单”转向“负面清单”。一方面，要高度关注资本跨境流动相关风险，包括短期投机性资本、外债等，建立和完善针对资本跨境流动的宏观审慎管理制度。另一方面，可通过国家安全审查、反垄断审查等与国际惯例接轨的手段，保护我居民和企业的合法权益，维护国家安全。

（六）推动政府与司法改革，建设法治的市场经济①

43. 完善法律制度，落实权利的平等保护原则，切实保护公民的人身权、财产权和表达权，提升公民的安全与稳定预期。针对实践中存在

① 详见子课题报告《建设法治的市场经济》，执笔人周汉华、魏加宁。

的主体不同权、权利不平等现象，通过《宪法》修改，将公平竞争原则和平等保护原则体现在《宪法》中，平等保护国有经济和民营经济的合法权益。消除民营经济与国有经济的不同待遇，促进公平竞争。同时，严格适用法律保留原则，提升公民的安全与稳定预期。迅速清理各种不符合权利保护原则的规定与做法，使人人享有基本权利与自由。确立正当法律程序原则，保证未经正当法律程序，不得限制或者剥夺任何人的生命、自由和财产。在具体个案中，严格区分制度原因与主观意图，综合考虑合理性与合法性、历史与现实，并按照疑罪从无原则，认定、处理过渡时期的各种非规范做法。涉及公民人身权和财产权的事项，行政法规、部门规章无权进行规范，由法律予以规范。

44. 清理现有法律和相关政策文件，加大执法和司法监督的力度，促进公平竞争。尽快清理现有法律和相关政策文件，及时废除违反公平竞争和平等保护原则的规定，促进公平竞争，切实支持民营经济发展。制定《经济体制改革（促进）法》，处理好改革创新与依法治国的关系，为地方改革创新提供法律支撑与保障。对国有资本的战略布局以法律形式加以规范，通过制定《国有资本战略布局法》，对国有资本投向的行业和领域进行分类，划分为完全垄断、允许进入、限制进入、禁止进入四类，并对国有资本的进入形式与行为规范予以明确，保障公平竞争。同时，明确《反垄断法》第七条的适用范围包括国有企业，并对其经营活动采用行业监管与反垄断执法双重管理体制，涉嫌垄断行为由反垄断执法机构集中管辖。进一步推进垄断行业改革，加快《电信法》《能源法》《电力法》《石油与天然气法》等法律的制定与修改，加大反垄断执法机构对行政性垄断行为的执法力度，尽快建立公众投诉、信息公开与部门行政执法协作等工作机制，使《反垄断法》的规定能够落到实处。通过扩大行政诉讼受案范围的方式，鼓励公众对行政性垄断行为直接寻求司法救济，将行政性垄断行为纳入行政诉讼受案范围，通过人民法院的司法监督进行制约。

45. 完善权利保护的程序规定，建立以司法救济为核心的权利保护机制。降低对政府执行法律的依赖，在现行经济管理类法律中，完善民事赔偿的规定，鼓励市场主体通过诉讼方式维护自身权益，从而维护市场的正常运行，建立全方位的、法治化的法律实施机制。建立集团诉讼制度，切实保护民众合法权益。探索建立公益诉讼机制，鼓励民众代表公共利益对环境污染、食品安全、政府采购中的欺诈及腐败、垄断损害等提起公益诉讼，并对胜诉的公益诉讼发起人给予一定奖励。支持民间仲裁解决经济纠纷，鼓励公民采取合理合法的私力救济方式保护自己的合法权益。强化律师的职业功能，建立机制鼓励律师利用其专业优势，充分发挥其在保护公民权利和公共利益方面的作用。为保护自身及公众利益，允许公民对各级行政机关制定的法规、规章和规范性文件提起违法诉讼。

46. 建立规制地方保护主义的司法救济渠道。一方面，建立对抽象行政行为的司法审查制度。将部分抽象行政行为纳入行政诉讼的立案范围，由法院对抽象行政行为进行审查。现阶段将行政法规以下的抽象行政行为（包括规章和规范性文件）纳入立案范围较为稳妥。待条件成熟、法院积累了一些审查经验后，再将审查范围扩大至行政法规以及更高层面。另一方面，建议修改《行政诉讼法》，解决具体行政行为诉讼过程中的“三难”问题，保护行政相对人的合法权益。一是扩大《行政诉讼法》的受案范围，不限于涉及人身权、财产权的案件，而应扩大到涉及公民各种合法权益的案件。二是在立案过程中，如果下级法院在法定期限内拒不受理，规定上一级法院依法必须直接受理。三是在对具体行政行为自由裁量权进行审查的过程中，除审查形式上的合法性外，对于明显不合理行使自由裁量权的，法院也应进行审查。四是加大对行政机关拒不履行判决、裁定的惩罚力度。

47. 完善司法改革顶层设计。一是保障审判独立。推动司法独立裁判，法官独立于法院领导。法院拥有权力审查抽象行政行为，考虑建立违宪审查制度，可设立宪法委员会，或者建立宪法法院。确立司法最终解决的原则，树立司法权威。改革信访、上诉、再审制度；解决“执行难、执行乱”问题，保障判决执行；发展替代性纠纷解决方式，使民众有更多可选择的权利救济渠道。二是优化司法职权配置。严格限制侦查权，检察权回归政府代理人的定位，主要承担公诉职能，充分保障律师权。弱化上下级法院之间的行政管理关系，最高法院的功能调整为司法政策引导，发展案例指导制。削弱院长、庭长的权力，改革审委会，落实合议庭的合议，推广独任审判。三是完善司法保障机制。司法经费由中央财政保障。建立一套科学的法官选任、任命、升迁、惩戒的制度，法官享有任期保障、人身安全保障、退休保障及职务行为豁免权。全方位促进司法公开，尤其是裁判文书公开，抑制司法腐败。以对抗制为基础完善司法程序，严格处理程序违法行为。

48. 克服司法地方化和行政化。首先，克服司法地方化。除司法经费由中央财政承担外，考虑通过司法体制改革，分离司法管辖区域和行政区域，创造司法机关独立审判制度环境，维护国家法治统一。可以有三种方案供选择：大方案是彻底分离司法管辖区域与行政区域，实行人民法院系统的垂直管理，各级人民法院法官均由全国人大任命；小方案是在维持现有司法体制不变的前提下，通过提高审判级别、上级法院派出巡回法庭、异地管辖、当事人选择受案法院等方式，摆脱地方政府对于司法过程的干预。中方案是采用半垂直管理体制，下级法院法官由上一级人大任命，并向上一级人大负责，以摆脱本级政府对司法过程的干预。同时，克服司法行政化。通过司法体制改革，纵向上取消上下级法院之间的个案请示、批复制度，处理好一审与二审法院之间的关系，保证每级法院都能独立审判。横向上分拆司法职能，将法院制定抽象性司法解释的范围限定在程序问题上，剥离法院的司法行政权和判决的强制执行权，使司法回归裁判争议职能。取消对法官的行政管理，保障法官的独立审判地位。

49. 推动政府机构改革，深化行政审批制度改革。理顺政府与市场和企业、政府与社会和公民、中央（政府）与部门和地方（政府）三大关系。加快推进政府层级“扁平化”，实现中央、省、县（市）三级行政架构。及时调整省级行政区域划分，将现有省级行政区化小，进一步下放权力，赋予县级政府更大的自主权。同时，深化行政审批制度改革。一方面，对涉及存量审批项目的废止与调整，淡化行政审批制度改革中的“批次”概念，实现从“批发”向“零售”、从“基于数字”向“基于体验”、从“粗放”向“精细”的深刻转变。另一方面，对涉及后续增量审批项目管理，尽快建立超脱、权威、专业的常设机构，实现合法与合理、事后改革方式与事前控制机制、任务的重要性与推进机制的统一，逐步实现行政审批制度改革从事后解决向事前控制的转变，提升政府管理的科学化水平。

50. 制定并发布关于社会主义法治国家建设若干问题的决定。参考经济体制改革尤其是十四届三中全会通过《关于建立社会主义市场经济体制若干问题的决定》的经验，通过中央文件形式确立市场经济、法治社会、民主政治三步走的国家现代化战略，宣告权利保护原则在法治建设中的核心地位，规划法治建设的长远目标、阶段目标、指导原则、实现路径以及推进措施，统一把握法治建设方向。这样一份文件的出台，必将承上启下，开创法治中国建设的新局面，引领新时代的来临。

中国金融四十人论坛
CHINA FINANCE 40 FORUM

第二章
构建有利于地方改革创新的统一大市场①

执笔人：李波、魏加宁

① 感谢吴敬琏、吴晓灵、谢平、钱颖一、贾康、范文仲、李强、马宁、王佐罡、林赞等专家提供的宝贵意见。

过去30多年我国中央地方关系经历了一系列变革：20世纪80年代初期，为调动地方改革积极性，我国实行了以“财政包干”为核心的行政分权改革，向地方下放了大量的财权和事权；1980—1993年期间进行的三次财政体制改革的内容也都围绕“包”字；1994年按税种划分财政收入的“分税制”变财政包干制为在划分事权基础上划分中央与地方的财政支出。实践经验证明，不同时期的中央地方关系改革是顺应当时体制转型和经济发展需要的，对完善我国公共管理体系、促进经济社会发展具有重要意义。

然而，上一轮财税改革已经过去20年，原有的中央地方关系已难以适应现在的经济结构，具体表现为：一是中央与地方财政关系不顺。中央集中较多财政收入，地方承担较多支出责任，导致中央向地方的专项转移支付过多，以公式为基础的一般性转移支付过少，随意性强，透明度低。二是土地财政下城镇化面临掣肘。事权和财权不匹配造成地方政府过分依赖卖地收入，一定程度上推高了房价，妨碍了城镇化的健康发展。同时，现有土地管理体制下，土地使用效率的下降和供应的不足，难以保障城镇化的需求，可能影响到粮食安全，而且土地财政自身的可持续性也存在问题。三是社会保障的财务可持续性堪忧。由于人口老龄化等多种原因，现收现付制养老保险收支失衡在一定时期后将会出现，而且随着人口老龄化和医疗成本的提高，医疗保障的资金来源也会成为一个巨大的财务问题。四是下一步改革需要突破口。目前各界关注的各项改革，包括民生领域（养老、医疗、教育等）和城镇化领域（土地供给、房地产税等）的改革，均面临相互关联、错综复杂的挑战。如果缺乏正确合理的方案和路径，改革的成本可能相当大。因此，当务之急是如何在各种错综复杂的问题中寻求突破。考虑到改革的复杂性、不确定性和风险性，中央搞一刀切的风险和成本可能很高，可以考虑在中央确定的原则和框架内，鼓励地方进行各项改革方案的探索，寻找改革突破口，通过地区间适度竞争，优化趋同。

综上，在新形势下，需要抓紧研究优化中央地方关系，正确处理地方改革创新与全国性统一大市场的关系，寻找改革的突破口。

一、地方改革创新与统一大市场的历史实践

改革开放三十多年的实践表明，在维护全国统一大市场的前提下，发挥地方的积极性和创造性是推动改革的最重要动力之一。

（一）发挥地方的积极性和创造性

1. 包产到户、包干到户的农村改革

我国的农村改革始于20世纪70年代末，由推行责任制开始，经过广大农民群众在生产实践中的创造，形成了以包产到户、包干到户即“双包制”为主要形式的家庭联产承包责任制。农村改革初期，包产到户是中央禁止的，地方政府一般都不敢违反中央的规定。但随着思想逐步解放，部分地区出现了包产到户的支持者，他们“从农村实际出发，实事求是，尊重农民的意愿，支持农民的创造性实践，并向中央反映群众的要求，引起了中央的注意并得到回应”①。改革过程中，由于各方原因，各地进展很不平衡。邓小平同志于1980年5月的讲话和中央“75号文件”初步肯定包产到户后，“双包制”逐渐从经济落后的贫困地区覆盖至包括沿海经济发达地区、京津沪郊区及机械化程度较高的黑龙江地区在内的全国各地。

2. 发展外向型经济

地方的积极努力和争取在我国外向型经济的发展中起到重要作

---

① 孙泽学. 1978—1984年农村改革之中央、地方、农民的互动关系研究——以包产到户、包干到户为中心［J］. 中国经济史研究，2006（1）.

用。大致来讲，我国对外开放格局的形成分为三个阶段①：第一阶段是以深圳、珠海、汕头、厦门等经济特区作为全国经济体制改革的试点，在特区内探索对内、对外双向开放，寻找改革的突破口；第二阶段是进一步开放沿海 14 个港口城市和海南岛，以及包括长三角、珠三角和闽南三角地区在内的沿海经济区；第三阶段是形成不断深化沿海地区开放，进一步开放沿边城市，沿江和内陆城市逐步开放的“三沿”开放格局，将对外开放辐射和延伸到内陆地区。到 2001 年我国加入 WTO，对外开放取得重要成果。我国外向型经济的发展历程是根据历史原因和实际条件，充分发挥地方政府的积极性和创造性，以沿海地区作为突破口，先行先试，取得经验，然后以点带面，逐步向全国范围推广。

3. “自下而上”的金融改革②

从我国金融改革的实际进程看，自下而上的改革比较多，一方面是由于地方和基层的改革积极性很高，很多地方政府、城市政府，以及一些机构都积极要求进行改革试点。另一方面，改革对巩固地方的经济社会发展，推动本地的各种创新，维护本地的社会稳定有着积极意义。几个典型的地方金融改革例子包括：上海建设国际金融中心试点，在珠三角、深圳前海地区开展的以金融对外开放和粤港澳金融合作为重点的改革试点，在天津滨海新区开发开放中推出的以完善现代金融服务体系和金融改革创新为要点的试点，浙江温州推进的以发展民营金融、改进中小企业金融服务等为要点的金融综合改革试点等。

除了上述地方性局部改革为代表的自下而上改革试点，还有一些是从局部的金融产品或组织形式开始推行的改革试点，比如人民币跨境使用的改革试点，外汇管理服务于贸易投资便利化方面的改革试点，金融

① 宿景昌. 论我国全方位开放格局的形成及其意义［J］. 山东教育学院学报，1996（1）.
王炳林. 我国对外开放格局的形成与邓小平的创造性贡献［J］. 中国特色社会主义研究，1999（1）.
王志民. 对外开放格局的形成［J］. 金融科学——中国金融学院学报，1998（1）.

② 周小川. 我国金融改革中自下而上的组成部分［J］. 中国金融，2012（23）.

支持"三农"方面的改革试点，以及比较具体的农业银行推行"三农"事业部改革试点等。

（二）维护统一大市场

1. 地方保护主义的表现

改革开放以前，由于我国实行高度集中的计划经济，地方保护很难普遍发生。张军扩等（2004）① 认为，20 世纪 80 年代初期开始实行的以"财政包干"为核心的行政分权改革，在调动地方政府改革和发展积极性的同时，使地方政府产生了追求地方利益的动机，在发展地方经济的过程中出现了地方保护。即使在市场经济体制已经初步确立的今天，地方保护主义仍时有发生。如 2009 年 4 月，新医改方案出台，各地以省为单位开展了有关基本药物的招标和配送商的选定，部分省市出台一些外地企业参与投标的不合理限制性条件；2011 年，一些省份受"电荒"影响，为保证省内电力用煤供应，通过征收或上调价格调节基金等方式限制煤炭出省等。

2. 地方保护主义的影响

刘凤委（2007）发现，地方保护虽然提高了公司收入，但降低了要素资本（包括劳动力和原料）流动，导致微观组织经济效率较低；余东华（2008）发现，地方保护并不能够提高区域产业竞争力，反而有碍于区域竞争优势的形成和产业竞争力的提高。刘凤委等（2007）发现，地方保护程度越严重，该地区企业劳动工资率越高，冗员越严重，企业生产成本也就越高，最终导致企业经济绩效越差。从长远看，建立全国统一市场、打破地方保护主义和市场分割，无论对整个社会资源的优化配置，还是本地区企业的长远发展都具有重要意义。

3. 维护统一大市场的做法

面对各种地方保护行为，国家层面从 20 世纪 90 年代就开始采取一系列措施进行整治：1990 年国务院出台了《关于打破地区间市场封锁

---

① 张军扩，廖英敏．打破地方保护 建立国内统一市场［J］．前线，2004（2）．

进一步搞活商品流通的通知》；1993 年全国人大通过的《反不正当竞争法》规定“政府及其所属部门不得滥用行政权力，限制外地商品进入本地市场，或者本地商品流向外地市场”；2001 年国务院公布了《关于禁止在市场经济活动中实行地区封锁的规定》；2008 年全国人大通过的《中华人民共和国反垄断法》规定行政机关和相关组织不得“妨碍商品在地区之间的自由流通”、“排斥或者限制外地经营者参加本地的招标投标活动”、“排斥或者限制外地经营者在本地投资或者设立分支机构”；2010 年国务院出台的《关于加强法治政府建设的意见》明确“坚决克服政府立法过程中的部门利益和地方保护主义倾向”。此外，中央还通过成立检查组、整理整顿办公室等方式检查和治理地方保护行为，对地方保护主义起到一定的震慑和纠正作用。

二、统一大市场的三种模式

（一）财政相对集权的统一大市场：美国

美国是一个联邦制国家，宪法把政府分为联邦、州、地方三个级别，但三级权力并不均衡。经济发展使得财权向联邦一级集中，因此美国属于财政相对集权的模式。

从居民视角看，联邦社保体系提供的社会保障有利于劳动力的自由流动，但其支付能力可能面临入不敷出的境地。美国社会保障是典型的三支柱体系，包括联邦（中央）政府主导的公共社保计划和社会救助、雇主发起设立的企业年金和个人积累及商业保险。联邦政府强制执行的社会保障计划主要指强制征收联邦社保税及现收现付的社保收支体系。联邦统一的社保体系有利于劳动力的自由流动。同时，美国联邦养老及老年医疗计划也是世界上最大的政府计划，占美国联邦预算的 23%。随着人口老龄化加剧的趋势，尤其是战后“婴儿潮”一代即将开始大量退休，美国联邦养老及老年医保体系将面临较大缺口。预计联邦社保基金 2017 年达到收支持平后，将出现入不敷出。

从企业视角看，美国的税收主要集中在联邦政府，但各州推出的鼓励公司投资的政策也能发挥一定作用。在美国联邦和州两级征收的所得税总额中，联邦所得税占86%以上，经济影响力较大的税收集中在联邦一级，保证了联邦政府从宏观方面调控经济发展的能力，而州和地方的征税权和经济调节权侧重于对地区经济的微观调节。虽然如此，各州拥有一定的税收立法权，可以在营业税、所得税、原材料购置税等方面为鼓励发展的产业提供一定的免抵扣额度，对企业投资可以产生一定的拉动或吸引作用，也导致部分美国公司因为地方税收差异而迁移总部。

从政府视角看，美国联邦政府较强的财权集中是与其拥有的较大事权相匹配的。美国联邦政府的财政收入主要是个人、企业所得税以及社会保险税。自20世纪70年代以来，联邦政府收入占税收总额的比例大致保持在60%左右。与之对应的，联邦政府承担了主要的经济发展和调控职能以及部分司法职能。而州政府的财政收入主要依靠销售税及少量所得税，其职能也相对单一。市一级政府的收入来源主要是以房地产税为核心的财产税，其职能也较单一。

值得注意的是，即使像美国这样财政相对集权的国家，近几年也更多地发挥地方的积极性和创造性。美国当前面临债务不断累积、人口加速老龄化、基础设施日益老化、规章制度多如牛毛、税收体系错综复杂等一系列问题，影响了美国的竞争力。而由于深受财政危机的影响，美国联邦政府正面临功能失调的困境，两党政治也使联邦议会陷入僵局。但是，地方并没有坐等联邦政府的拯救，而是着手解决被联邦政府和议会搁置的难题，一场“自下而上”的改革正在进行。

地方政府正在预算制约下想办法，找出路，结合本地情况推进改革，提高竞争力。路易斯安那州和内布拉斯加州准备取消企业和个人所得税；堪萨斯州已经设立了一个叫做“撤销者”的政府职位，专门废除繁琐的官方手续，同时为获得某些领域职业资格证书的高中生设立了一笔奖学金；俄亥俄州已经将其经济发展部门私有化；弗吉尼亚州也对汽油税体系进行了改革；为了翻新改造老旧街区，芝加哥市创建了一个专门的信托基金来吸引私人投资；为了修路，印第安纳州开始求助于民营资本；38 个州开始将教师的工资水平与学生的考试成绩相挂钩，42 个州允许政府出资学校进行自主经营。在各地，创造性的政策革新正在试图解决联邦政府和联邦议会无法解决的问题①。

（二）财政分权的统一大市场：欧盟

欧盟是一个典型的财政分权的统一大市场。1991 年《马斯特里赫特》条约签订后，欧盟内部逐步实现了产品、服务、劳动力和资本的自由流动，形成了统一的大市场。虽然欧盟目前在内政、国防、外交上还接近独立国家所组成的同盟，各成员国拥有财政政策的制定权，其财政相对独立和完整，但欧元区各国已不再负责货币政策制定，并已交出主要的金融监管，特别是金融危机后对银行的监管正在走向统一；同时，在财政方面，欧盟正在加强对成员国的财政平衡约束。在经济和社会政策方面，欧盟层面的“协调性”政策为统一大市场的建立和巩固奠定了坚实的基础。

从居民视角看，欧盟层面的“协调性”社保政策为各国间劳动力自由流动作出了安排。一是兼容差异，维持各成员国社会保障制度的稳定性。欧盟允许每个成员国自行决定社会保障的制度安排，包括保障对象、项目设定、资格条件、缴费标准、待遇水平等，因此欧盟成员国无须改变其财政体制、基金筹资与管理模式，但须改变支付方式。二是按期限累加、比例分担等原则保障了流动劳动力的权益。为使流动劳动力免受社会保障损失，“欧盟社保法令”在不同国家社保体系基础上建立相互联结的期限累加制度，即各国对劳动者权益的保障程度与劳动者在该国的保险期限、工作年限和居住期限相关，劳动者在不同成员国所经过的时段可以合并计算。三是渐进式制度安排给成员国和流动劳动力一定的适应期。目前欧盟成员国已经扩大为 27 个，社会保障与福利政策的调整是与人员自由流动的开放程度联系在一起的。人员自由流动是逐

① 详见：The America that works, The Economist, March 16th , 2013 (page11).

步实现的，其社会保障与福利政策也是如此，为成员国留下政策调整余地，也给流动劳动力一定的心理预期。

从企业视角看，欧盟各成员国独立税制带来吸引投资的竞争。欧盟税制的特点表现在各成员国基本有其自己的税收制度自主权，虽然这要求企业须在各成员国设立子公司以向有关政府上缴增值税，但是企业的投资已经比较自由。欧盟规定成员国的税收制度都要遵守劳工和资本的自由流动以及公司自由设立等非歧视性原则，而且在现实中各国倾向于利用税收来吸引外国企业、影响本国企业的投资决策。欧盟成员国的税收竞争为企业选择投资地点和投资项目带来了更多的选择。资本流向税后收益更大的地区和行业，市场资本配置更有效率，各成员国也努力通过改善公共服务来吸引投资和人才。

从政府视角看，欧盟中央和地方的财权与事权较为匹配。事权方面，欧盟各成员国仍保留了其主要的经济发展、社会管理和司法等职能，在欧盟中央层面上主要是部分外交、军事和金融调控职能，欧盟自身在财政上并不具有强大的管辖权。财权方面，欧盟既不具有征税的权力，也不能发行公共债务，因此无法获取主要的公共财政资源，而各成员国则保留了主要的征税权力和税收收入。

（三）向财政适当分权转变的统一大市场：日本

日本是一个单一制国家，实行中央集权制，地方行政区分为都道府县和市町村两级。20 世纪末以来，日本开展了一系列地方分权改革，逐步从战后高度集权的财政体制转向适度分权的财政体制。

从居民视角看，日本社会保障“一体化改革”面临考验。“高度集权的福利行政”因财政压力举步维艰。20 世纪 60 年代日本实现了统一的国民皆保险、皆年金的社保制度，但历经半个世纪后，老龄人口的增加直接导致了医疗费等社会保障费支出快速上升，社保财源不断告急，旧制度已经不能适应形势的发展。因此，日本提出以消费税为核心的“一体化改革”思路。因消费税不偏向某一世代，因此日本“一体化改革”提出将消费税收入全部用于充实和稳定社保财源。但是，改革进展并不顺利。日本政府2004年曾对包括年金制度在内的社会保障制度进行全面改革，但经济长期低迷，全球金融危机、欧债危机以及东日本大地震使改革一拖再拖。同时，日本许多国民对改革表示不理解，甚至反对增税，担心增税会增加国民负担，特别是会使低收入家庭生活更加艰难；同时国民担心增税后税收收入不用于社会保障支出，反而加剧了经济不景气。

从企业视角看，日本在税制分权改革中优化了地方企业经营环境。日本税收分中央、都道府县和市町村三级管理。虽然地方的税收管理权限较小，但是日本通过一套独特的税收再调整制度，大部分收入由地方政府使用。此外，日本居民税是东京都、各道府县和市町村对各自管辖的个人和法人征收的一种所得税，是地方税的主要税种，也是地方政府财政收入的重要来源之一。因此，地方政府管理着大量地方企业的税收，分权有利于鼓励地区间竞争，优化地方企业经营环境，促进经济增长。

从政府视角看，地方政府获得更多的财政收入，同时也承担了更多的自治职能。财权方面，改革后日本地方税收收入占比从1950年的24.8%上升至2003年的43%，而地方财政支出占比则基本稳定在65%左右。事权方面，日本通过建立新型地方分权行政体制，中央与地方从“主从、上下”关系转为“对等、协作”关系，同时明确划分各级政府职能和责任范围，扩大地方立法权和自主课税权，并构建地方分权行政体系下的社会参与机制。

三、构建鼓励地方改革创新的中央地方关系

以上一轮财税改革建立的分税体制为基础的我国中央地方关系，及其所包含的激励机制已难以适应现在的经济结构，是非稳态的，无法长期持续。现有的中央与地方财政关系在税制划分、财权事权匹配上不尽合理，更多地基于早期的基数补偿和后加的各种专项转移政策，规则和操作上呈割据、碎片化状态，易导致土地财政等各种扭曲行为，对社会

保障和环境保护等民生问题也重视不够。目前养老和医疗存在较大缺口，相关激励约束机制不相容，存在道德风险，可能产生重大风险隐患。现在对财税体制“该集中的没有集中，该分散的没有分散”的反映比较多，但对哪些该集中、哪些该分散没有形成一致意见。

（一）几点考虑

1. 可行性

就经济发展动力而言，现阶段将过多事权上收中央，可能会抑制地方政府竞争和创新，不利于推进改革，也可能会引起地方政府的较大抵触。从目前我国经济社会发展阶段看，在地方基本保留原有的事权是比较具有操作性的，这既符合历史沿革和路径依赖原则，也符合财政效率原则。在此基础上赋予地方较多的财权，既有利于地方根据当地需求配置财政资源和推动改革，同时也能降低因过度举债而产生不规范融资的系统性风险，客观上能为土地财政松绑。

2. 必要性

欧盟的经验表明，财政集权不是保证统一大市场的唯一选项，财政适当分权的体制仍然能够通过合适的制度安排实现各种商品、服务、要素的自由流通。在我国已经具备一个强有力的中央财政的前提下，适度的下放权力不会削弱中央的影响力，反而有利于通过鼓励地方创新，推动各项改革的进程，最后实现优化趋同。

3. 可取性

根据蒂博特模型（Tiebout Model①），居民通过“用脚投票”表达公共产品偏好。分权式财政体制有利于各地以最低税收成本，及时对公共产品需求作出反应，促进效率提高，也有利于促进市场和社会组织的发展。目前来看，对社会保障、教育、医疗、土地等改革存在较多争议，难以形成统一方案，事先也难以准确判断各方案的优劣。在此背景下，中央直接采取一个全国统一的方案具有较大风险，也不容易下决

① Tiebout Model 是 1956 年由 Charles Tiebout 创立的一个地方公共产品供给模型。

心。允许各地方根据中央确定的原则和各地实际情况因地制宜，探索不同的改革方案，有利于尝试和发现各方案的优劣，比较竞争，优化趋同。

（二）继续发挥地方改革的积极性和创造性

虽然关于中央与地方财政关系及支出责任的具体划分，目前还存在不同意见，但是一个基本原则就是凡是地方政府能做的事情，就尽量让地方政府去做，只有地方政府做不了、做不好的事情才由中央政府来做。这主要基于地方政府在信息配置上的优势，更了解当地居民的需求。因此，要充分、具体地考虑每项支出责任的历史沿革和复杂性，鼓励地方在多个领域探索不同的改革路径和管理方式，通过地方间适度竞争，寻找最优制度组合，优化趋同。

具体来看，在社会保障、医疗、教育、土地、环境保护、交通运输模式等领域，应该允许和鼓励地方政府探索不同的改革路径和管理方式。通过地方间适度竞争，寻找最优制度组合，优化趋同。可以考虑允许地方政府尝试将个人社保账户做实，尝试对社保账户进行自主管理、委托商业性资产管理公司管理、委托全国社保基金会管理等模式。可以考虑允许地方政府自主放开民营资本进入医疗和教育行业，增加供给，满足多层次的需求。在城镇化领域，鼓励地方政府尝试不同的城镇化供地方式、房地产税实施方案、失地农民的社会保障安排等，探索新型城镇化的最优路径。在环保领域，鼓励地方政府选择不同模式来控制汽车尾气排放导致的 PM2. 5。地方改革创新的前提是不能设置地区间贸易壁垒，不能违反全国性的法律和法规。这类似于美国当下进行的“自下而上”的改革探索。

（三）财税改革

1. 事权的划分

在事权方面，不急于大幅改变中央地方之间现有的支出职能划分，除了司法、国土安全、跨区域环境保护等少数地区间外部性较强的领域外，其他地方事权目前可继续由地方掌握。财政分权的欧盟模式已经证明，尽管欧盟各成员国仍保留了各自主要的经济发展、社会管理等职能，但是通过协调性政策和渐进性制度安排，地方在拥有政策调整余地的同时，并不影响统一大市场的形成。

考虑到我国下一步改革的复杂性、历史沿革、地方积极性、地区间竞争等因素，新一轮的财税体制改革目标是要建立鼓励地方改革创新和地方间适度竞争的公共财政体制。在社会保障、教育、医疗、土地等民生和新型城镇化领域，鼓励地方在适当条件下探索不同的改革路径，创新不同的管理方式，通过地方间适度竞争，寻找最优制度组合，优化趋同。同时，中央根据信息复杂性和激励相容原则，为地方的改革创新制定一定的框架和原则，引导地方间良性竞争；建立和完善地方间的协调政策，例如适当协调社保和医保的跨地区结算。

2. 财权的划分

在地方仍然承担较多事权的前提下，需要赋予其相应的财权。从长期来看，省一级政府财政收入可以更多依靠增值税、所得税分成以及资源税等，城市政府收入应更多依靠房地产税等财产税。由于建立和完善上述地方税体系需要一定时间，近期又面临“营改增”改革导致地方财政收入下降的矛盾，因此在过渡期需要通过加大现有主要税种地方占比的方式，适当弥补地方财力，保持中央与地方财力格局总体稳定。

具体来看，在今后三至五年，可以将增值税地方分享比例提高25个百分点（到50%），这可增加地方收入约9500亿元[①]，基本弥补“营改增”带来的地方收入缺口。经济学理论和国际经验均表明，地方分享增值税不是造成制造业重复建设和产能过剩的根本原因。根本原因在于：一是预算软约束的地方政府充当投资主体，项目大干快上造成了重复建设；二是地方保护主义妨碍了商品、服务和要素的自由流动，人为分割的市场在一定程度上保护了重复建设；三是垄断行业和服务业存在

① 按照2011年税收规模测算，增值税地方可增加约9500亿元。

有形和无形的进入门槛，地方国企和民营企业投资领域狭小加剧了重复建设；四是产业政策以制造业为导向，长期不重视服务业，在外向型经济的发展过程中积累了大量产能。①

建立新型地方税体系的一项内容是：赋予地方人大在地方税种方面的立法权，由地方人大决定地方税的具体税种、税率等。对地方税收合理性的约束，可以通过地区间的竞争实现，局部过高或者不合理的税赋可能导致投资和人才的流失，不利于地方经济的发展和区域竞争力的提升。因此，各地在制定相关地方税条例时，除了考虑征收的可能性外，还将综合分析其对当地投资和人才吸引环境的影响。

3. 转移支付改革

今后几年，通过严格界定引导类、救济类和应急类专项转移支付，将取消的部分专项转移支付和历史遗留的基数返还纳入一般性转移支付，争取将一般性转移支付占全部转移支付的比重提高到三分之二以上。在一般性转移支付的公式设计中，参考国际经验，以促进地方的基本公共服务均等化为目标，客观反映地方自主财力，避免人为因素的干扰，提高透明度。

（四）民生领域改革②

1. 养老保障体制改革

评价一个社会保障体系的好坏，有四个标准：一是能否维持财务的可持续性；二是能否保持对居民的正向激励；三是能否通过建立社会安全网扩大消费；四是能否与资本市场共同发展、分享经济增长的红利。关于养老保障体制下一步改革，主要有三种思路。第一种思路是从统账结合模式向供款基准制的完全个人账户模式转变，通过划拨国有股权及收益等方式逐步做实个人账户。第二种思路是实行记账式名义个人账

① 详见：《深化经济体制改革重点领域一揽子方案建议》之阶段性成果《完善中央地方财政关系的一个思路》

② 详见：《深化经济体制改革重点领域一揽子方案建议》之子课题《社会保障体制改革的方案设计》报告。

户。第三种思路是维持统账结合模式，在此基础上将部分国有股权及收益划入社保基金账户，同时延长退休年龄，并考虑实行包括缴费率、替代率和个人账户规模在内的参数调整。

养老保障体制改革要充分考虑我国养老保障问题的复杂性。我国人口数量极为庞大，整个养老保障体制的改革将不同于其他国家；同时我国地域广阔，社会经济发展很不平衡。现实的国情是我国还是一个发展中国家，人均 GDP 的水平还较低。当前我国的养老保障改革，与后工业化国家所强调的提供统一的高水平保障相比，面临的主要问题是不同的。当前的改革方向应该是与其他经济和社会改革相互配合，例如，有利于经济结构的调整，有利于资本市场的发展等。

目前，对各种改革思路还存在较大争议。因此，关于养老保障体制改革，建议鼓励地方在适当条件下探索不同的改革路径，创新不同的管理方式，通过地方间适度竞争，寻找最优制度组合，优化趋同。各地的养老保障改革可以在中央统一的指导原则下，因地制宜，针对当前或区域突出问题，通过改革创新寻找最佳方案。从长期来看，随着社会经济发展水平的提高，通过各地相互竞争优化趋同，逐步实现养老保障体系的各项功能。

地方管理养老保障不会影响劳动力的自由流动。对适当放权、允许地方探索社保模式的一个质疑就是不利于劳动力在全国范围内的自由流动。然而欧盟的经验告诉我们，只要制度安排得当，劳动力的流动不会受到太大影响。只要我们从中央层面提供基本的养老保障管理信息平台，在地方间做出制度上的合理安排，应该能够保证统一的劳动力市场。具体设想：由省级政府制定本省养老保障规则，如供款率的高低、发放养老金的条件等，并向居民提供相对简单、但又有一定选择性的服务产品，如在受益方面的偏好，或者在投资方面的偏好，给予居民一定选择。信息系统的管理是统一的，但不同省份之间在制度上有可能出现不同的安排。如果人口在省份之间发生迁移，他们的个人账户及其以往的全部积累都将随之转移到新所在地的养老保障管理机构，并将按照新省份的规则行事。

2. 医疗保障与医药卫生体制改革

虽然当前我国基本医疗改革已经取得大幅进展，但未来医疗体制仍然面临四个方面的问题：一是医疗保障实质上是巨大的财务问题，甚至比养老保障缺口还要大很多。二是总体医疗服务的有效供给明显不足，医疗服务占我国服务业的比重过低，其创造就业和促进服务业发展的潜力未发挥出来。医疗市场化程度过低，对民办医疗机构的限制和歧视仍较严重，对外开放程度也较低。三是对医疗服务业所具有科技行业特征重视不足。如不按照科技行业的思路发展医疗技术，将无法调动医生和研究人员的积极性，会使医疗科技远落后于国际水平。四是医患之间存在较严重的信息不对称，这也是改进医患关系的一个难点，大幅引入健康保险是应对信息不对称的一种出路。

目前对医疗保障与医药卫生体制改革存在诸多争议。首先，对可能存在的财务缺口大小缺乏深入分析和科学估计；其次，对扩大医疗服务的有效供给存在不同方案；再次，对公立医院的下一步改革存在不同思路，有观点坚持“收支两条线”，也有观点主张建立有效激励；最后，对社会化基本医疗保障和商业性医疗保险各自定位和下一步发展存在不同意见。鉴于对相应改革存在各种争议，可以允许不同地方尝试不同办法解决上述问题，地区间适度竞争，优化趋同。但是，中央可承担协调医保的跨区域结算的功能，满足居民异地就医需求。

（五）新型城镇化领域改革①

1. 城镇化供地方式

在当前建设用地供给模式下，政府直接参与征地、卖地，一方面导致土地价格高企，房地产价格上涨；另一方面政府财政过度依赖土地收入，政府行为被土地“绑架”。以下三个改变供地方式方案的共同目标是减少地方政府对土地财政的依赖，发挥市场资源配置作用。初期可以考虑允许不

① 详见：《深化经济体制改革重点领域一揽子方案建议》之子课题《土地制度改革与新型城镇化》报告。

同地区选择不同方案进行试点，在实践中积累经验，逐步优化趋同。

方案一是改革土地招投标拍卖制度为零地价或低成本价供地。由政府承担土地购置、开发成本，并向土地使用者（开发商等）按零地价或接近零地价的低成本价格提供建设用地，通过未来逐年征收房产税和其他相关税费补偿最初的土地购置及开发成本。该方案可有效降低土地价格，从而降低房价，但在土地供给过程中可能产生寻租行为，也需要进一步研究如何实现土地资源的有效分配。方案二是地方政府的卖地收入归中央。除征地成本外，地方政府所得的卖地收入上缴中央政府，初期按一定比例上缴，分成比例也可以考虑城市类型差别。中央分成的土地出让金建立城市土地平衡基金，用于鼓励城市发展保障房以及多层次房屋市场。该方案对现行征地制度变动较小，但土地价格不一定能够下降，而且会增加中央政府和地方政府之间的协调成本。方案三是政府退出征地过程，实现建设用地供给的市场化。除基础建设、公共设施等用地由政府直接参与征地外，政府不再参与土地征收、出让过程，实际土地的供应和价格决定过程由用地主体与土地所有者（主要是村集体）直接谈判。该方案的优势在于土地市场化改革一步到位，理顺土地供应和价格决定机制，但需对现行土地管理制度做较大调整，也依赖于农村集体决策机制的完善。

不管采取上述何种方案，改革后，政府不能再依靠“卖地”，而且还可能要事先垫付土地购置和开发成本，这可有效减少地方政府着眼于“卖地”的短期行为和腐败问题。当然，这会限制地方政府增加土地供给的积极性，因此需要设计相应的激励机制，鼓励土地供给及供给融资，为地方政府先期征地和开发投入提供市场化的资金保障，相应的财税制度改革和金融市场创新可提供充分的支持，并形成有效的激励约束机制。

在地方政府无从获得卖地收入且财政能力有限的情况下，政府购置和开发土地的支出可以通过发行市政债筹集，其偿付能力即土地开发项目未来所带来的现金流，包括可稳定征收的房地产税、公共设施及服务的使用者付费、商业繁荣后带来的各种税收增收等。

2. 房地产税

从税源和事权的一致性，以及尽可能减少对已有税种税基冲击等方面考虑，以房产税为主的财产税是相对适宜的城市主体税种，而且财产税按财产存量计征，稳定性上受当期 GDP 流量的直接影响较小，也不会对当期 GDP 增长带来冲击。在房地产税具体设计思路上，有两个方案。方案一是新老划断，只对新购房产征税。此方案法律风险较低，实施阻力较小，但可能引发保护利益既得者的质疑，也可能导致市场分割。方案二是对存量、增量房产统一征收房产税。存量房屋有可能大量进入二级市场交易，扩大供给，有利于降房价，有利于防止市场分割，但征收存量房产的房产税可能面临阻力，因为购买这些房屋时房价中已包括 70 年产权的土地使用费。对于上述两种方案，初期可考虑允许不同地方选择不同方案进行试点，在实践中积累经验，逐步优化趋同。

为促进房地产税的顺利推广，应该推动两个方面的配套改革。一是对房地产现有交易等相关环节的税费进行大幅削减，以减少保有环节税种推出可能遇到的阻力；二是通过扩大城镇建设用地供给、改变供地方式等途径，降低地价和房价，为房地产保有环节实行征税创造条件。

3. 失地农民社保

地方政府应尽早结合城镇化规划，将失地农民社会保障问题纳入资金安排机制予以统筹考虑。建立合理的土地增值收益共享机制，使土地增值收益主要用于覆盖土地“农转非”征用及开发成本、土地占补平衡投入（如农田整治）、促进农民“农转非”后的就业、社会保障和公共服务所需要的投入。在整体社会保障体制改革允许地方尝试的前提下，也意味着可以允许地方政府就失地农民社保尝试不同方案，比较竞争，优化趋同。

四、维护统一大市场

当前对向地方适当下放权力的一个质疑是，地方探索改革的基础是否存在，即地方政府的行为模式能否支撑对各种改革的探索。有观点认为当前地方政府的行为特征是“公司化”、“高度金融化”、“债务无约束化”、“行为短期化”、“不透明化”和“行政法律一体化”。我们认为，向地方适度下放权力、鼓励地方在若干领域探索改革，有一个很重要的前提，即地方政府具有较强的发展地方经济的动力，因此它们也具有较强的探索改革的动力；地方政府也希望通过优化当地公共产品和公共服务的提供，吸引资金和人才，推动当地经济发展，这是地方间竞争、推动制度优化趋同的一个重要动力。同时，鼓励地方改革创新也是建立在一定的激励约束机制之上的，包括维护统一大市场、加强市场和法治对地方政府行为的规范和约束、严格限制地方国资的投资领域等。因此，在鼓励地方改革创新的同时，需要推动一系列配套改革，建立适当的激励和约束机制，维护全国统一大市场。

（一）规制地方保护主义①

地方保护主义表现在三个层次：立法层面、执法层面和司法层面。对于立法层面和执法层面的地方保护主义，一个重要的应对措施是为被地方人大或地方政府实施地方保护行为侵犯合法权益的自然人、法人或者其他组织提供有效的司法救济渠道。对于司法层面的地方保护主义，关键是推动司法“去地方化”和“去行政化”。

1. 建立对抽象行政行为的司法审查制度

将部分抽象行政行为纳入行政诉讼的立案范围，由法院对抽象行政行为进行审查。目前，关于将抽象行政行为纳入行政诉讼的立案范围，学者们有两种观点：一种是将行政法规以下的规章和规范性文件纳入立案范围；一种是将规章以下的抽象行政行为纳入立案范围。我们认为，虽然《立法法》《行政诉讼法》和《规章制定程序条例》对规章建立了备案制度、参照适用制度和冲突解决机制，但对规章的制定仍然缺乏

① 部分观点引自：李波，吕婷婷．规制地方保护主义．中国人民银行货币政策二司工作论文，2013.

有效约束。兼顾紧迫性和可行性，应采纳上述第一种意见，现阶段将行政法规以下的抽象行政行为（包括规章和规范性文件）纳入立案范围较为稳妥。待条件成熟、法院积累了一些审查经验后，再将审查范围扩大至行政法规以及更高层面。

2. 解决具体行政行为诉讼过程中的“三难”问题

目前，居民或企业提出行政诉讼面临立案难、审判难和执行难的“三难”问题。建议修改《行政诉讼法》，解决具体行政行为诉讼过程中的“三难”问题，保护行政相对人的合法权益。具体包括：第一，扩大《行政诉讼法》的受案范围，不限于涉及人身权、财产权的案件，而应扩大到涉及公民各种合法权益的案件；第二，在立案过程中，如果下级法院在法定期限内拒不受理，规定上一级法院依法必须直接受理；第三，在对具体行政行为自由裁量权进行审查的过程中，除审查形式上的合法性外，对于明显不合理行使自由裁量权的，法院也应进行审查；第四，加大对行政机关拒不履行判决、裁定的处罚力度。

（二）推动司法“去地方化”和“去行政化”①

中央与地方关系的一个重要领域是司法体制关系。从法治社会角度而言，规范政府权力，促进公平竞争，保护人身权与财产权，都离不开司法体制改革与司法公正。司法既是社会正义的最后一道防线，也是法治的市场经济的基石。司法改革是法治建设的核心领域，只有司法机构能够有效运行，法治的市场经济建设才有可能。审判独立性是由市场竞争机制和现代法治国家的基本性质决定的。如果审判不独立，人们就会对法院不信任，并由此对社会主义法治建设缺乏信心。要确保审判独立，需要推动法院去地方化和去行政化。

1. 克服司法地方化

除司法经费由中央财政承担外，应考虑通过司法体制改革，分

① 以下三节部分观点引自：《深化经济体制改革重点领域一揽子方案建议》之子课题《建设法治的市场经济》报告。

离司法管辖区域和行政区域，创造司法机关独立审判的制度环境，维护国家法制统一。可以有三种方案供选择：大方案是彻底分离司法管辖区域与行政区域，实行人民法院系统的垂直管理，各级人民法院法官均由中央政府任命。这种方案可以彻底解决司法地方化问题，保证司法的集中统一，但面临障碍较多，一是需要修改现行宪法和人民法院组织法，二是全国二十多万法官全部集中由中央管理难度很大，三是垂直管理并不完全符合司法权的特性，也与我国分级管理的宏观管理现状有较大出入。小方案是在维持现有司法体制前提下，推出提高审判级别、上级法院派出巡回法庭、异地管辖、当事人选择受案法院等方式。这种方案不触动现行体制，可操作性较强，但改革力度比较有限，改革探索的多样性可能会影响执行力度，也很难从根本上解决地方政府干预司法的问题。中方案是采用半垂直管理体制，下级法院法官由上一级人大任命，并向上一级人大负责，以摆脱地方政府对司法过程的干预。这种方案的好处是既具有可操作性，也有实质性改革内容。面临的问题仍然是需要修改宪法和人民法院组织法。

2. 克服司法行政化

一旦司法机关超出其职能范围，去承担行政职能，司法权的性质就会发生变异，结果肯定是既无法实现司法公正，也不可能获得合法性支持。当前，法院行政化主要表现在两个方面：一是体现在上下级法院之间以及法院内部的管理上，与行政机关没有实质差别，二是司法权力配置不断超出司法权边界，进入行政权领域，法院性质实际上已发生变异。应通过司法体制改革，纵向上取消上下级法院之间的个案请示、批复制度，处理好一审与二审法院之间的关系，保证每级法院都能独立审判。横向上分拆司法职能，将法院制定抽象性司法解释的范围限定在程序问题上，剥离法院司法行政权和判决的强制执行权，使司法回归最为基本的裁判争议职能。法院内部改革应取消对法官的行政管理方式，保障法官独立审判地位。

（三）清理现有法律和相关政策文件，促进公平竞争

1. 对国有资本战略布局进行法律规范

民营企业难以获得公平竞争地位的一个重要原因，在于国有企业利用其在垄断行业的优势地位，向关联竞争性行业延伸，挤压公平竞争空间。对于这种现象，仅仅依靠反垄断法的事后执行机制，很难发挥作用，更不用说反垄断法的执行本身面临诸多现实问题。应尽快清理现有法律和相关政策文件，及时废除违反公平竞争和平等保护原则的规定，促进公平竞争，切实支持民营经济发展。同时，有必要对国有资本的战略布局以法律形式加以规范，通过制定《国有资本战略布局法》，对国有资本投向的行业和领域进行分类，划分为完全垄断、允许进入、限制进入、禁止进入四类，并对国有资本的进入形式与行为规范予以明确，保障公平竞争。十八大报告提出，要“推动国有资本更多向投向关系国家安全和国民经济命脉的重要行业和关键领域”。制定《国有资本战略布局法》，既是落实这一要求的具体步骤，也是促进公平竞争的必要条件。目前，《企业国有资产法》的立法目的与制度设计主要都是围绕国有资产的保护，防止国有资产流失，规范的都是国家出资企业内部的国有资产管理问题。对于国有资本布局以及国有企业与其他所有制企业之间的公平竞争行为规范，目前的法律没有任何涉及，无法解决国企垄断问题。制定《国有资本战略布局法》，可以弥补当前的立法漏洞，从事前规范国企行为，促进公平竞争，并实现事前控制机制与反垄断执法事后控制机制之间的有效衔接。

2. 建立有效的反垄断法执法机制

除了对国有资本战略布局进行法律规范以外，事后的反垄断法执法机制也不可或缺。需要明确《反垄断法》第七条的适用范围包括国有企业，并对其经营活动采用行业监管与反垄断执法双重管理体制，涉嫌垄断行为由反垄断执法机构集中管辖。对于行政性垄断行为，目前由上级行政机关责令改正的规定力度明显不够，应加大反垄断执法机构在这方面的执法力度，尽快建立公众投诉、信息公开与部门行政执法协作等

工作机制，使《反垄断法》的规定能够落到实处。同时，可以通过扩大行政诉讼受案范围的方式，鼓励公众对行政性垄断行为直接寻求司法救济，将行政性垄断行为纳入行政诉讼受案范围，通过人民法院的司法监督进行制约。

（四）深化政府机构改革，减少政府层级

1. 理顺与政府相关的三大基本关系

在政府—市场—企业的关系上，核心是市场经济，改革的基本方向是“赋权”，让市场调节企业行为。合理明晰地界定政府行为边界，凡是市场能够做到的，就尽量让市场去做。在政府—社会—国民的关系上，核心是民主法治，改革的基本方向是“让权”，向社会“让权”。凡是国民自己能够做的，就应当由人民自己做主，由国民自己通过努力去实现；国民自己做不了的、做不好的，应由社会进行协调；只有社会解决不了，或解决不好的，才由政府施以援手。在中央（政府）—部门—地方（政府）关系上，核心是地方在经济事务上适度自治，改革的基本方向是“放权”，向地方适度“放权”。需要在科学合理划分政府间事权的基础上赋予各级政府相应的财权。要赋予地方政府完整的权限和相应的责任，即合理的事权，必要的财权，自主的财产权。同时为提高地方财政保障能力，化解隐性债务风险，应修改《预算法》，赋予地方适度的举债权。

2. 加快推进政府层级“扁平化”，相应调整省级行政区划

加快推进省直管县进程，不仅从财权上，而且从党政、干部等人事权上，彻底解除地级市政府对县的管辖权，尽快实现体制并轨。将基层的乡镇政府彻底改变为县级政府的派出机构，上收财权至县级政府。实现中央—省—县（市）三级行政架构，既有利于落实省级以下的分税制，也有利于相关机构改革。及时调整省级行政区域划分，将现有省级行政区化小，同时进一步下放权力，赋予县（市）级政府更大的自主权。省级政府可通过地方立法、政策制定、财政转移支付等间接方式对县（市）进行管理，大量的具体事务可由直接面向社会公众的县（市）政府承担。

（五）建立有效的城镇化融资机制，提高地方财政支出和资产负债透明度①

1. 建立有效的城镇化融资机制

为了解决基础设施融资的巨大需求与阳光融资渠道极为有限之间的矛盾，应该逐步建立一个以市政债为基础的城市政府城镇化融资体制。今后三年是改革启动期，争取在八年内基本建成该新体制。与目前的以行政管控为主的体制相比，这个新体制将有更好的透明度、市场化约束机制，适度分散金融风险，有效降低政府和投资者的道德风险。同时，通过扩大建设用地供给、改革供地方式、征收房地产税和使用者付费等配套措施，将地方政府有积极性和没有积极性的改革结合起来，协同推进，促进新型城镇化健康发展。

2. 提高地方预算透明度，促使其回归“公共财政”

目前，地方政府时常通过低地价、税收返还和直接补贴的形式刺激和干预竞争性领域的经济活动。应该通过地方预算体制的改革抑制这些倾向。赋予地方人大审批（包括否决和修改）地方政府性基金收支预算的权力，要求地方政府公开基金预算的明细账目，公开所有税式支出（包括税收返还）和财政补贴的项目和受益者。

3. 编制地方政府的资产负债表

在今后几年内，政府预算在提供流量数据的同时，应该公布金融负债和资产等存量指标。短期内应该公布的内容包括政府债务余额及其构成、金融资产余额及构成、政府的净金融资产（负债）。中长期来看，各级政府应编制完整的资产负债表。政府财政统计和预算报告应披露有法律效力的担保所导致的或有负债（如地方政府对融资平台的担保）。由上级审计部门和市场化审计机构负责对城市政府公布的财政收支、资产负债表和偿债能力数据的真实性进行审计并公布结果。

---

① 部分观点引自：《深化经济体制改革重点领域一揽子方案建议》之子课题《土地制度改革与新型城镇化》和《关于财税体制改革的思路》报告。

五、小结

我国现有的中央地方关系在税制划分、财权事权匹配上不尽合理，对“该集中的没有集中，该分散的没有分散”的反映比较多，但对哪些该集中、哪些该分散没有形成一致意见。同时，在社会保障、教育、医疗、土地等领域的改革方面，各方分歧较大，对中央地方在这些改革中各自应发挥的作用也缺乏讨论。

我国改革开放的实践表明，在维护统一大市场的同时，发挥地方的积极性和创造性，对于寻找改革突破口，探索和比较不同的改革路径，寻找最优的改革方案，都具有重要的意义。从国际经验看，在维护统一大市场的前提下，向地方适度下放权力是大国发展的一个普遍趋势，这对我国完善有利于地方改革创新的中央地方关系，具有一定的借鉴意义。

我们认为从可行性、必要性和可取性看，可以参照近年来美国“自下而上”的改革模式，充分、具体地考虑每项支出责任的历史沿革和复杂性，鼓励地方在多个领域探索不同的改革路径和管理方式。具体来看，在财税改革方面，不急于大幅改变中央地方之间现有的支出职能划分，除了推动司法权“去地方化”等少数地区间外部性较强的领域以外，其他地方事权目前可继续由地方掌握；同时在地方仍然承担较多事权的前提下，需要赋予其相应的财力。提高增值税地方分享比例到50%，同时逐步建立以财产税、资源税等为核心的地方税体系，给予地方政府在地方税种上的税收立法权。大幅减少专项转移支付。

在民生领域（养老、医疗、教育等）、城镇化领域（土地供给、房地产税等），鼓励地方在中央制定的原则和框架下探索不同的改革路径，创新不同的管理方式，通过地方间在制度层面的适度竞争，寻找最优制度组合，优化趋同。

在鼓励地方改革创新的同时，需要推动一系列配套改革，规范地方政府行为，维护全国统一大市场。一是规制地方保护主义；二是推动司法“去地方化”和“去行政化”；三是清理现有法律和相关政策文件，促进公平竞争；四是深化政府机构改革，减少政府层级；五是建立有效的城镇化融资体系，提高地方财政支出和资产负债透明度。

第三章
关于财税体制改革的思路①

执笔人：马骏、白重恩

① 感谢吴敬链、吴晓灵、易纲、谢平、钱颖一、刘剑文、王小鲁、贾康、郑建新、许善达、汪德华、肖明智等专家的建议和提供的素材。

一、财税体制改革的主要目标

财税体制改革应该达到如下几个主要目标：

（一）改变经济增长方式，改善经济结构

部分由于财税体制的弊端（如税收体系过度依赖间接税、国有企业向公共预算上缴利润的比例过低、资源和环境税费太低、土地财政缺乏透明度等），地方政府和企业倾向于追求投资拉动和粗放型的 GDP 增长，导致经济结构的严重失衡。这些失衡表现在投资比重过大、消费比重过低；工业比例过大，服务业发展滞后；能源使用效率低、污染严重。需要通过税收改革（如"营改增"、资源环境税费改革）、国有预算体制改革（如国有企业上缴红利制度改革）、地方政府预算体制改单（增加透明度）、支出改革（如增加对节能减排的财政支持）来推动增长方式的改变和缓解结构性扭曲。

（二）改善收入分配，促进社会公平

需要通过个人所得税改革、增加对民生的支出、改革国有企业利润分配制度等在近期内遏制住收入分配恶化的趋势，争取在中期内明显改善不同收入群体之间的收入分配。需要通过改革中央与地方的财政关系，提高公共服务均等化的能力，改善地区间的收入分配。

（三）建立公开、透明、法制化的预算体制，约束政府过度干预经济，控制宏观税负，减少腐败

需要通过建立全口径预算体制，在几年之内彻底清理所有游离于预算外的政府收入和支出，通过消除体制外和腐败性收入，来达到减少宏观税负、提升增长潜力、抑制腐败的效果。将税收立法权收归人大，避免国家税收制度过于复杂和税收流失。用预算法规范

政府行为，人大应具有预算修改权，并可追究政府执行预算的责任。

（四）提高财政的可持续性，控制系统性风险

目前的决策机制在程序上不重视财政的长期可持续性。今后，各级政府和人大在确定每年预算时，应该对中长期财政收支和债务负担进行预测并以中长期预算框架的形式公开，确保当前政策与财政的长期可持续性相一致。在地方层面，必须解决基础设施融资的巨大需求与地方隐性债务风险之间的尖锐矛盾，建立既能支持城镇化的融资需求，又能有效控制风险的地方债务管理体制。

目前的财税体制在收入、支出、预算管理、中央与地方财政关系、地方债务五个方面都存在与改变增长方式、改善收入分配、约束政府行为、控制长期和系统性风险等目标不相适应的许多问题。以下具体讨论这些问题和相应的改革思路。

二、财政收入与支出改革

（一）财政收入改革

1. 财政收入方面的主要问题

（1）与其他行业的税负相比，服务业的税负过重，营业税体制导致重复征税，阻碍了服务业的发展和专业化分工。

（2）个人所得税未能有效发挥调节收入分配的功能。个税的税基非常窄，对财政收入的贡献十分有限。目前缴纳个人所得税的只有大约2400多万人，占总人口比重不到2%。由于个税只覆盖了4%的就业人口，即使这些是最高收入的人口，但因为大部分高收入者没有被覆盖，因此很难起到应有的调节收入分配的作用。过去十年，由于社会压力，几次上调个税的起征点，许多人误以为可以减少收入差距。事实上，起征收点的上调进一步减少了高收入者交税的比例，从而加剧了收入分配的恶化。

（3）我国目前以生产和流通环节税收（增值税、营业税以及企业所得税）为主的税收体系，虽然与我国的发展阶段有关系，但造成地方政府明显偏好投资工业企业（因为工业是税收的主要来源），而忽略为本地居民的服务，加剧了经济增长过度依赖投资的冲动。

（4）资源税和环保收费的税、费率太低，无法起到抑制过度能耗和污染的作用。比如，目前二氧化硫（SO_2）和氮氧化物（NO_X）的排污征收标准过低，相比于安装减排设备的成本要便宜很多，因此许多企业更愿意支付排污罚款。

2. 关于改革的建议

（1）个税改革。

第一，稳定免征额，提高个税占税收收入的比例，改善收入分配。在今后几年中不再提高个税免征额（保持在目前的3500元/月）。这样，随着人均收入的逐步提高，我们估计到2015年个税收入占全部财政收入的比重可以从2011年的6%提高到10%，占GDP的比重可以从2011年的1.3%到2015年的1.9%。同时，到2015年，占就业人口的近10%的收入者将被个税覆盖，远高于目前的4%，因此将改善收入分配。[①]

第二，将目前7种税率减少到5种，最高税率从目前45%降低到35%。目前最高税率过高，导致高收入者大量进行避税、逃税的活动，因此政府实际上也在此税率上无法获得多少收入。既然没有多少收入，又设置如此高的税率，对企业家和高端专业人士造成了政策环境恶劣和“某一天我会被查税”的恐惧心态。据调查，中国70%的富人已经或有移民海外的打算，个税最高税率的“威胁”（而非其实际征收）是其中一个重要的因素。

第三，从高收入人群（可定义为年收入为24万元以上的人群）和

① 我们的定量分析表明，与其他许多政策相比，稳定个税免征额、提高财政对教育卫生社保的支出可以比较有效地降低基尼系数，改善收入分配。见秦晓、马骏、曹远征：《价财税改革配套改革》之附录二（对价财税改革经济效果的定量分析），博源基金会中国经济观察，2013年特刊第1期。

高级公务员（处级干部以上）开始，启动综合个人所得税的试点。加强税务机关征税能力，赋予金融机构、行政机关提供涉税信息的责任和税务机关采集信息的权限。综合个税的征收项目应该包括工资薪金、经营所得、劳务报酬、财产租赁所得、财产转让所得、利息、股息等；并以此为契机，要求政府官员公布财产和各种收入，实质性地建立起一项防止腐败的重要制度约束。综合个税的另一个重要目的是拓宽税基，因此可以降低税率。此外，由于在拓宽税基过程中涉及的征收项目基本上都是高收入者的所得，也可以进一步明显改善收入分配。

第四，适当提高个人所得税由地方政府分享的比例。具体讨论将在“政府间财政关系的改革”一节。

（2）营业税和增值税改革。

2012 年，“营改增”已经扩大到全国十个省市，所积累的经验应该能很快运用到其他地区和行业。今后三四年内，应该将“营改增”扩大到全国范围，以及除银行保险业以外的其他所有服务行业。最近一两年，可以从公路和港口运输业扩大到电讯、铁路、建筑安装等行业。主要目的是减少重复征税、促进专业化协作及服务业的发展。“营改增”之后，估计大部分服务业企业的间接税税负可下降 15% ~20%，制造业税负也由于间接税的进项抵扣而有所降低。

对银行业，由于其核心金融业务（如信贷业务）的进项抵扣难以确认，在多数国家一般对其免征增值税，而只对非核心业务（如理财咨询、保险箱管理等）征增值税。多数国家对银行业不征营业税，即使征营业税，其税基的定义也远窄于利息收入。总体来说，国外对银行业的所得税税率高于中国，但由于间接税低于中国，中国银行业的总体税负较高。在利率逐步市场化、中国银行业净利差将明显下降（估计会从 2.6% 下降到 2% 左右）的背景下，应该将营业税税率从目前的 5% 降低到 4%，以帮助避免银行业出现税后利润的大幅下降。另外，银行业营业税的下降也有利于在资本项目开放后，国内银行在国际竞争中享受基本平等的税收环境。我们建议的银行业营业税税率的降幅

(5%下降到4%，降幅约20%）与其他服务业“营改增”享受的间接税降幅基本一致。另外，保险业作为服务业的重要组成部分和养老、医疗等社会保险的服务提供者，也应该享受类似的间接税改革的利好。因此，有必要将保险业的营业税税率也同时从5%下调到4%。

（3）提高资源税和排污收费，在主要城市实行汽车拍照拍卖制度①。

改革的方向是继续提高资源税税率，提高排污费并改为环保税，在主要城市实行汽车拍照拍卖制度。这些改革将有助于抑制对资源的过度消费和对环境的破坏。近年来许多城市空气污染指数（PM2.5）数倍于WHO建议的安全标准（25），群众抱怨很多，应该是政府大力调整财税政策以帮助治理污染的契机。我们的若干具体建议包括：

第一，将煤炭资源税税率提高5~9倍。我国煤炭资源税税率过低，无法达到抑制过度消费的目的，而燃煤是中国PM2.5的最大来源（占45%）。目前对煤炭仍然实行从量计征的方法，主要产地按3~5元/吨进行征收，相当于煤炭生产价格的0.5%~0.8%左右。为了控制煤炭需求的增长，我们建议在两年内分步骤将煤炭资源税提高到5%，即比目前水平提高5~9倍。目前全球石油价格低迷、国内通胀压力较为温和，从宏观条件上来说也为提高资源税税率创造了条件。除了煤炭以外，其他资源税的改革也应该加快进行。在提高资源税的同时，要配套改革能源最终消费价格的形成机制，使消费者承担资源税的成本，从而达到抑制过度消费的目的。

第二，大幅提高排污收费，包括将二氧化硫和氮氧化物等排污征收标准提高1~2倍。目前，SO_2 和 NO_X 的排污征收标准过低，相比于安装减排设备的成本要便宜很多，因此许多企业更愿意支付排污罚款。此外，还应该相应提高烟尘排污费、硫酸雾排污费、粉尘排污费等征收标准。从中期来看，应该将排污收费改为环境税。

① 关于此问题的详细论述，见马骏、施娱、佟江桥：《政策要大变，才能将PM2.5降到30》，博源基金会中国经济观察，2013年特刊第4期。

第三，在主要城市实行汽车牌照拍卖制度，逐步将汽车保有量的年增长率降到 5%。汽车尾气排放是我国 PM2.5 的第二大来源（占 20%），而我国的乘用车保有量在过去五年内以年均 20% 的速度增长。这个趋势从环保、城市交通拥堵和能源消费等几个角度来看都是不可持续的，必须采取措施（如牌照拍卖制度等）大幅降低汽车保有量的增长速度。实行车牌拍卖制度的另一重要好处是增加地方财政收入和利用这些财政收入投入发展公共交通和治理污染能力。从最近的经验来看，一个大城市引入车牌拍卖制度所带来的地方财政收入要比已经开征的房产税多几十倍。我们建议，拍卖汽车牌照收入的大部分，应该用于建设地铁，大幅提高地铁的便捷度，从而提高居民“清洁出行”的比例；还应该用于淘汰“黄标车”的补贴。

（4）逐步推进房产税改革。

从中长期来看，以房地产保有税为主的财产税是适宜城市政府的主体税种之一，而且财产税按财产存量计征，其稳定性和可持续性较好。

在房产税具体设计思路上，有两个方案。一是新老划断，只对新增房产征税，存量房进入二级市场交易后也开始征收房产税。此方案法律风险较低，实施阻力较小，但可能引发对利益既得者保护的质疑，也可能导致市场分割。二是对存量、增量房产统一征收房产税。存量房屋有可能大量进入二级市场交易，扩大供给，有利于降低房价、防止市场分割，但征收存量房产的房产税可能面临很大阻力，因为购买这些房屋时房价中已包括几十年产权的土地出让金。对于上述两种方案，近期可优先考虑第一种方案。近年内应该通过扩大城镇建设用地供给、改变供地方式等途径，降低地价和房价，为逐步扩围到存量房创造条件。

（二）财政支出改革

1. 财政支出方面的主要问题

（1）医疗、社保等民生开支不足，导致公立医院看病难、养老金个人账户空账达两万亿等问题。一亿多原籍农村、长期在城市打工的进城农民工没有被城镇社会保障体系覆盖，在保障性住房和子女教育等方面也不能享受与城市户籍人口相同的待遇。

（2）环保、节能等支出占政府支出的比重过低。比如，中国政府对新能源的补贴只占 GDP 的 0.2%，比发达国家低一至两倍。

（3）一般性支出，尤其是三公消费，占政府支出比重过高。根据王小鲁的估计，我国财政支出中，广义行政管理费支出占财政支出的比例远高于发达国家的水平。其中，因为透明度低和缺乏监督，“三公消费”支出数额巨大（但并不仅限于在行政管理费名义下的支出）；另一方面由于各级党政机构臃肿庞大和行政支出无标准、无节制，也耗费了大量公共资源。

（4）许多地方政府滥用优惠土地定价、税收返还（税式支出）、政府性基金等财政资源鼓励竞争性领域的投资，违背了“公共财政”原则，导致了财政资源的浪费、在许多情况下加剧了产能过剩和腐败。

2. 关于改革的建议

我们认为，今后几年的财政支出改革应该主要通过增加医疗、社保、环境支出占 GDP 的比重，来解决由于“外部性问题”所导致的投入不足的问题，同时减少包括三公消费在内的其他支出占 GDP 的比重，减少政府通过财税优惠政策对竞争性领域经济活动的干预。

第一，提高财政对社会保障和医疗投入占 GDP 的比重。我们对“国家资产负债表”的研究表明，由于人口老龄化、新的医疗技术日趋昂贵等因素，养老金和医疗支出的缺口将成为财政的最大压力。我们建议，养老金的缺口主要由提高退休年龄、划拨国有股份和利润来解决。但根据国际经验，卫生总费用占 GDP 比重的提高（我们预测为将从目前 GDP 的 5% 提高到 2050 年的 10%）部分的（约 1/3）将由政府买单。如果政府不提高对卫生总费用占财政支出的比重和政府卫生支出占 GDP 的比重，社会压力（如老人无法获得长期护理服务而有尊严地度过晚年）将不断增大。另外，提高财政对医疗卫生支出的受益者（主要是中低收入的人群）的保障程度，因此这项改革是提高公共服务均等化程度、改善收入分配的重要方面。对经济来说，完善的社会和医疗保障有助于降低“预防性”储蓄，提高消费倾向，从而提升消费拉动GDP增长的作用。保持社会和谐与改善收入分配在很大程度上属于“公共产品”的范畴，因此财政必须起到更大的作用。

第二，将财政对清洁能源、节能、环保的投入占GDP的比重提高一到两倍。资源使用效率过低、对能源进口的过度依赖和环境状况恶化是对经济可持续增长的巨大挑战。具体来说，从财政支出的角度来看，必须要进一步增加对清洁能源、节能、环保的支出，用以直接改善环境、治理污染，同时提升节能、环保等服务业在经济活动中的比重。

第三，降低三公消费等一般性支出占GDP的比重。包括三公消费、公共安全支出等在内的一般公共费用支出比重应该大幅下降。降低这些项目占GDP的比重是保证全部财政支出占GDP比重基本稳定的要求，公共安全支出占GDP比重的下降是社会保障支出增加后，提升社会和谐程度的预期结果。在三公消费的改革方面，应该推进公车制度改革，严格规范差旅费、公款吃喝和送礼标准，规范和限制退休干部待遇（医疗、用车、差旅等）。

第四，严格控制地方政府通过低价土地（尤其是工业用地）、税式支出、基金支出的方式过度干预竞争性领域的经济活动。目前，工业用地的地价约为住宅用地价格的十分之一，成为地方政府变相补贴工业项目的最重要的公共财政手段。另外，地方政府大量使用税收返还和直接补贴的形式过度刺激竞争性领域的经济活动。低价土地、税收返还从本质上来说是政府财政的支出，但由于低价土地的隐性支出没有纳入预算、税式支出没有在预算中用支出形式列支、政府性基金支出虽然纳入预算但人大没有审批权，逃避了人大和民众的监督。这些问题都必须通过预算改革来解决，以帮助政府进一步退出竞争性经济领域，减少腐败。

三、预算管理体制改革

（一）目前预算体制面临如下主要问题

第一，预算管理缺乏公开性和透明度，法制化程度过低。全国人大虽然可以“审议”预算，但却无法修改预算。目前，我国的十八大税种中，仅个人所得税、企业所得税、车船税这三个税种由全国人大立法确定征收权，而其余税种的征收合法性，均源自国务院所作的暂行规定和条例，也就是行政性规定。大部分税种的设立和修改权不在人大（而在政府），降低了税收的严肃性和稳定性。一些政府部门过度推行的区域税收优惠政策，造成税收流失。

第二，虽然已经建立了四本预算为内容的“全口径预算”的框架，除了一般预算外，基金预算尚未完全包括体制外收入，大部分国有企业利润尚未进入国有资本经营预算，全口径预算虽然框架已经建立但尚未做实。尤其是国有资本经营预算，虽然有部分国有企业利润进入了国有资本经营预算收入，但目前将这些收入95%以上返还给国有企业的做法表明，政府基本上没有作为出资方代表对国有企业应分配利润的调配权，全国老百姓基本没有共享国有企业发展的利益。另外，还有一部分政府收支（尤其是地方政府收支）游离于政府预算之外，事实上加大了宏观税负，为腐败提供了温床。

第三，财政支出分类中没有“行政管理费”这一项目，人大和民众难以监督三公消费。另外，各项财政支出缺乏严格、公开的标准，即使有标准也没有形成制度加以严格执行。

第四，目前的预算起草和审批体制只关注当年的财政状况，以及满足短期财政需求，忽视长期财政风险，积累了对许多中长期风险的积累。我们的研究表明①，在中长期内，养老金缺口、医疗成本、环境欠账、地方债务、铁路债务、政府担保等隐性和或有负债将导致很大的政府债务风险。如果不改革，到2050年政府的显性债务占GDP的比重将明显超过100%。

---

① 见马骏：“政府债务可持续性研究”，《中国国家资产负债表研究》（马骏、张晓蓉、李治国等著，社会科学文献出版社，2012年12月）。马骏的估算表明，今后几年内地方债和铁路债导致的财政压力相当于2011年GDP的5%左右，今后十几年内环境治理的总成本相当于2011年GDP的10%左右，今后38年内医疗费用上升导致的对财政补贴的总需求相当于2011年GDP的45%左右，今后38年内累计养老金缺口导致的对财政补贴的需求相当于2011年GDP的83%左右。

（二）关于改革的建议

第一，完善《预算法》，强化政府预算约束，提高政府运行透明度。要切实贯彻和加强宪法和法律中规定的人民代表大会的预算审议职能，进而有步骤地把各级人大转化成主要对税收、拨款、各种津贴以及财政再分配的预算实施实质性审议的公开论坛，也就是实施“财税民主”。具体来说，人大不但要有对预算的审议权，还需要有修改预算的权利。另外，新税种的设立必须通过人大常委的批准。政府一般预算、政府性基金预算、国有资本经营预算、社会保障预算应当保持完整性。赋予社会公众申请预算公开的权利，并为权利的行使提供法律援助。

第二，通过提高地方预算透明度迫使其回归“公共财政”。目前，地方政府大量使用低地价、税收返还和直接补贴的形式刺激和干预竞争性领域的经济活动。必须通过地方预算体制的改革来抑制这些倾向。必须赋予地方人大审批（包括否决和修改）地方政府性基金收支预算的权利，地方人大应该规定工业用地的最低价格，应该要求地方政府公开基金预算的明细账目，并公开所有税式支出（包括税收返还）与向企业提供财政补贴的项目和受益者。

第三，争取在五年内将国企向公共预算上缴利润的比例提高到30%～40%。

第四，在明确的时间表（如在三年）内，将全部被中央和省级人大或政府认可的体制外收入纳入预算，将其他所有政府收费宣布为非法，并提供公开渠道允许民众举报非法收费。严格控制政府机关设立下属事业单位及其编制。

第五，在今后几年内，政府预算在提供流量数据的同时，应该公布金融负债和资产等存量指标。短期内应该公布的内容包括政府债务余额及其构成、金融资产余额及构成和政府的净金融资产（负债）。中长期来看，各级政府应编制完整的资产负债表。政府财政统计和预算报告应披露有法律效应的担保所导致的或有负债（如财政部对资产管理公司债务的担保和地方政府对平台的担保）。

第六，建立中长期预算框架，增强财政的可持续性。我国目前的预算体制只要求编制当年的预算，没有从程序上要求政府和人大关注财政的长期可持续性。今后三年内，应该借鉴国外（如澳大利亚）的经验，从若干地方政府开始试点建立中长期财政预算框架（包括5年预算和10年、20年财政预测，并公布主要或有负债），在公布年度预算的同时公布中长期预算框架。三年后可以将此框架逐步推广到更多的地区，并要求中央预算采纳。采用该框架的目标是保证财政资源在代际之间较为平等的分配，抑制财政过度扩张的短期冲动，限制隐性和或有负债，减少长期债务风险。除了预算部门之外，还应该要求人力资源与社会保障部对长期（如今后40年）的养老金缺口和卫生费用的预测，并协同财政部门估算对财政赤字和债务的影响以及这些财政压力将发生的时点。

第七，以“经济性分类”数据和部门预算为基础，将包括大部分三公消费的“机构运行支出”单列一个报表并予以公开。制定“机构运行支出”的刚性支出标准，并严格执行。“机构运行支出”预算需经人大审批，并向社会公开。审计机构应对“机构运行支出”进行专项审计并向人大汇报，审查和审计结果应向社会公开。

第八，加强人大等部门的预算管理能力建设。应下大力气提升一般人大代表、专职人大代表以及人大常委会的预算审查能力，更重要的是增加预算工委的编制数量，增强办事机构的预算审批能力。审计部门对财政资金的事后审查和监管，也是国家良治的重要制度基础。应大力增强审计部门的能力建设，在制度上可要求审计部门同时向人大和政府负责，增加其权限，充分发挥其对于财政资金的合规性、使用绩效的事后审计功能。

四、政府间财政关系的改革

（一）中央与地方财政关系目前面临以下主要的问题

第一，上一轮财税改革已经过去20年，当时建立的分税体制及其所包含的激励机制已难以适应现在的经济结构。现有的中央和地方财政关系仍含有许多当时的基数补偿和后加的专项转移支付，地方支出责任大于收入能力，规则上支离破碎，导致土地财政等各种扭曲行为。

第二，有较强“外部性”的一些政府支出责任，如司法、全国性的食品和药物安全、环境污染的监管、跨区域的重大基础设施等支出责任等过度集中在地方。结果是由于地方不考虑外部性而导致部分公共服务的短缺。

第三，中央向地方的专项转移支付过多，以公式为基础的一般性转移支付过少，随意性强，透明度低，造成“跑部钱进”，诱发腐败，并阻碍了公共服务的均等化。

第四，“营改增”之后，如果按现有增值税分成比例，地方将失去一个重要的独立税源，地方的支出责任和收入来源之间的错配将加剧。

第五，由于地方缺乏独立发债的能力（目前每年地方政府发债的总规模只有三千亿元左右，加上城投债也只有约一万亿元），平台贷款也受严格控制，每年五万亿元以上的基础设施融资需求与极为有限的阳光融资渠道之间矛盾日益尖锐，会不断出现非透明融资导致的金融乃至宏观风险。

第六，目前的五级政府架构（其中四级为地方政府），机构臃肿，功能交叉重叠，效率低下。

（二）对改革的建议

1. 支出责任的划分

在中国目前体制下的主要问题是地方政府的支出责任大于其财力、有“外部性”的支出责任过多集中在地方。这些问题导致公共服务不足和不均等，也迫使一些地方通过融资平台等不规范的渠道大规模负债，导致系统性风险。因此中央有义务将部分支出责任上收，减少地方责任与财力的错配。

关于支出责任的具体划分，理论和国际经验均表明，除了国防、外交、外贸、宏观金融政策（全国性公共产品）等必须归中央，地方性交通、治安、消防、教育、环保、供水、下水道、垃圾处理和娱乐设施等事项必然归地方之外（地方性公共产品），其他许多领域（如跨地区基础设施，以及部分环境保护、教育、卫生和社会保障等职能）的支出责任在中央和地方之间的划分则要根据外部性、激励兼容等原则，并根据本国的历史、法律、政治体制等实际情况来确定。① 我们的看法是，不应该笼统地看集权与分权的好处，而应该“就事论事”，即对具体支出责任的划分办法作具体分析，如果发现目前体制的明显弊端，就应该改革。

我们认为，在充分、具体地考虑每项支出责任的历史沿革和复杂性的基础上，将有较强“外部性”的司法、环保监管、食品和药物安全、跨区域基础设施等部分支出责任集中到中央，并建立将基础养老金（统筹账户）和个人账户分归中央和地方管理的新体制。应该上收的、“外部性”较强的支出责任的几个例子如下。

（1）在司法领域推动“去地方化”。即在中央财政保障司法经费的基础上，通过司法体制改革，分离司法管辖权域和行政区域，创造司法机关独立审判的制度和环境，维护国家法制统一。

（2）加强国家环保部对跨省区污染问题的监控和执法责任。许多环境污染的问题，有跨省区的“外部效应”。一个典型例子是，专家发现北京空气污染（PM2.5）的近一半来自于河北省和山东地区的燃煤所导致的污染。北京市的环保部门对此无能为力，而河北省和山东省和所属的环保部门则由于污染的“外部性”而缺乏大力度限制燃煤和惩罚燃煤排放（如 SO_2 和 NO_X）的动力。因此，必须加强国家环保部对有跨省区污染问题的项目的评估、监测和执法的权利和责任，以及提供对治理污染问题的研究和教育等全国性公共服务。

（3）中央应负责监控全国性食品和药品安全问题。食品和药品

① 关于中央与地方关系的理论和国际经验，见马骏：“中央与地方财政关系”，《西方财政实践》（马骏、郑康彬主编，中国财政出版社，1997）。

安全的许多问题有很大的外部性，即在某一地生产的有毒有害的食品和药品一旦销售到全国各地，会危害到全国人民的健康和生命安全。在发达国家，食品安全监管体制改革的大趋势是权力统一和上收，即便在联邦制国家如美国，联邦监管部门也通过设立大区域派出机构和地方办事处来动态收集原子化分布的监管信息，防范风险跨地区外溢。我国在建立了新的“国家食品药品监督管理总局”之后，应该重点负责跨地区的食品药品安全问题的法规、投诉、监管和惩处的工作。

（4）提高中央对跨省区基础设施项目的支出比例，降低全国物流成本。中国物流成本占 GDP 的比重比发达国家高出约一倍，其中一个重要原因是中国几乎所有高速公路都是收费公路。这与中央政府基本不承担高速公路的支出责任，将大多数（包括跨省区）基础设施的建设责任交给地方有关。但由于地方政府财力不足以支持这些项目，被迫采用平台借贷的方式进行融资，一方面由于不透明的融资方式造成了金融风险，同时也导致了大量公路必须收费、物流成本居高不下的情况。因此，适当提高由中央政府承担的跨省区基础设施支出比例，从而减少交通运输的收费，可以事实上起到“减税”的作用，有助于提升长期增长潜力，减少由于平台过度负债导致的金融风险。

（5）将基础养老金（统筹账户）的管理和弥补缺口的责任上收到中央，个人账户由地方管理并逐步市场化。企业养老金统筹账户面临“转轨成本”，这是中央在 20 世纪 90 年代所做的改革决定所造成的缺口，但中央没有系统的转移支付的机制来弥补这些缺口，迫使地方挪用“个人账户”的资金，造成个人账户的空账，将压力和风险推给地方或将来。这些缺口最终不可避免将由中央来买单，即通过实现全国统筹来由中央正式“接管”这个责任。另外，虽然 2009 年国务院已经出台《城镇企业职工基本养老保险关系转移接续暂行办法》，但在 20% 的缴费中，只能转移 12%，无法完全解决养老跨地区保险转移的问题。即使转移 12%，在具体操作上还遇到许多阻力。解决这些问题的关键也在于实现基础养老金的中央统筹。①

个人账户应该与统筹账户分开管理，前者由地方政府负责监管，具体资产管理可以委托给商业性资产管理公司和保险公司，或者委托给全国社保基金会。个人账户与统筹账户的分开管理，可以从体制消除个人账户被挪用而出现空账的可能性。也可以消除老百姓对“一旦个人账户资金投资出现亏损，中央政府也必须买单”的预期。统筹和个人账户分开之后，应该允许地方创新竞争，包括将个人账户与第二支柱（企业年金）、第三支柱（商业化养老保险）整合为一个商业化养老支柱的尝试。

（6）由中央承担协调医保的跨区域结算功能。这一改革有利于满足居民异地就医需求。这项改革要求各地医保机构通过联网实现转账，但由于缺乏中央的协调，跨省结算的改革进展很慢。但从技术上来讲，是完全可以实现的。

（7）将主要宏观数据的统计责任上收到中央，实行国家统计局垂直管理。多年以来，地方统计数据加总的宏观数据与全国统计数据不吻合现象一直存在，除了重复计算等客观因素以外，地方政府以 GDP 为核心的政绩考核体系以及地方统计局直接受命于地方政府有很大关系。在统计数据问题上如果出现太大偏差，将影响到宏观决策的质量。对于这一问题，国家统计局采取了一些改革措施，如在近 70 万家“三上”企业实现了联网直报等。对于今后的改革的方向，我们建议，对关系到重要宏观调控的指标和考核地方政府政绩的主要指标，应该统计垂直管理，才能有效解决各级政府对数据注水的问题。

在其他一些方面，如养老金个人账户管理、医疗、教育、土地、环境保护、交通运输模式等领域，应该允许和鼓励地方政府探索不同的改革路径和管理方式。比如，应该允许地方政府尝试对个人账户进行自主管理、委托商业性资产管理公司管理、委托全国社保基金会管理等模

① 关于个人账户的空账是否应该做实，如果要做实，如何做实的问题，请见《深化经济体制改革重点领域一揽子方案建议》关于社保体制改革的子课题报告（白重恩、李波、马骏执笔）。

式。应该允许地方政府自主放开民营资本进入医疗和教育行业，增加供给，满足多层次的需求。在与环保和交通运输相关领域的一个典型的例子是：应该鼓励地方政府选择各种模式来控制汽车尾气排放导致的PM2.5。比如，地方政府可以采用汽车牌照拍卖制度、采用在中心区征收“拥堵费”、实行限行制度等来控制汽车保有量的增加，以及鼓励提前淘汰“黄标车”等措施。

除了使支出责任与财力匹配之外，在政府间重新划分事权还会面临着另一个棘手的现实问题：究竟是按照我国现行五级政府的组织架构来划分，还是按照国际上通行的三级政府组织架构去划分？现行五级政府架构，机构臃肿，功能交叉重叠，效率低下，将来迟早还得进行再改革。与其如此，不如此次改革一步到位，直接按照三级政府的组织架构划清政府间事权与支出责任。也就是说，必须压缩政府层级，加快推进省直管县进程，实现财政、行政、人事三重体制并轨。同时，要将乡镇政府尽快转变为县政府的派出机构，以减少基层政府层级，实现地方政府层级的“扁平化”。

2. 财政收入的划分

目前面临的主要问题是，许多地方政府的自有财力加上中央的转移支付难以满足其支出责任，加上“营改增”将导致地方税源进一步缩小（改革如全面推开，将减少约12000亿元①），因此有必要在许多有争议的选择中做出决策，增加地方自主财力。

以2011年中央与地方财政收入的数据为基准，我们进行了若干改革方案的简单模拟。假设中央上收若干支出责任（如上文所建议），地方支出责任减少2000亿元，可以在一定程度上缓解地方支出责任与收

① “营改增”试点期间，从营业税改成的增值税由国税部门代征后全部返还地方，但这种做法从中长期来看无法持续。第一，如果由营业税改成的增值税与原有的增值税用不同的方式分享，将扭曲地方政府的激励机制和税收的公平性；第二，由国税局征收的“营改增”部分归属地方，可能会导致国税局在征收过程中偏袒中央政府利益；第三，改为增值税之后，企业更倾向于专业化分工，一个服务业企业可能“裂变”为多个新企业，工业企业也可能裂变为服务业企业，返还的基数就难以科学地确定。

入不匹配的问题。同时假设“营改增”彻底完成，75%的改革后的增值税归中央（不返回），则地方收入减少约1万亿元。为了保持地方收支匹配，在几年内必须给予地方约1万亿元（2011年价格）的新的财政收入来源。为了达到这个目的，可考虑如下几种组合方案：

方案一：将特别消费税和车辆购置税在消费环节征收，同时划归地方。这两项税收的总规模约9000亿元，也基本可以弥补由于“营改增”所导致的地方财力和支出责任的错配。中长期来看，房产税应该作为地方税的新的重要补充。

方案二：保持中央和地方之间75∶25的增值税分成比例，将增值税税率降低到12%，允许地方开征收税率为8%以内的零售税。零售税的税率由地方自主确定。假定地方开征的零售税平均税率为6%，税基为全社会零售总额，则此项改革可增加地方税收约9000亿元。

方案三：将增值税地方分享比例提高20个百分点（到45%），将个人与企业所得税的地方分享比例提高10个百分点（到50%）。这两项改革可以增加地方收入约9800亿元。随着时间的推移，直接税占全部税收的比重将逐步加大，中期来看应该可以基本平衡地方的财力和支出责任。

不论选择上述哪个方案，或者重新搭配后的某种组合，都应该考虑：（1）对经济和企业的冲击的大小；（2）体制的稳定性，应该争取将新体制稳定十年或更长的时间，避免中央和地方财政关系的频繁变动；（3）考虑未来地方新的财力的出现（如房产税、汽车拍照拍卖收入等），以及资源税在中央和地方之间的重新划分（对在地区间分配十分不均的某些资源，资源税应该由中央与地方共享）等因素；（4）对地方政府是否会产生不良的激励；（5）应给予地方一定的税收自主权。

关于上述三个方案的利弊，我们的初步判断是，方案一对企业的冲击面最小，因此操作上的可行性最大。但这两个划归地方的税种的可持续性面临问题，因为烟草和汽车的消费增长都将在中长期减速。中长期来看，房产税将逐步成长为重要的地方税种，可以对冲特别消费税和汽车购置税的减速对地方财力的影响。方案二有许多国际经验支持，但零售税面临重复征税问题，在电子商务大发展背景下其稳定性也会面临挑战。另外，该方案引入的第一年将影响几乎所有企业的税收和税后收入，冲击面较大。方案三的操作最为简单，但问题在于提高增值税的地方分享比例可能加剧地方追求 GDP 的冲动。综合来看，我们更倾向于方案一。

另外，不论用哪个方案，虽然地方加总的财力与支出责任的匹配基本得到解决，但地区之间的财力有可能会发生明显的重新洗牌。因此，税权在中央与地方间的重新分配和或分享税分享比例的重新确定，都必须与中央向地方转移支付的改革配套进行。中央向地方的一般性转移支付体制，应该基于各地的“支出需求”和新体制下的“财政能力”（基于新的政府间税权分配格局、分享比例和新的专项转移支付体），从而达到支持公共服务均等化的目的。

3. 中央向地方的转移支付

目前，我国中央向地方的专项转移支付过多，以公式为基础的一般性转移支付过少，随意性强，透明度低，阻碍了公共服务均等化。另外，由于公式化的转移支付占很小比例，使地方无法对未来的转移支付收入做出比较准确的预测，无法用其作为一个重要的财政收入来源来支持其发行市政债的偿债能力，阻碍了地方政府债券市场的发展。

2011 年，中央对地方的转移支付约 35000 亿元（不含税收返还），占地方公共财政收入的近 40%。其中，专项转移支付包括 23 个大项、200 余小项，总量占全部转移支付的约一半。专项转移支付太多，造成“跑部钱进”，部分项目效率低下，内容重复，程序不透明，容易出现腐败，限制了地方根据需要自主决策，提高资金使用效率的空间。

建议在今后几年的时间内，由财政部门、人大、外部专家设立专门的研究小组，以减少专项转移支付的数量和占全部转移支付的比重、提高一般转移支付的总额和比重为目标提出具体操作方案，争取将一般性转移支付占全部转移支付的比重提高到三分之二。将取消的部分专项转移支付和历史遗留的基数返还纳入一般性转移支付。

在一般性转移支付的公式设计中，要充分参考国际经验，以实现地方的基本公共服务均等化为目标，客观反映地方的支出需求和财政能力，避免人为因素的干扰，提高透明度。所谓支出需求，是指一个地方政府所需要提供的教育、卫生、交通、社会福利、环境保护、治安等基本公共服务的总支出规模。支出需求的规模应该基于公式来计算，公式中应该包括服务数量或服务对象的数量（如学生人数、享受医疗服务的人口、公务员人数、警察人数、需要消防服务的居民人数、公路和地铁的长度等）、单位成本（提供每单位服务所需的支出）、各种修正系数（如人口密度、年龄结构、环境指标、地理、少数民族人口比重等因素）等变量。所谓财政能力，是指一个地方政府在现有的税费、分享公式和其他（如专项）转移支付体制下取得财政收入的能力。在确定某个地方政府的税收能力（财政能力的一部分）时，应该首先估算其税基，然后乘以标准税率和其分享的比例。由于使用了标准税率，财政能力就与该地方政府的“税收努力程度”无关，因此可以避免“鞭打快牛”的现象。在某种程度上，这个体制还可以鼓励地方政府提高税收努力的程度，因为给定同样的税基，征收越努力（不会导致一般性转移支付的下降），地方得到的实际财力就越多。关于国际上一般性转移支付的体制和公式，请见本章附件一。

在中国推动城镇化过程中，尤其需要通过改革转移支付体系来解决的是，现在某些政府民生支出不能随着人走而阻碍了人口流动的问题。比如，农民工子女的教育经费补助不能随着孩子跨地区转移，会影响农民工移民目的地为他们子女提供教育的积极性和能力。同样，农村新型合作医疗是有政府补助的，在贫困地区有中央政府的补助。目前这些补助也不能随着人走。今后，在转移支付体制的改革中，不论对基础教育和新农合的补贴仍然保持专项转移支付的形式，还是纳入到一般性转移支付中，都必须充分反映农民工及其子女的教育和医疗服务需求在地区之间的转移。具体来说，在确定某地的教育支出需求时，公式中的

“受教育者数量”不能再以本地户口的学龄人数为基础，而应该以持“居住证”（基于经过改革后的、较规范的居住证制度）家庭的学龄人数为基础。在确定某地的医疗支出需求时，公式中的“享受医疗服务的人口”不能再以本地户口的人口为基础，而应该以“居住证人口”为基础。

五、地方债务管理体制改革

在一系列中央和地方的财政与金融关系中（包括事权划分、财权划分、转移支付、地方债务、地方金融机构监管等），地方债务是最可能构成系统性和宏观风险的问题。从国际经验来看，巴西自 20 世纪 80 年代以来经历过三次大规模的州政府债务危机（1989 年、1993 年和 1999 年），危机的根源都是由于州政府过度负债，导致在出现宏观经济冲击的时候出现偿付危机，并且每次危机的结果都是由联邦政府施以援手，这严重加剧了地方政府的道德风险，最后甚至导致了银行危机。90 年代，阿根廷、墨西哥等也出现过地方债务危机并加剧宏观风险的情况。从国内的经验来看，2009 年以来地方平台债务大幅上升到 GDP 的 20% 左右，一些地方已经出现偿债风险；随着监管层收紧银行对平台贷款，2012 年开始，地方平台开始转向以信托贷款等方式融资，地方债务风险开始又以新的形式体现出来。

一方面，由于城镇化的需要，中国地方政府和平台公司为基础设施融资的需求巨大；另一方面，地方自主财力十分有限（房产税在近期内难以成为主要的地方财源），自主财力并将由于“营改增”而明显下降（目前为主要地方税税种的营业税将在几年后基本不复存在），地方的卖地收入又受到中央政策的限制（中央要求大幅度提高对农民征地的补偿），因此地方政府所面临的基础设施建设资金的需求和资金来源的短缺之间的矛盾将进一步激化。

在目前基本不允许地方独立发债的体制下，地方政府被迫不断采用变相的、不规范、不透明、没有自我约束机制的方式融资，会不断重复如下恶性循环：第一阶段，在经济增长相对比较低迷的条件下，中央和监管部门为了保增长，对各种融资渠道减少管制，此后便出现大量不规范和不透明的地方政府和平台的融资活动；第二阶段，这些不规范的融资活动导致经济过热和部分地方政府偿债风险，并使金融体系面临系统性违约风险；第三阶段，监管层面突然收紧政策，叫停各种类型的不规范融资活动，随后导致基础设施投资和经济活动的大幅减速。如果现行体制不变，上述三部曲将周而复始，不断重复。如果监管收得比较及时，经济的波动会出现小周期；如果监管收得过慢，则可能会导致经济的大起大落，使整个银行和金融体系（包括信托公司）面临大量不良资产，甚至使金融市场出现崩盘。

我们建议，应该建立一个以市政债市场为基础的，有自我约束（风险控制）机制的地方政府债务融资体制，并设想了过渡到这个目标的具体改革路径。简单地说，这条改革的路径可以被称为从行政管控地方债务向建立市场纪律过渡的一个过程。在此过程中，通过市场机制的建立，加上立法、增加地方财政透明度、加强地方人大监督、建立预警体系等改革将会硬化地方政府的预算约束。

（一）与目前以行政管控为主的体制相比，这个新体制有如下优势

第一，有更好的透明度，即将许多隐形负债（如平台债）转化为公开的政府直接负债，因而容易在早期识别和化解决风险，避免风险扩大并从地方向全国转移；

第二，有自我约束机制，即对风险较大的地方政府，债券市场会以较高的乃至惩罚性的利率抑制其融资的能力，甚至完全切断其融资的渠道；

第三，投资者有足够的分散度（来自于银行、保险、基金、其他机构、外资、个人等），不会过度集中于银行体系，因此降低了系统性风险；

第四，通过提高中央政府不“买单”（或“不完全买单”）的可信度，降低道德风险，减少地方政府因上级政府的“隐性担保”而过度

借债的冲动，同时减少投资人因为“隐性担保”而低估风险、过度投资的倾向；

第五，通过有透明度的法规（如财政部和地方债券法中规定的发债条件和上限）对地方政府融资的约束、省级政府对下级政府的预警体系、地方人大对地方债务的审批和监督，可以进一步强化对地方政府的预算约束，避免地方过度融资和地方投资的大起大落。

（二）建立这个机制的改革路径的要点

第一，由财政部对地方政府的风险指标进行详细分析，选择一批（开始选十几个，五年内逐步扩大到近百个城市）偿债能力达到标准（比如债务余额与财政收入加转移支付之比例，利息占经常性收入之比等；关于具体标准我们会另文讨论）的城市，允许发行市政债。市政债可以包括由财政收入支持的债券和由项目收益支持的债券两种。

第二，立法规定地方政府债务的上限，比如债务占当地GDP的比例不得超过50%，利息支出不得超过经常性收入的一定比例。规定地方政府发债所筹得的资金必须用于资本性项目，不得用于经常性支出。地方政府的经常性预算必须平衡。

第三，通过立法，明确宣示中央政府对市政债的偿还不承担责任。在实际运行中（比如五年内），应该允许若干基本没有系统性风险的中小规模的市政债违约事件发生，以建立中央承诺不担保的可信度，从而打消债券市场对“隐形担保”的预期，使得地方债市场的定价（利率）能准确地反映这些地方的债务风险。

允许违约，即打破软预算约束，并非不可能；在其他国家和中国的历史上，就曾经历过地方政府、金融机构和国有企业从软预算约束到预算约束强化的转变。

第四，对部分有系统性风险的大城市违约案例，应该采用在中央或省级政府支持下的债务重组方式（如中央或省级政府给予部分救助，但绝对不能全盘接收债务，以免加大道德风险），降低违约对投资者的损失和风险在金融市场上的传导范围。但是，涉及事件的市政府官员必须承担最大责任。地方首长免职、市政府重新组阁、地方政府开支大量削减必须成为上级政府帮助重组债务的条件。

第五，在被允许发行市政债的地方，地方人大必须建立其对发债和偿债能力的自我评估和约束机制。所有市政债的发行计划，都必须通过地方人大的预算批准。地方政府必须对地方人大、公众和资本市场公开详细的财政收支、资产负债表、偿债能力指标的信息。

第六，提高市政债的信用评级可信度。建议加快制定信用评级以及征信等方面的法律法规，强化评级机构信息披露，及时公布评级流程、评级方法和评级结果的变化。加强评级机构的独立性，防范利益冲突。

第七，省级政府可以考虑借鉴美国俄亥俄州的经验建立对下级地方政府违约的预警体系。这个预警体系可用来对已经发行市政债的地方政府的信用风险进行动态评估，如果超出一定风险底限，省级政府就给予警告，通过警告来影响这个地方政府的融资成本和融资能力。关于美国俄亥俄州预警体系的详细讨论，请见本章附件二。

专栏：中国地方政府的预算约束能否硬化？

在地方债问题的讨论中，许多人对允许地方政府发行市政债的最大担心就是“地方政府面临的是软预算约束”，而且认为这种软预算约束在目前的政治体制下是无法改变的，“因此不能让地方政府自主发债”。我们不同意这种观点。我们认为，即使政治体制没有重大变化，通过允许若干违约事件、建立用脚投票机制、立法、加强地方人大监督、建立预警体系等手段还是可以硬化地方政府预算约束的。

第一，国际经验表明，在政治体制不变的情况下，从软预算约束到硬约束的转变是可能的。例如美国，在建国以后联邦政府曾经多次接手州政府的债务，但是在19世纪30年代末大批州政府再次陷入债务偿付危机的时候，联邦政府选择了不予救助。此举使得那些财政困难的州政府不得不勒紧腰带，但是最终都逐步摆脱困境并重新得到市场的认可。更重要的是，从此之后直到今日，联邦政府再也没有需要出手为任何一个州的债务违约而买单，地方政府债务也没有再成为美国经济的主要系统性风险的来源。

第二，即使在中国，也有硬化软预算约束的成功案例。比如1998 年的广国投违约案。广国投事件之前，所有（包括外资投资者）都假设政府不会让其违约，当时对政府是否应该出手援救广国投也确实有极大争议，但最后政府下了决心，宣布广国投破产。此后，其他信托公司的融资金成本飙升，高风险的信托公司和业务逐步萎缩，避免了更大规模的金融危机。

第三，金融市场机制帮助硬化预算约束的另外一个例子是国有企业上市后的改变。20 年前，非上市国有企业普遍面临着严重的软预算约束。但是，上市后的国有企业引入了新的股东，并根据上市法规必须定期向公众披露详细的财务报表。与 20 年前相比，这些上市国有企业的预算约束得到了明显的硬化（虽然还有很大的改进空间）。在这个改革的过程中，资本市场用脚投票（抛售不负责任的企业的股票）、媒体的压力等起到了重要的作用。与此类似，如果引入市政债，则债券市场用脚投票、要求披露地方财政数据的压力也会成为一个重要的硬化地方政府预算约束的机制。

第四，过去十年，全国人大对中央财政预算的约束力有所增强，中央财政透明度有所提高，表明通过提高地方人大的监督能力来硬化地方政府预算约束并非天方夜谭。由于全国人大的作用，中央财政明显感觉到无法随意扩大赤字，近年来中央财政预算的公开和详细程度也有较大提高。另外，包括网络媒体在内的媒体人、学者通过舆论对财政的监督也开始产生作用。这些机制完全可能在地方层面建立一定程度的对地方政府的约束。

第五，另外，通过立法（规定市政债的余额的上限和用途，要求地方政府公布资产负债表、明确中央和地方的支出责任等）、强化信息披露（通过加强评级公司的作用）、建立预警体系（如省级政府提前对下级政府发出风险警示）、加强审计等手段，也能从不同的方面加强对地方政府的预算约束。详细的建议本章已有提及。

第六，由中央审计部门负责对地方政府公布的财政收支、资产负债表和偿债能力数据的真实性进行审计并公布结果。并要求地方政府披露若干中央规定的隐性债务数据（如养老金缺口等）。

第七，允许地方直接发债的改革的同时，应该赋予地方若干税收立法权，并建立比较稳定的一般性转移支付公式。地方必须要有几个独立的财源，才能保证其有稳定的偿债能力。中央向地方的转移支付应该大部分由透明的公式来决定，减少随意性很大的专项支付，使地方政府在披露和预测其财源时可以明确包括对一般性转移支付的预期。

第八，减少上级政府要求下级政府增加支出责任而不同时予以相应的财力支持（unfunded mandates）的做法。历史上，地方出现财政困难时，往往以“中央（上级）请客，要我买单”为理由，迫使中央救助。为了避免这种理由导致的“软预算约束”，从中长期来看，中央与地方之间支出责任的划分必须以法律形式明确下来，其中应该包括禁止上级政府在不提供财力的情况下随意要求下级政府增加支出责任的条款。

第九，银行可以率先对不同信用级别的市政债采用不同的风险权重，从而对较低质量的市政债要求有较高的收益率来得到补偿。银行的风险权重的变化可以引领整个资本市场对地方政府信用风险的有效定价。

六、改革时间表和突破口

（一）改革的时间表

根据上述问题的紧迫性、改革条件的成熟度、以增量改革为主的原则，以及改革措施之间的联动关系，我们建议以下“两阶段”改革方案和时间表：

1. 第一阶段（2013—2015 年）

在这三年内应该实现的具体目标包括：（1）将“营改增”从交通运输和若干现代服务业扩大到电讯、铁路运输和建筑安装业并从部分地区推广到全国；（2）大幅度提高资源税税率和环保收费的标准；（3）启动个税向综合税改革的试点，稳步扩大房产税的试点；（4）显著提高医疗、社保、环保、新能源等支出占政府支出的比重，降低一般性支出（尤其是三公消费）占政府支出的比重；（5）建立全口径的预算体系，在 2015 年年末清理完毕所有体制外政府收支，公开“机构运行支出”报表；（6）提高人大对预算的约束力，所有新的税种应全部通过人大立法；（7）将国有企业税后利润上缴公共预算的平均比例提高到 20%，启动向社保划拨上市国有企业股份的试点；（8）建立中长期财政预算框架，在公布当年预算的同时公布中长期预算和财政风险指标的预测；（9）将部分有明显外部性的支出责任集中到中央，减少专项转移支付，扩大一般性转移支付，保证新的转移支付体制充分反映农民工及其子女的教育医疗等需求在地区间的转移；（10）在“营改增”事实上将部分财源上收中央的同时，将若干税收收入以及税率决定权下放给地方；（11）中央根据风险指标，允许一些（如 10 ~ 20 个）地方政府（省、市）独立发行市政债，部分替代风险更大的、不透明的融资渠道，为今后建立以市场纪律为基础的约束地方融投资冲动的体制打下基础。

2. 第二阶段（2016—2020 年）

在这五年内应该实现的具体目标包括：（1）在 2017 年前，实现

"营改增"覆盖全部服务业；（2）在2017年前将污染物收费（税）标准提高到欧洲水平；（3）在2020年前完成个税向综合税改革转型，房产税基本覆盖主要城市；（4）在2017年前将国有企业税后利润上缴公共预算的平均比例提高到35%；（5）在2020年前，通过向社保划拨国有企业股份、提高退休年龄改革以及调整统筹与个人账户的规模等改革基本化解养老金未来缺口对财政可持续性的巨大威胁；（6）到2020年，允许上百个大中城市发行市政债，允许若干非系统性违约事件以建立市场纪律，通过建立法律、地方人大、资本市场对地方融资的监督和风控能力来硬化地方政府的预算约束。

（二）改革的突破口

在今后三年中，重点推进若干在实现财税改革的中长期目标方面具有实质性和全局性意义、能够为其他改革创造条件的改革。这五项改革"突破口"包括：

1. "营改增"

随着试点的深入，已经越来越清楚，"营改增"除了能降低服务业和相关行业的税负、推动经济结构转型和专业化分工之外，还将成为全面改革税制、推动中央和地方财政关系改革的重要动力。应该争取在2013年年底内完成"营改增"向电讯行业的扩围并推广至全国；在2015年年底前完成向铁路运输和建筑安装业的"营改增"；在今后三年适度降低银行保险业的营业税税率（如从5%降低到4%）以部分对冲利率市场化改革对银行业带来的利润冲击。

2. 建立全口径政府预算体系，提高预算的法制化程度

建立全口径财政预算，由各级人大审批（而非仅仅备案）包括一般财政预算、政府性基金预算、完整的国有企业资本经营预算在内的公共预算。彻底清理所有未纳入预算的各种体制外收费，在新的预算法中明确只有全国人大、国务院、省人大、省政府才有权规定向企业和个人收取税费，其他任何机构都无此权利。限期在2015年年底前所有税费都必须经过上述程序，否则一律失去法律效力。在2015年年底前将国

有企业税后利润上缴公共预算的平均比例提高到20%，并启动向社保划拨上市国有企业股份的试点。

真正实现全口径的财政透明度，使其全面接受人大的监督，才能从制度上抑制政府不断扩大自身规模和过度干预经济的冲动；提高公共预算对国有企业上缴利润的调节作用，限制国有企业过度投资的能力；通过取缔体制外收入来降低广义宏观税负，提高经济增长潜力，同时从财政来源上降低发生腐败的机会。

通过提高地方预算透明度迫使其回归“公共财政”。必须赋予地方人大审批（包括否决和修改）地方政府性基金预算的权利，地方人大应该规定工业用地的最低价格，要求地方政府公开基金预算的明细账目，公开所有税式支出（包括税收返还）与向企业提供财政补贴的项目和受益者，以抑制地方政府过度干预竞争性领域的经济活动的冲动。

3. 改革中央与地方财政关系

将有较强“外部性”的司法、跨区域环境监管、跨区域基础设施等部分支出责任集中到中央，推动基础养老金的全国统筹；鼓励地方在养老金个人账户、医疗、教育、土地等领域探索不同的改革路径和管理方式。在“营改增”事实上将部分财源上收中央的同时，将特别消费税下放给地方，或允许地方开征零售税，以保证地方财力与支出责任相匹配。减少专项转移支付，扩大一般性转移支付，提高转移支付的稳定性和透明度。另外，转移支付的新体制必须充分反映农民工及其子女的教育和医疗等公共服务需求在地区之间的转移，减少财政体制对城市化的阻力。

4. 扩大地方政府独立发债的权力

为了解决基础设施融资的巨大需求与阳光融资渠道极为有限之间的矛盾，应该逐步建立一个以市政债为基础的地方政府融资体制。通过立法、市场机制、增加透明度、加强地方人大监督、建立预警体系等改革来硬化地方政府的预算约束。今后三年是改革启动期，争取在八年内将该新体制基本建成。与目前以行政管控为主的体制相比，这个新体制将有更好的透明度、自我约束机制、金融风险适度分散，可以有效降低地方政府和投资者的道德风险。

三年内改革的具体内容包括：（1）中央在风险指标的基础上选择一批地方政府（省、市）允许独立发行市政债；（2）以立法形式规定地方债务风险指标上限；（3）规定地方政府发债所筹得的资金必须用于资本性项目，不得用于经常性支出；（4）明确宣示中央政府对市政债的偿还不承担责任，并在实际运行中允许若干基本没有系统性风险的中小规模市政债违约事件发生，以建立中央承诺不担保的可信度，打破地方政府和投资者对上级政府救助（“软预算约束”）的预期；（5）所有市政债的发行必须通过地方人大的预算批准；（6）提高地方政府财政收支和资产负债表的信息透明度，以及市政债的信用评级的可信度；（7）由中央审计部门负责对地方政府公布的财政收支、资产负债表和偿债能据的真实性进行审计并公布结果。

5. 初步建立中长期预算框架，增强财政的可持续性

中国目前的预算体制只要求编制当年的预算，没有从程序上要求政府和人大关注财政的长期可持续性。今后三年内，应该借鉴国外的经验，建立中长期财政预算框架（包括5～10年财政预测，并公布主要或有负债），在公布年度预算的同时公布中长期预算框架。采用该框架的目标是保证财政资源在代际之间较为平等的分配，抑制财政过度扩张的短期冲动，限制隐性和或有负债，减少长期债务风险。除了预算部门之外，还应该要求人力资源与社会保障部对长期（如今后40年）的养老金缺口和卫生费用的预测，并与协同财政部门估算对财政赤字和债务的影响以及这些财政压力将发生的时点。

七、小结

财税改革的主要目标应该是改变经济增长方式、改善收入分配、提高预算的透明度和法制化程度、提高财政的可持续性、控制系统性风险。

目前的财税体制所面临的主要问题包括：现有的财税体制的一些弊端助长了高投资、高耗能、高污染的增长方式；税收体制的问题阻碍了服务业发展、难以抑制高能耗高污染行业的发展、收入分配功能很弱；大量出台的区域规划、产业规划所提出的税收优惠，导致扰乱正常市场竞争秩序的恶性竞争；在支出方面民生开支不足但三公消费和对竞争性领域的经济活动干预过多；预算的透明度和法制化程度低，随意性强，无论是广度上还是深度上，当前的预算管理都没有满足向人大、社会提供完整信息的要求；全口径预算虽然框架已经建立但大部分应该上缴公共预算的国有企业利润仍然游离在外，预算缺乏长期预测因而无法反映长期财政风险；在中央和地方的财政关系方面，地方承担较多的支出责任而缺乏自主财力、透明的转移支付体制和通过透明方式独立发债的权力，制约了地方根据当地需求配置财政资源的空间，并可能产生大量地方平台不规范融资的系统性风险。

主要改革建议包括：

第一，三年内基本完成“营改增”，并以“营改增”为突破口，全面改革税制、推动中央和地方财政关系改革。

第二，真正建立全口径政府预算体系，加强人大对预算的审批、修改和监督能力；三年内彻底清理所有未纳入预算的各种体制外收费；在2015年年底前将国有企业税后利润上缴公共预算的平均比例提高到20%，中长期内将此比例提高到30%~40%；启动向社保划拨上市国有企业股份的试点；通过提高预算透明度抑制政府干预竞争性领域经济活动的冲动。

第三，在中央与地方财政关系方面，要充分、具体地考虑每项支出责任的历史沿革和复杂性，将有较强“外部性”的司法、环保监管、食品和药物安全、跨区域基础设施等部分支出责任集中到中央，推动基础养老金的全国统筹；鼓励地方在养老金个人账户、医疗、教育、土地等领域探索不同的改革路径和管理方式；考虑将特别消费税和车辆购置税的收入和税率决定权下放给地方，或允许地方开征零售税；减少专项转移支付，扩大以公式为基础的一般性转移支付，提高转移支付的稳定性和透明度。另外，转移支付的新体制必须充分反映农民工及其子女的教育、医疗等公共服务需求在地区之间的转移，减少财政体制对城市化的阻力。

第四，扩大地方政府通过透明方式独立发债的权力，逐步建立以市政债为主体的地方基础设施融资体制。要求发行市政债的地方政府公布资产负债表。通过立法、市场机制、增加透明度、加强地方人大监督、建立预警体系等改革来硬化地方政府的预算约束。

第五，建立中长期预算框架，增强财政的可持续性。建立中长期财政预算框架（包括 5～10 年财政预测，并公布主要或有负债）。除了预算部门之外，还应该要求人力资源与社会保障部对长期（如今后 40 年）的养老金缺口和卫生费用进行预测。

附件一

加拿大、澳大利亚、日本和英国的一般性转移支付

下面简单介绍几个国家的中央向地方转移支付的做法和公式，侧重于一般性转移支付。关于转移支付的理论和更多国家的案例，可参阅马骏 1998 年的《论转移支付》①。

一、加拿大的转移支付

为了用无条件转移支付解决横向不平衡的问题，西方国家在过去几十年中发展出了一系列计算公式来确定各地区应得的转移支付数额。

加拿大的平均化转移支付的主要来源为三十种税，主要包括个人所得税、公司所得税、关税、销售税、汽油税和许多州税。这项转移支付对各省的分配公式是：

$$G_i = P_i \times \left[\frac{B_n}{P_n} - \frac{B_i}{P_i}\right] \times T_n$$

其中 G_i 为第 i 个省所应获得的转移支付，P_i 为第 i 个省的人口，B_n 为全国税基，P_n 为全国人口，B_i 为第 i 省税基，P_i 为第 i 省人口，T_n 为全国人均税率 —— 十省的总税收收入除以十省总税基。很明显，这个系统对人均税基低于某一标准的省份予以补贴。但这个转移支付的办法并非彻底

① 关于九个主要国家政府间转移支付的具体做法和公式，见马骏著：《论转移支付——政府间财政转移支付的国际经验及对中国的借鉴意义》，中国财政经济出版社，1998。

的平均化。如果 G_i 为正，则第 i 省得到这笔转移支付，如果 G_i 为负，第 i 省并不支出这笔费用。对人均税基，而非人均实际税收收入进行比较，旨在将考虑各地的“税收努力”因素剔除。换句话说，如果某一州故意减少税收努力的程度，也不能增加联邦对其的转移支付。

一些批评的意见指出，加拿大的这套办法只考虑了收入的平均化，而没有考虑各地支出需求可能有很大的差异。因此，收入的平均化不一定能带来各地公共服务水平的平均化。

二、澳大利亚的转移支付

澳大利亚的平均化转移支付公式比加拿大的更为复杂。它同时考虑了弥补一些州财政能力不足和满足一些州特殊支出需求。其具体的计算公式为：

向第 i 州的转移支付 = 标准财政补助 + 财政能力补助 + 支出需求补助 - 其他联邦政府的转移支付

公式中的第一项——标准财政补助——为按全国统一的人均额补助额。其主要目的是弥补联邦与州之间的纵向财政不平衡。对州之间的财政能力和支出需求的横向不平衡则留给公式中的第二和第三项来处理。

财政能力的需求 = Pi (Rs/Ps) (Ys/Ps - Yi/Pi)

其中 Pi 为第 i 州人口，Ps 是标准（新威尔士州和维克多利州平均）人口，Rs 是标准财政收入，Ri 是第 i 州财政收入，Ys 是标准税基，Yi 为第 i 州税基。此公式说明，如果一州的人均税基（而不是实际税收水平）低于标准水平，则联邦政府应将其补足至该水平。

支出需求补助计算的第一步是将一个州的总支出需求分为若干大类，如教育、卫生、治安等等。然后对每一类的支出需求补助进行估算，最后将各类支出需求补助加总得到总的支出需求补助。对每一类支出需求补助的计算公式为：

支出需求补助 = Pi (Es/Ps) {Ui (Si, Di, Ei) - 1}

其中 Es/Ps 为标准人均支出，Pi 是第 i 州人口，Ui 是综合多种因素的一个函数。如果其数值大于1，表明该州的此类单位人口的支出需求大于全国平均，联邦政府应该补助此差额。影响Ui的因素包括Si（规模）、Di（密度）、Ei（环境）等系数。密度系数要考虑人口密度、城市化程度、社会构成、年龄结构等因素；环境系数要考虑物质环境和经济环境因素。对每一类支出需求，其系数的定义有具体的内容。比如说，卫生支出需求的系数要考虑本地人口年龄和性别结构、按妇女生育率调节后的人口死亡率、本地人口所占的人口比例等。

三、日本的转移支付

日本的转移支付系统它主要包括两个部分，一是“地方交付税”，二是“按比例补贴”。地方交付税的来源包括32%的个人所得税、公司所得税、25%的烟草税和2%的消费税，用于平均化转移支付。其计算公式与澳大利亚的在原则上相似，也同时考虑各地的税收能力和支出需求。具体算法如下：

对地方的交付 = 基本支出需求 − 基本财政收入 − 其他转移支付

其中

基本支出需求 = 衡量单位 × 修正系数 × 单位成本

基本支出需求包括教育、交通、社会福利、环境保护、警察、经济发展六个方面需求的加总。在上述公式中，衡量单位指所应提供的服务数量（如警察人数、需要消防服务的居民人数、公路的长度等）；单位成本指提供每单位服务所需的投资；修正系数指考虑各地地理、社会、经济和体制情况之后所确定的调整系数。这些修正系数包括如下八类：

（1）修正系数。一个典型的系数是高中教育，这个系数主要考虑不同类型的教学需求（学术、工程、农业等）。

（2）规模修正系数。如果一项公共服务有规模效益，则规模较大的地区应有较小的单位成本。

（3）密度修正系数。考虑人口密度等因素。

（4）特殊修正系数。考虑各地的不同的经济、社会和体制因素。

（5）寒冷地区修正系数。对寒冷的地区，许多项目的单位成本会较高（如教育、修路等）。

（6）人口增长修正系数。

（7）人口下降修正系数。

（8）财政能力修正系数。

日本的中央向地方转移支付的一半是“配套补贴”。对每种符合补贴条件的地方支出项目，中央政府规定了一个补贴的比例。比如，对初中与小学教师的标准工资，中央政府必须支出50%。又如，对下水道处理设施中央补贴1/3的成本。确定补贴比例的一般原则是，具有较大外部效应的项目中央补贴的比例较高。这些补贴由财政部（大藏省）提供，由各专业部（交通部、教育部等）具体分配并监督实施。除必须补贴的法定项目（如初中和小学教育项目）之外，如果由地方政府上报的要求补贴的项目超过中央的财力，则由财政部选择其中的一部分项目。

四、英国的转移支付

英国在政体上是单一制的国家，在财政上高度集权。地方政府（如英格兰、威尔士的县市政府）仅拥有财产税和对用户收费的收入。其他所有税种，包括个人所得税、公司所得税、消费税等均属中央政府。中央政府通过专项拨款和无条件拨款两种形式将财政资源转移到地方。1995—1996年，无条件拨款占全部中央政府拨款的60%以上。本节主要讨论英格兰转移支付的做法。

英格兰的无条件转移支付分为两类，第一类为按人口平均分配的转移支付，第二类称为“税收支持拨款”。按人口分配的转移支付的主要来源是商业房产税，由地方政府征收，上交至中央成为转移支付的基金，然后按各地人口和一个统一的人均数额分配。这种转移支付的办法有一定的平均化功能，但其平均化的效果有限。第二类转移支付的办法与日本和澳大利亚的均等化转移支付很相似，考虑各地方政府的收入能力和支出需求。某一个地方政府获得的这一类转移支付的数额由下列公式决定：

$$RSG = SSA - SI - INDR$$

其中，RSG 为税收支持拨款，SSA 为标准支出需求，SI 为标准地方收入，INDR 为该地获得的第一类转移支付的数额。这个公式说明，一个地方政府所获得的两类转移支付将弥补其支出需求与地方收入的差额。

由于英格兰的地方税主要由房产税构成，地方收入的评估较为简单。简而言之，标准地方收入为中央所设定的房产税标准税率乘以地方居民房产的价值。房产的价值使用由地方政府公布的前一年的数据。相比之下，标准支出需求的估算十分复杂。首先，每个地方的支出被分为七大类：教育、高速公路维护、社会福利、警察、防火、其他服务和资本性支出。对每一类支出，有一个公式来计算其支出需求，其中包括了各种影响地方支出成本的因素。这些公式所考虑的因素如下：

教育：学生人数、有特殊需求的学生人数（英语为第二语言的学生人数、来自单亲家庭的学生人数、来自低收入家庭的学生人数）、免费午餐数量、地区间成本差（教师工资、校舍租金等）；

高速公路维护：各种级别道路的长度、成本调整因素（如工资成本）；

社会服务：老年人口、儿童人口（单亲家庭儿童人口、低收入家庭儿童人口、家庭不拥有自己住房的儿童人口、无家可归的儿童、非白人儿童人口）、年龄为 18 至 64 岁的人口、精神病患者人数、残疾者人数、住房拥挤的人口、无自有住房的人口、与人合居的家庭数、少数民族人口等；

防火：本地人口、上年火灾次数、人口密度、具危险性的设施数量（如化工厂）、海岸线长度；

警察：本地人口、上年案件个数、交通拥挤程度、住房拥挤的人口、无自有住房的人口、与人合居的家庭数、人口密度、道路长度、特殊安全措施；

其他服务：本地人口、人口密度、地区成本（工资和房租）；

资本性支出：中央规定范围内地方借债的本息。

附件二

美国俄亥俄州的地方财政风险预警体系[①]

在20世纪七八十年代，美国经历了许多重大的地方政府违约事件，其中包括1975年的纽约市债券违约，1978年的克利夫兰违约以及1983年的华盛顿电力公司违约等。美国政府间关系顾问委员会（ACIR）对地方财政危机问题进行了一系列的研究，并建议各州加强对地方财政的监控，以防止地方财政危机。俄亥俄州采纳了委员会的意见并建立了名为“地方财政监控计划”的体系。1979年通过、1985年修正的俄亥俄州“地方财政紧急状态法”详尽规定了这个监控体系的操作程序。这个监控体系类似于全国天气服务中心发布的监控报告，是一种预警系统，可以防止地方政府——包括郡、市、学区和州立大学等——进一步陷入财政困境。

俄亥俄州地方财政监控计划由州审计局负责执行。首先它对地方政府进行财政核查，以确定地方财政是否已接近紧急状况。如果一个地方政府的财政状况符合以下三种情况中的任何一种，审计局便宣布其进入“预警名单”。

1. 出现下述两种情况中的任一种：（1）在财政年度末，普通预算中逾期超过30天的应付款在减去年末预算节余后超过这一年预算收入的1/12。（2）截至财政年度末，普通和专项预算中的逾期超过30天的

① 本附件摘自马骏：“对地方财政风险的监控：相关的国际经验”，发表于《财政风险管理：新理念与国际经验》（Hana Brixi 和马骏主编，中国财政经济出版社，2003）。

应付款，减去普通及专项预算节余后超过该财政年度的可使用收入的的1/12。

2. 上一财政年度的总赤字，减去所有可被用以弥补赤字的普通和专项预算的资金，超过本年度普通基金预算收入总额的1/12。

3. 财政年度末，地方政府金库所持有的现金及可售证券，减去已签出的支票和担保余额，其价值少于普通和专项预算的节余额，而且此差额超过前一财政年度金库收入的1/12。

只要上述情况中的一种或几种出现，州审计局就应发布书面通告，宣布对地方财政进行监视。在州审计局确定上述情况不再存在并宣布从“预警名单”中将其取消前，该监控程序一直有效。如果州审计局发现该地方政府财政状况进一步恶化，并达到了“财政危机”的程度，则将该地方政府从“预警名单”中移至“危机名单”。

州审计局认为，这种预警系统有效地促使地方政府改善其财政管理，同时使州政府及时为这些地方政府提供顾问服务。在许多案例中，地方政府和机构在得到“预警名单”的警告后会立即开始提高他们的现金储备。同时，州审计局也会向受到警告的地方政府提供免费的顾问服务。例如，在1997年它向斯瓦顿市提供了改进会计体系的技术援助，并在三个月内向市政府提出了财政评估报告，其中包括若干削减预算、改进政府运作的方案。陷入财政困难的地方政府无力支付私营机构的咨询及其他服务，因此对州政府的免费的顾问服务特别欢迎①。

俄亥俄州的“地方财政紧急状态法”描述了构成地方政府“财政危机”的条件②。这些条件大致可以被归结为以下六种“测试”：

测试1（债务违约）：债务违约达30天以上；

测试2（工资拖欠）：未能在30天内支付雇员的工资（除非2/3的雇员同意延迟支付工资90天）；

测试3（要求额外转移支付）：要求从其他地方政府向该地方政府

---

① 见州审计长Jim Petro“俄亥俄州财政监视计划”（1997），未发表。

② 见俄亥俄州：地方财政紧急情况法令，http：//204.89.181.223/cgi-bin/。

进行税收再分配；

测试4（其他支付欠款）：逾期未付达30天以上应付账款，在减去现有现金余额后，超出前一年普通预算或全部预算收入的1/6；

测试5（赤字规模）：预算总赤字减去可用于减少赤字的预算余额超出前一年的收入的1/6；

测试6（现金短缺）：未承诺支付的现金和可售证券余额大于前一年预算收入的1/12。

在1979至1985年间，根据这些测试，俄亥俄州的10个地方政府被宣布为处于“财政危机”。分析结果表明，测试5（即赤字相对于收入的规模）在10个危机政府中有8个未通过。与之相反，所有10个危机政府都通过了测试3。只有1个政府未能通过测试2，而且测试未通过发生在该地方政府已经被宣布为财政危机之后。

表3－1　俄亥俄州：地方财政危机测试（测试未通过的数据）1979—1985年

	测试1	测试2	测试3	测试4	测试5	测试6
奈尔斯				X	X	X
克利夫兰	X			X	X	X
诺伍德				X	X	X
普利矛斯	X				X	X
爱诗塔巴拉					X	
自由港				X		
埃罗敦	X	X			X	X
林肯高地				X	X	
东利物浦				X		X
曼彻斯特				X	X	
未通过数目	3	1	0	6	8	6

数据来源：美国政府间财政关系顾问委员会（1985）

根据财政危机法，只要一个地方政府被宣布为财政危机，该州就应该成立一个叫做“财政计划与监督委员会”的机构来监督和控制该地方政府财政管理。在该委员会举行第一次会议后的120天内，地方政府的首席执行官（同时也是该委员会的成员）必须向监督委员会提交一份财政改革计划，其中包括如下内容：

消除目前的财政危机状况；

消灭所有预算赤字；

收回被挪用的投资基金和专项基金的资金，恢复这些基金的余额；

避免今后出现财政紧急情况；

恢复地方政府发行长期债券的能力。

监督委员会的主要权力和责任如下：

一是审查所有税收、支出和借款政策，要求它们完全符合财政改革计划；

二是确保会计账目、会计系统以及财务程序和报告符合该州的审计长的要求；

三是协助地方政府调整债务结构和发行债券。

第四章
社会保障体制改革的方案设计[①]

执笔人：白重恩、李波 、马骏

① 感谢吴敬琏、吴晓灵、谢平、钱颖一、贾康、范文仲、何平、赵海英、熊军、金鹏辉、魏加宁、伍戈、周光、李强、马宁等专家提供的宝贵意见。感谢汪德华、林赞对此子课题所做的贡献。

社会保障包含范围很广。从发展趋势看，以养老、医疗为重点的社会福利性的民生支出将成为未来财政支出的重点。国际经验表明，社会福利性的民生支出如缺乏恰当的制度设计，未来对于财政可持续和宏观经济稳定可能构成严峻挑战。我国在经过十余年的民生大发展之后，更应当未雨绸缪进行相应的改革，建立既有利于改善民生，又有利于控制财政风险并促进经济发展、激励相容的社会福利性制度。评价一个社会保障体制的好坏有五个标准：一是能否维持财务的可持续性；二是能否保持对居民的正向激励；三是能否促进社会公平；四是能否促进人口自由流动和就业增长；五是能否通过建立社会安全网扩大消费。本报告以养老保障、医疗保障为重点，对下一步社会保障体制改革提出方案建议。

一、养老保障体制改革

（一）现状与问题

近十年来，我国的养老保障体系建设已经取得较快的进步，突出体现在居民养老保险体系得以建立并快速提高了覆盖率，初步形成职工基本养老保险加居民养老保险的基本架构，实现“人人皆年金”的居民全覆盖目标。公共财政投入力度不断加大，职工养老保险的养老金待遇水平增加较快，统筹层次进一步提高。然而，近几年欧洲主权债务危机的教训说明，养老保障体系的制度设计应立足长远，在兼顾公平和效率的基础上确保财务可持续性是首要目标。按照这一要求，我国养老保障领域的改革尚任重道远。

1. 庞大的养老金缺口既可能对未来的财政可持续构成严峻挑战，又深度影响当前的养老保障体制改革由于人口老龄化等多种原因，现收现付制（Pay as You Go）养老保险收支失衡在一定时期后会出现，如继续执行原定政策则导致当期养老金支付大于当期缴费，需要公共财政等外部资金补贴才能维持当期支付，即所谓出现资金缺口这一财务不可持续问题。就中国的现状而言，公共财政每年给予近3000亿的补贴，但现有职工养老保险的结余资金仍较低。按照一定假设下的初步测算，职工养老保险体系到2013年前后会出现当年资金缺口，其后不断攀升，到2050年达到峰值占GDP的3.69%。考虑已有的资金积累并维持现有占GDP 0.5%力度的财政补贴，到2050年累积的资金缺口（定义为借款余额）将占当年GDP的42%。而居民养老保险的统筹部分完全依赖于公共财政的补贴。因此可以说，中国养老保障体系未来的财务可持续性堪忧，这已经成为社会关注的一个重要问题。

出现这一问题的原因大致可归为三点。一是中国的老龄化具有迅速变老、未富先老的特点，必然意味着在现收现付式的养老保险体系中，缴费人数大幅下降，领取养老金人数大幅上升，由此会出现较大的资金缺口。二是历史欠账的影响不容忽视。1998年全国统一职工养老保险模式运行之时，留下的结余仅682亿元，而当年即需领取养老金的离退休人员数量已达2727万人，占缴费人数的32%。与之对比，美国政府管理的养老保险自1935年开始运行，两年后才有第一个人领取养老金。三是现有职工养老保险制度退休年龄较低，执行时存在多方面漏洞，增加了收支压力。企业男性职工法定退休年龄60岁，女性职工仅为50岁，与预期寿命越来越长的现实存在矛盾。名义缴费率很高，但由于缴费工资与实际工资脱节，近50%参保职工按下限缴费，实际缴费率（实际缴费与统计公布的平均工资之比）仅16%左右；提前退休现象严重，进一步加重了养老保险体系的财务负担。

如没有相应的改革措施和准备，养老保障缴费体系未来庞大的资金缺口，需要公共财政承担最后的补贴责任，由此将对未来的财政运行产生巨大压力，进而对宏观经济产生较大的冲击。更为严重的是，未来庞大的养老金缺口已经成为舆论关注的焦点，深度影响了当前参保职工对养老保险的信心。一旦现在工作缴费的人高度怀疑养老保障体系，出现逃费、抗拒任何利益变化等倾向，将使改革寸步难行。

2. 制度碎片化现象严重，可携带性不充分

虽然我国当前已经实现达到一定年龄即可领取养老金的人群全覆盖目标，但是不同人群适用的养老保障制度相互割裂：公职人员采取退休制，部分企业职工参加职工基本养老保险，其他人参加居民养老保险。其中职工养老保险参保人与公职人员的退休制待遇差别很大，引起社会批评。以农民工为主体的近一半企业职工不参加职工基本养老保险也是突出问题，大量农民工曾有缴费记录却无法享受职工养老保险待遇，造成对农民工"取而不予，用而不养"。在统筹层次方面，虽然已提出职工养老保险应到省级，最终全国统筹的目标，但在执行中仅有少数省份真正做到省级统筹，大部分省份的保发放责任依然由市、县承担。而居民养老保险仅在市、县层面统筹，大部分地区还城乡分割。这些都是我国养老保障体系分区域、分人群式的制度碎片化现象的体现。

按照公平的要求，养老保障体系的长期目标应该是面向所有人群实现制度统一。按照效率的要求，养老保障不应影响个人的职业选择和就业地点选择。然而当前我国养老保障体系碎片化的现状，在公平与效率方面都存在不足。前者如机关事业单位养老制度、城镇职工养老保险、城镇居民养老保险养老待遇差别较大，制度不统一容易引起社会的议论。尤其是不解决机关事业单位与企业职工之间养老保障制度统一问题，养老保障领域的其他改革都难以推进。目前虽已建立职工养老保险区域间转移接续办法，但制度设计不尽合理且执行中困难重重。这种现状显然阻碍了人们的择业自由，不利于新型城镇化战略的推进，也不利于统一劳动力市场的建设。

3. 职工养老保险制度设计不合理，激励不相容，执行随意化

职工基本养老保险应当成为我国养老保障制度的主体，但在当前，

其制度设计和执行层面都存在很多问题。首先是制度设计中缴费率过高，企业缴费率为20%，职工个人缴费率为8%，总计法定缴费率在全球排第15位，不利于扩大就业。企业和职工均有沉重的税负感，参保积极性不高，至今全国尚有一半左右的适龄城镇人口未参保。其次是职工养老金连续9年提高10%之后，各地自行设计“提待”办法，2005年制定的全国统一待遇计发办法已被废弃，新的待遇计发办法尚未确立。三是在多个地区均出现养老金高于在职人员工资的倒挂现象，负向激励助推了部分职工的提前退休现象，全国平均退休年龄仅为53岁左右。这些情况均表明，现行职工养老保险的缴费与待遇计发制度均需要重新设计，以使其更适合中国国情，强化养老保障制度的激励相容。执行应严格依法，充分体现制度设计的总体思路，促使企业和职工遵守养老保障方面的法律法规。

4. 养老保险第二和第三支柱发育迟缓，社会心理过度依赖基础养老金

养老保障体系应当是多层次的，除政府担负责任的基础养老金之外，还应大力发展政府引导或自愿参加的第二支柱、第三支柱，共同保障老年人口生活水平。但在我国，以企业年金、职业年金为代表的第二支柱，由于缺乏相应的税收优惠一直发展滞后；自愿参加的商业养老保险也推进困难。同时在舆论宣传中，过度强调养老保障的政府福利特性，过度强调基础养老金的保障作用，导致社会心理上对于基础养老金过度依赖，认为基础养老金能完全保障退休后的生活。一个典型的例子，就与发达国家比较而言，当前我国职工养老保险的替代率已经不低，但受与公职人员退休金比较的影响，舆论中依然认为职工养老金过低。事实上，基础养老金政府福利色彩越浓，待遇水平越高，意味着相应的税负更高，对于养老保障事业的发展与宏观经济均有不良影响。第二支柱、第三支柱发育迟缓，社会心理过度依赖基础养老金，事实上使得政府背负不可能完成的任务，降低了宏观经济效率，也恶化了养老保障体制改革的舆论环境。

（二）改革的目标与原则

由当前养老保障体系发展形势及存在的问题来看，较大力度的改革已不可避免。一是原来的一些制度规定事实上已经失效，如待遇计发办法；二是着眼于未来快速老龄化的现实国情，现有制度对于如何提升财务可持续性缺乏系统考虑；三是碎片化的发展现状、执行不力等问题，对于宏观经济以及养老保障事业的发展阻碍很大。

养老保障体制的改革应是整体改革的一部分，应与收入分配体制改革、国有企业改革等相互协调。改革的目标是：建立财务可持续、激励相容、促进公平、安全高效的养老保障体系。一个良好的社会保障体制需要满足五个方面的标准，这也是养老保障体制改革需要遵循的五项原则。

1. 有利于应对人口老龄化，提升养老保障体系的财务可持续性

养老保障体系的财务可持续性应是所有改革的基础。一旦财务可持续性无法给人以信心，不仅在未来给宏观经济稳定带来压力，更重要的是对当前推进改革、发展养老保障事业造成障碍。针对我国人口老龄化形势严峻，历史债务庞大，管理漏洞较多等现实国情，应推进综合改革，各类改革措施的出台均应分析其对收支缺口的影响，综合提升养老保障体系的财务可持续性。提高财务可持续性的一个关键是建立养老基金获得安全合理投资回报的机制，进而分享经济增长的红利，其中一个重要的实现方式是养老基金与资本市场相互促进，共同发展。

2. 有利于保持对个人的激励作用，同时维护企业的竞争力

养老保障可以使人们获得基本安全的保证，并具有一定的公平性，但同时它也面临能为个人努力工作和推动经济增长带来恰当的动力。如果养老保障体制设计不完善，就容易影响到个人工作的积极性，如欧洲有些国家失业救济金给得过多，工作与不工作的差别较小，退休后的生活保障也是平等的，且由公共财政来承担，不利于鼓励人们的工作积极性。同时，过重的财政负担还导致高税率，不但有损于个人的工作积极性，还会影响企业的盈利能力，尤其影响劳动力密集型企业的竞争力。当前，工资水平的逐步提升已经正在削弱我国劳动力密集产业的竞争

力，提高养老金缴费率会加剧这一问题，减少留给产业转型升级的时间和空间，不利于经济结构的调整。

3. 有利于保证社会公平，正确协调强制储蓄和收入再分配两大功能

养老保障体系作为社会保障的一部分，应当有利于促进社会公平，也是各国最常见的减少老年贫困的政策措施。强制储蓄和收入再分配是养老保障体系必须具备的两大基本功能。两者都不可或缺，应相互协调，过于强调其中一个方面都不利于养老保障体系的可持续发展。这意味着养老保障体系的公平既要有人群间待遇水平的公平，又要提倡贡献与待遇相挂钩的公平。当前，我国养老保障体系在待遇公平方面存在体制性的差别，在贡献与待遇相挂钩方面也存在较多的漏洞。

4. 有利于推进新型城镇化，促进人口自由流动和就业增长

经济发展与就业是养老保障体系发展的基础。养老保障体系的改革应当有利于经济发展，在当前就是要能够有助于新型城镇化战略的推进，不影响人们的择业自由，有利于人口自由流动和就业增长。为此需要针对我国养老保障体系碎片化的现实，通过建立合理的转移接续办法等措施，降低养老保障体系对就业人员自由流动的障碍。

5. 有利于建立有效的社会安全网，扩大居民消费

安全感是人的基本需求之一。面对生老病死等各种风险，个人和家庭的能力是有限的，因此需要社会提供一定程度的安全保障。一个较为完善的社会安全网的建立，能使人们产生一种安全的心理预期，减少额外用于风险防范的储蓄，没有后顾之忧地将更多收入用于正常消费。

按照上述五项原则，需要逐步推动养老保障体制的三个转变：一是养老保障的待遇标准从受益基准制（on Benefit Basis）向供款基准制（on Contribution Basis）转变；二是养老保障的资金来源从现收现付制（Pay as You Go）向预筹积累制（Fully Funded）转变；三是养老金个人账户安排从名义个人账户（Nominal Personal Account）向做实个人账户（Real Personal Account）转变。

（三）改革的两种思路

养老保障体制大致可以分为三大基本模式①，即供款基准制（on Contribution Basis）、受益基准制（on Benefit Basis）和混合制。供款基准制意味着保障措施对具体受益人的提供取决于（或主要取决于）该受益人过去在保障体系中的资金贡献量，其基本特征是采取个人账户模式；受益基准制则意味着保障措施对具体受益人的提供取决于（或主要取决于）规定中的标准（或公式），其基本特征是采取统筹账户模式；混合制是对供款基准制与受益基准制进行某种不同比例的混合，其基本特征是采取统账结合模式。我们认为，统账结合模式和完全个人账户模式是当前我国养老保障体制可以探讨的两种改革思路模式。

1. 思路一：完善统账结合制度

鉴于企业职工基础养老制度财务可持续性所面临的严峻挑战，这一思路提出以下三部分组成的改革方案：一是调整统筹和个人账户的缴费率、替代率等参数；二是提高企业职工退休年龄；三是将部分国有股权和收益划入社保基金。

具体来说，上述思路主张维持统账结合模式，但通过降低缴费率和替代率来缩小统筹账户的规模，同时扩大个人账户的规模，并降低统筹账户和个人账户的总缴费率，另外改革个人账户和统筹账户的待遇计发方法。一方面，建议通过降低基础养老金的缴费标准和替代率缩小其规模和对政府财政的压力。我国职工养老保险缴费率过高，对于就业增长与经济发展负面影响较大，也由于基础养老金规模过大，加大了未来缺口对政府的财政压力。建议基础养老金的缴费率可从 20% 降至 12%。同时，相应降低替代率。如果基础养老金的替代率与缴费率同比例下降，在我们模拟的“中情景”下，今后 38 年的累计养老金缺口可下降百分之十几。当然，虽然养老金缺口下降，但仍然很大，因此退休年龄的提高和划拨国有企业股份和收益仍然不可避免，只是幅度要较现行体

① 周小川，王林. 社会保障：经济分析与体制建议（上）[J]. 改革，1994（5）.

制不变下的要求略小。另外，建议将对应统筹账户的基础养老金计发公式中的“参保人退休时上年度在岗职工月平均工资”修订为“上年度参保职工月平均缴费工资”。

另一方面，扩大个人账户的相对规模，将计入个人账户的资金从当前的8个百分点增加到12个百分点，并将计发月数增加50%。按我们的人口预测，到2050年，60岁之后的平均余寿约为23年，因此个人账户计发月数在过渡一段时间之后，还需要再延长。在条件成熟时，可以将个人账户与商业化的年金制度整合为统一的养老金第二支柱。

同时，上述思路建议逐步推迟法定退休年龄。当前可以考虑启动的改革包括：逐步缩小法定退休年龄的性别差异，在10年内将企业女性职工的法定退休年龄推迟5年；启动可供选择的弹性退休制度，在养老金待遇发放公式中对推迟退休给予额外奖励；将降低缴费率与推迟退休年龄捆绑推进，即对于当前年龄低于40岁的参保人，享受降低费率4个百分点的前提是同意推迟退休年龄。在时机成熟时，再用立法形式规定在2050年前过渡到男性法定退休年龄至64岁，女性至60岁。当然对于提高法定退休年龄，也有不同意见认为，当前社会民众对提高退休年龄的反对声音较大，方案的实施会遇到不小的阻力，也会引起较大范围的舆论压力，并且可能削弱公众对养老保障体制的信心。

最后，上述思路也主张将部分国有股权和收益划入社保基金，这一点与第二种思路类似，我们到下一节再详细阐述。

2. 思路二：基于供款基准制的完全个人账户

养老保障体制改革的关键之一在于建立正向激励机制，打破“大锅饭”。供款基准制是建立在个人账户基础上的，由于个人账户产权界定清晰，能够调动人们进行积累和劳动工作的积极性，有利于在养老保障体制中引入激励机制。

完全个人账户仍然可以有再分配功能。可借鉴美国劳动所得税收抵免（EITC）计划的思路，分段对一定限额之下的职工缴费给予补贴计入个人账户，退休后养老金完全按当时个人账户积累资金额计发。对缴费的补助可以用国有股份和收益，也可来自公共财政预算。

完全个人账户可以与现有的统账结合制度进行合理衔接。智利养老保障体制改革中的认账债券办法为此提供了一定借鉴①。智利在改革以前对一部分政府公务员和国有企业职工实行受益基准制，在向供款基准制转变时，为实行受益制的人员发放认账债券，按照过去的工作贡献（以工作年限和工资级别衡量）计算确定资金数量，相当于个人账户中的资金积累，到退休时便可以据此享受应得的退休待遇。为了解决认账债券的资金问题，智利政府在改革前通过盈余财政做了一定的积累储备。智利认账债券的办法相当于是一种名义记账方式，对我们有一定的启示，例如可以按照人们过去的贡献进行折算，大致估算出其已经储存积累的资金数量，然后计入个人账户。

对供款基准制的完全个人账户，存在做实个人账户和采取完全名义记账方式两种主张，我们认为长期来说前者优于后者，后面还会有更详细的讨论。

（四）两种思路的共同主张

统账结合和完全个人账户两种思路虽然在模式选择和方案设计上大有不同，但是它们在两个方面的主张上是一致的。一方面是两种思路都认为国有股权和收益的划拨，对养老保障体制的可持续具有重要意义。另一方面是两种思路都认为保持对个人的激励性是养老保障体制改革的一项重要标准，应该通过逐步做实个人账户，真正发挥其对人们的激励作用。

1. 划转部分国有股权和收益

目前中央和地方的国有资产管理系统持有市值约12.2万亿元的上市国有企业（按2012年8月末的市场价格估计）的股份。其中，中央政府系统持有约9.7万亿元的企业股份，包括国资委和其他部委系统的6.1万亿元、汇金和财政部的3.4万亿元、社保基金的0.3万亿元，以

① 详见本章附件一：社会保障体制的国际经验。

及地方政府系统持有约2.4万亿元的企业股份。截至2009年年底，已有1561.26亿元国有股权转让收入划归社保基金。但就规模来看，划拨资产尚且不到国有股份总市值的2%。假定国有股份的增值速度与名义GDP的增速趋同，两种思路都赞同从2012年起每五年划拨10%的国有资产进入社保体系，直至80%的水平。同时为保证国有资产能可持续地支持养老金体系的运行，认为社保体系只使用所持股份每年分派的红利（股息），而不变现这些股票并花掉变现所得（当然社保基金可以调整所持有股票的组合）。

不管采用上面两个思路中的哪一个，国有股份和收益的划拨首先都要用来保证养老待遇的支付。在保支付的前提下，剩余的资金用于做实个人账户。

2. 逐步做实个人账户

在供款基准制下，既可以做实个人账户，也可以采用名义记账方式管理个人账户。后者的主要特征是将缴交的养老资金集中到一家或几家机构进行统一管理，而养老金的支付则根据个人账户的名义积累来支付，但因为居民无法对名义账户的积累进行投资决策，因此其账户的回报率一般为给定的国债利率。此方案存在的一个重要问题是无法让居民分享经济增长的红利，长期来看仍然存在财务缺口问题。同时，虽然做实个人账户和名义个人账户方案，都在一定程度上体现了激励原则，但管理方式的差异可能导致截然不同的结果。名义个人账户采取完全记账方式，影响居民对养老金积累的直观感受，加上限制了投资的选择范围以及可能影响政府财政纪律，都影响了居民对养老保障的信心，进而在消费倾向上低于做实个人账户方案。相比之下，做实个人账户方案产权更为清晰，而且赋予了居民对养老金账户投资更大的选择权，个人账户积累的回报率也会因此不同。名义个人账户下，个人账户积累的回报率可能较低。所以两种思路都认为长期目标是做实个人账户。

如何解决养老保障的历史欠账是摆在做实个人账户面前的一个现实问题。我国的养老保障体制改革通常采用“老人老办法，新人新办法”

来解决过渡性问题。但对做实个人账户而言，“老人老办法”是现收现付，他们没有个人账户上的资金积累，其退休金的支付是依赖于现在工作着的年轻人的贡献；“新人新办法”是在个人账户上为自己将来进行的供款积累，而不是为上一代人的养老提供资金。这就造成了资金来源上的困难，倘若采取税收的办法去加税，又会使税收负担加重，因此如何处理好新老办法之间的过渡安排是个难点。所以在向做实个人账户方案转变的初期，两种思路都认为可以采取名义记账方式。

个人账户做实或部分做实以后，其资金的管理方式应该是多元化的，个人可以在多家具有专业资质的养老金管理机构中自由选择，而且对其预筹积累资金的投资方向拥有一定的选择权。同时，养老金管理机构可以面向不同风险种类和级别的投资市场，甚至包括私募股权市场。随着未来我国资本项目可兑换进程的推进，个人账户中的一部分比例资产还可以配置到海外，以分享全球经济增长的成果。政府的职责是负责监管养老金管理机构而可以不直接参与运营，但是对个人账户的资产配置应做出相关规定，例如对低风险资产（如国债）和海外资产的配置比例做出合理的规定，以控制投资风险（例如2001年，瑞典政府规定该国的4个国家养老基金公司“投资固定收益资产的比例不得低于组合资产的30%”，“暴露于外汇风险中的投资比例不得超过组合资产净值的40%”①）。

按照养老保障资金来源的不同，养老保障体制可分为现收现付制（Pay as You Go）和预筹积累制（Fully Funded）。逐步做实个人账户也意味着从现在以现收现付为主的体制向预筹积累制转变。这将有利于提高养老保障体制的财务可持续性，有利于增强居民对社会保障体制的信心，有利于扩大消费。

3. 发展第二和第三支柱

两种思路都认为，应该大力推动政府引导或自愿参加的养老保障第

① 齐瑞娟. 瑞典国家养老基金的投资运营和监管建议［N］. 中国劳动保障报，2012-6.

二和第三支柱。这样既可以满足不同的养老保障需求，也可以减少对第一支柱的依赖，从而减轻对第一支柱的压力。为了促进第二和第三支柱的发展，可以根据收入水平给予一定的税收优惠。

（五）对两种思路的评估分析

尽管统账结合和完全个人账户两种改革思路在划拨国有股权及收益和逐步做实个人账户等两个方面具有一定的共识，但是两者的根本分歧在于是否保留受益基准制的统筹账户。具体来看，两种思路及相应方案在财务可持续性、激励相容性、促进社会公平、便利人口自由流动、建立社会安全网与扩大消费等方面都存在不同。按照养老保障体制改革三个转变的目标，完全个人账户更有利于三个转变的实现。

1. 财务可持续性

统账结合模式：部分居民认为只有统筹账户才能实现参保人共济，对于通过供款补贴和通过退休时用个人账户余额购买年金来实现共济认识不足，所以认为改变统账结合可能会遇到很大社会阻力。但是，如果坚持统账结合的模式，参数调整也会面临很大阻力，而且制度的实施也会因未来人口结构的变化而面临不确定性，财务风险较大，且随着老龄化程度的加剧，最终的财务问题仍需财政兜底。以受益基准制为特征的统筹账户也通常面临居民不断提高待遇水平的压力，进一步加剧其财务风险，财务可持续性缺乏保障。

完全个人账户模式：供款基准制的完全型个人账户思路中，做实个人账户方案的预筹积累资金不断地用于投资，不但让民众能够充分分享经济增长的红利，而且实际投资资产的不断增值，也为未来养老金的支出提供了可持续的支持。同时，预筹积累和做大企业年金等养老基金，可以为资本市场培养一大批长期的机构投资者，有利于资本市场长期健康发展，也有利于居民的个人账户资金有机会获得较高回报。当然，这需要对养老个人账户的投资进行合理资产配置，恰当划分资本市场中股权或股权基金等较高风险产品和国债等较低风险产品的比例，同时兼顾其他类别资产，通过分散投资，获得安全合理的投资回报。

2. 激励相容性

统账结合模式：该思路中最大的问题是如何划定统筹账户规模。如果统筹账户比例过高，片面追求保障水平的平等覆盖，会损害人们进行积累的积极性，进而造成工作动力的下降。而且，统筹账户的财务不可持续问题会导致未来过重的财政负担，这将增加税负或要求提高缴费率。若工薪税和个人所得税的边际税率过高，将进一步损害人们的工作积极性；若提高缴费率，则将影响到企业的利润率和竞争力。如果统筹账户比例过低，则其提供基础养老保障的功能又恐无法实现。此外，统筹账户的思路设计中退休年龄的提高可能遭到参保者的反对，如何在制度上合理安排，维护老百姓对养老保障制度的信心是一大挑战。

完全个人账户模式：个人账户产权界定清晰，因而可以调动人们进行积累和劳动工作的积极性，避免“吃大锅饭”的弊端。一方面，完全个人账户以先积累后收益为原则，通过逐年逐月地缴费积累，可以鼓励人们持续勤奋地工作，以维持积累的持续性。另一方面，通过做实个人账户，将积累的资金用于动态的投资，创造新的利润，在实现安全保值同时形成更多的资金积累，进而加大了对人们的激励。

3. 社会公平性

公平是个相对的概念，既要有人群间待遇水平的相对公平，又要提倡贡献与待遇相挂钩的公平。两种改革思路的设计初衷都是为了实现公平，但是无论是从统账结合向完全个人账户转变，还是对现有统账结合制度进行的各种完善方案，都会涉及不同群体之间的利益调整，如何最大限度地保证较多数人的公平是一大挑战，需要做出合理的过渡性制度安排。需要强调的是，个人账户和再分配并不矛盾，可以在供款环节实现再分配。需要进行多大程度的再分配应该在理性讨论的基础上努力寻求较大的社会接受度。

此外，对统账结合模式提出的延长退休年龄，有观点认为其推行中可能遇到民众较大反对，进而影响对养老保障体制的信心。但如果推迟退休年龄与降低缴费率和增加国有股份和收益划拨社保基金的力度挂钩，社会对推迟退休年龄的接受程度可能会提高。完全个人账户可以不考虑强制延长退休年龄，因为如果养老待遇完全来自于个人账户余额，养老待遇与退休年龄无关，推迟年龄将增加参保者每年养老待遇，参保者可以权衡这两个因素自己选择合适的退休年龄。

4. 新型城镇化与人口自由流动

有一种观点认为，统账结合制度下，如果统筹账户由地方管理，实现完全可携带性比较困难，因此建议统筹账户的统筹层次提高到中央，但不宜实行全国统一的养老待遇，否则会出现贫困地区养老金与工作工资倒挂从而诱导过早退休的现象。另外养老待遇应该与缴费地挂钩，避免出现福利移民。但是，欧盟等地区的经验表明，中央集中管理养老保障不是保证统一劳动力市场的唯一选项，地方适当分权的模式仍然能够通过合适的制度安排实现劳动力的自由流动。相比之下，完全个人账户下，因个人账户的可携带性较强，不会对人口流动产生较大影响。

5. 社会安全网与扩大消费

统账结合模式：如果统筹账户比例过高，同时假定居民对统筹账户的社保体系有足够信心，部分居民可能出于对公共养老体制的盲目依赖而产生过度消费行为，而一旦统筹账户出现支付危机，居民将因信心缺失而增加储蓄减少消费，这可能会造成消费水平的剧烈波动，不利于宏观经济的稳定。如果政府财政纪律松弛，最后不能负担养老保险缺口，则部分居民还可能因为个人积累不足而得不到基本的养老保障。目前，部分居民对我国养老保障体系中统筹账户的受益基准和个人账户的名义记账缺乏信心，使这些居民消费潜力的发挥受到不利影响。

完全个人账户模式：做实个人账户能够增强居民对社保体制的信心，但由于个人积累会存在差异，短期对扩大消费的作用可能有限，但是随着社会经济的发展，居民的预筹积累不断增加，做实个人账户对扩大消费的支撑作用将是持续而有保障的。例如新加坡经济快速发展过程中，公积金规模持续扩大，增强了居民对社会保障的信心，同时政府不断放开对公积金提取和使用的限制，有力地促进了居民消费。更为重要的是，上述积累过程能够提高居民消费的理性程度。

（六）改革建议：鼓励地方探索创新，优化趋同

考虑到各方意见分歧和最优方案选择的不确定性，我们认为，养老保障改革的方案选择要充分考虑下一步改革的复杂性、历史沿革、地方积极性、地区间竞争等因素，中央不必一刀切，应允许地方选择不同方案进行探索。

1. 美国“自下而上”探索的经验借鉴

“自下而上”的改革是美国经济社会体制的一个优势。此次金融危机以来，美国两党对多项重大改革争执不下，联邦政府和联邦议会陷入僵局，“自上而下”的改革困难重重，无所建树。短短四年内，美国在世界经济论坛发布的竞争力排行榜上已经从首位跌至第七位。基于联邦体制赋予的权力，州政府和企业没有坐等联邦政府的拯救，而是着手解决被联邦政府和国会搁置的难题：一方面各州政府因地制宜，在预算制约下想办法，找出路，结合本州情况推进改革，提高竞争力；另一方面企业按照开拓创新的传统，在经济不景气的情况下，没有减少对科技创新的投入，也没有放慢创新的步伐。各地创造性的政策革新正在试图解决联邦政府和国会无法解决的问题。

这场由州政府和私营部门主导的“自下而上”的改革对美国经济起到支撑作用，使美国得以有效运转。舆论认为，美国联邦政府应为地方政府改革创造良好条件，并吸取和推广各州成功的经验，做好“二传手”。当然，对中央和地方在养老保障体制中应扮演的角色，各方还有不同的意见，但美国的探索经验无疑是为问题的解决提供了一种途径和思路。

2. 适当放权，鼓励地方探索社保体制改革最优路径

我国人口数量极为庞大，整个养老保障体制的改革将不同于其他国家；同时我国地域广阔，社会经济发展很不平衡，城乡之间、地区之间差别很大。现实的国情是我国还是一个发展中国家，人均 GDP 的水平还较低。当前我国的养老保障改革与后工业化国家所强调的提供统一的高水平保障相比，面临的主要问题是不同的。当前的改革方向应该是与

其他经济和社会改革相互配合，例如，有利于经济结构的调整，有利于资本市场的发展等。因此，关于养老保障体制改革，我们建议鼓励地方在适当条件下探索不同的改革路径，创新不同的管理方式，通过地方间适度竞争，寻找最优制度组合，优化趋同。各地的养老保障改革可以在中央统一的指导原则下，因地制宜，针对当前或区域突出问题，通过改革创新寻找最佳方案。从长期来看，随着社会经济发展水平的提高，通过各地相互竞争优化趋同，逐步实现养老保障体系的各项功能。

3. 地方探索社保模式下的制度安排

对适当放权、允许地方探索社保模式的一个质疑就是不利于劳动力在全国范围内的自由流动。然而欧盟的经验告诉我们，只要制度安排得当，劳动力的流动不会受到太大影响。欧盟层面的“协调性”社保政策包括：一是兼容差异，维持各成员国养老保障制度的稳定性。欧盟允许每个成员国自行决定养老保障的制度安排，包括保障对象、项目设定、资格条件、缴费标准、待遇水平等，因此欧盟成员国无需改变其财政体制、基金筹资与管理模式，但须改变支付方式。二是按期限累加、比例分担等原则保障了流动劳动力的权益。为使流动劳动力免受养老保障损失，“欧盟社保法令”在不同国家社保体系基础上建立相互联结的期限累加制度，即各国对劳动者权益的保障程度与劳动者在该国的保险期限、工作年限和居住期限相关，劳动者在不同成员国所经过的时段可以合并计算。流动劳动力退休后回来源国享受养老保障，成员国之间建立一定的资本结算机制。三是渐进式制度安排给成员国和流动劳动力一定的适应期。目前欧盟成员国已经扩大为27个，养老保障与福利政策的调整是与人员自由流动的开放程度联系在一起的。人员自由流动是逐步实现的，其养老保障与福利政策也是如此，为成员国留下政策调整余地，也给流动劳动力一定的心理预期。

因此，只要我们从中央层面提供基本的养老保障管理信息平台，在地方间做出制度上的合理安排，应该能够保证统一的劳动力市场。具体设想：由省级政府制定本省养老保障规则，如供款率的高低、发放养老金的条件等，并向居民提供相对简单、但又有一定选择性的服务产品，如在受益方面的偏好，或者在投资方面的偏好，给予居民一定选择。信息系统的管理是统一的，但不同省份之间在制度上有可能出现不同的安排。如果人口在省份之间发生迁移，他们个人账户及其以往的全部积累都将随之转移到新所在地的养老保障管理机构，并将按照新省份的规则行事。

4. 地方探索中个人账户的做实问题

关于养老保险是由中央还是地方负责的问题，首先要和解决养老的其他问题一样，将历史欠账问题和制度设计问题分开考虑。中央和地方要对历史欠账达成一个安排，界定各自的责任，解决地区间的历史负担不同问题和地方的预算软约束问题。在此基础之上，我们建议个人账户由地方负责，这样有利于在个人账户做实进程和资金管理方式方面探索创新，优化趋同。

在地方做实个人账户的探索中，需要处理好三个问题。一是做实个人账户的经费问题。这需要配合个人账户管理方式的转变，逐步通过划拨国有股权和收益等方式来实现，同时个人的预筹积累也是逐步做实个人账户的长期资金来源。二是个人账户的管理问题。这需要通过以资本市场为核心的投融资体系的完善来配合，应该充分认识到养老保障体制改革和资本市场发展之间的相互促进作用，在个人账户管理问题的探索过程中，鼓励地方尝试各种不同的养老金管理机构运行模式，增加个人在投资方面的选择权，优化趋同。三是与资本积累的关系。有观点认为目前我国资本积累率很高，养老金账户的做实是没有必要的。应该注意到，个人账户的做实一方面是通过国有股权划拨实现的，这对资本积累率没有影响，而个人预筹积累虽然来自人们的收入，但是从长期个人资产的配置角度看，人们只是实现了从储蓄或者投资资产（房地产或有价证券）向养老金个人账户资产的转移，不会进一步提高资本积累率。相反，随着人们对养老保障体制的信心增强，消费需求的进一步释放也会抑制资本积累率的进一步提高。

5. 地方探索中统筹账户的存续及管理问题

在各种改革方案中，对统筹账户是否需要继续存在，以及如需存在是由中央统筹还是地方统筹等问题，还有不同意见。支持统筹账户继续存在且由中央统筹有两个考虑：一是地方统筹下的可携带性问题。虽然2009年国务院已经出台《城镇企业职工基本养老保险关系转移接续暂行办法》，但在20%的缴费中，只能转移12%，无法完全解决养老跨地区保险转移的问题。即使转移12%，在具体操作上还遇到许多阻力。解决这些问题的关键在于实现基础养老金的中央统筹。二是地方统筹下统筹账户的资金缺口问题。职工养老金统筹账户具有“转轨成本”，这是中央在20世纪90年代所做的改革决定所造成的缺口，但中央没有系统的转移支付机制来弥补这些缺口，迫使地方挪用“个人账户”的资金，造成个人账户的空账，将压力和风险推给地方或将来。这样的资金缺口如果完全由地方承担，对劳务输出省份和老工业基地不公平，有些地方也没有能力来承担这个缺口。如果中央负责资金缺口，则存在软预算约束问题，未来会造成更大的缺口。这些缺口最终不可避免将由中央来买单，即通过实现全国统筹来由中央正式“接管”这个责任。与其以后问题越来越大后再由中央接管，还不如尽早实现全国统筹。

支持继续由地方统筹的观点认为，根据各国经验，统筹账户就长期来看是存在财务缺口的，因此不应成为养老保障体制改革的方向，养老保障体制改革的方向应该是做实和做大个人账户。因此，在鼓励地方探索过程中不主张统筹账户做太大，如果统筹账户目标过高会影响到个人账户作用的发挥，而且如果中央统筹将不利于统筹账户的适时退出。结合我国的实际情况，如果在现阶段保留统筹账户，应该仍由地方负责统筹。从可行性来看，根据目前我国的经济社会发展状况，现阶段在地方实行统筹是比较具有操作性的，既符合历史沿革和路径依赖原则，也符合公共服务的效率原则，有利于地方根据当地需求配置财政资源、推动改革，而中央统筹则可能遇到地方政府较大的阻力；从必要性来看，欧盟的经验表明，中央集权模式不是保证统一大市场的唯一选项，地方适当分权的模式仍然能够通过合适的制度安排实现各种要素（包括劳动力）的全国流动，因此现阶段由中央统筹不一定有必要；从可取性来看，目前对统筹账户问题难以形成统一方案，事先也难以准确判断各方案的优劣。在此背景下，中央实行“一刀切”具有较大风险，也不容易下决心。允许各地方根据中央确定的原则和各地实际情况因地制宜，探索不同的改革方案，有利于尝试和发现各方案的优劣，比较竞争，优化趋同。此外，地方统筹还有利于地方在统筹与个人账户的相对比例、是否及如何实现完全个人账户、缴费率、待遇计发公式、退休年龄等多方面进行探索。

后一种观点进一步认为，统筹账户全国集中既涉及全国范围内的城镇职工和城镇居民的统筹，又涉及全国范围内的农村居民（尤其是失地农民）的社保统筹问题，如何选择最优实现路径，本身就颇具争议。由于城乡之间差距很大，广大农民（尤其是失地农民）的社保问题尚未破题，即使现阶段全国统筹也只能考虑在城镇职工和城镇居民范围内实行，这可能导致下阶段统筹城乡的难度更大，不利于解决失地农民的社保问题，也不利于新型城镇化的顺利推进。这种“自上而下”的统筹模式容易陷入僵局。

二、医疗保障与医药卫生体制改革

（一）医疗保障制度的现状

过去十年，以大力推进居民医疗保险制度为重点，我国的医疗保障已基本实现全覆盖，且保障水平不断提升，取得了重大成绩。但基本全覆盖之后，应加快推进制度定型和完善，而这一方面当前我国尚存在诸多问题。

1. 医疗保障实质上是巨大的财务问题，也可能危及财政的可持续性

未来医疗费用高涨的冲击尚未引起充分重视。从欧美国家的预测来

看，医疗成本甚至可能比养老成本产生的财政压力更大。受各种因素的影响，我国也极有可能出现这种情况。一是医疗保障已基本实现全覆盖，且保障水平正在逐步提高，因此可能逐步改变人们的就医行为，刺激费用的上升；二是我国的老龄化速度较欧美国家上升更快，而老年人的医疗费用要远高于青壮年；三是我国经济发展较快，医疗技术的进步和扩散影响越来越大，医疗服务和药品的相对价格将上涨更快。正如发达国家经验所启示的，这三个因素叠加在一起，意味着医疗费用超速增长的阶段将要来临，由此为维持适度医疗保障水平，将需要更多的财力投入，对财政的可持续性也可能构成严峻的挑战。一个相对保守的估计是，2050 年我国财政负担的医疗卫生费用占 GDP 和财政支出的比例将分别达到 3.0% 和 13.1%，政府医疗卫生支出将成为养老金缺口之后第二大国家财政风险的来源①。

应对未来的医疗费用高涨对财政稳定的冲击，需要加快推进改革：首先需要通过医药卫生体制的改革建立有效的控制费用政策，其次需要在搞好医疗保障的前提下，明确个体与社会的分担责任。就目前来看，控制费用过快增长的目标在国际上已得到高度重视，但如何通过改革实现目标是世界难题，中国的进展也不理想。而如何明确医疗保障的个体与社会的分担责任尚未进入议事日程。

2. 基本全覆盖成绩的取得是建立在制度碎片化推进的基础上，公平与效率问题均比较突出

公费医疗、城镇职工基本医疗保险、城镇居民基本医疗保险、新型农村合作医疗保险分别覆盖不同人群，隶属于不同部门管理，待遇与缴费办法不一致。尤其是居民类医疗保险自愿参加，缴费标准一年一变；以农民工为主体的流动人口究竟参加哪类保险未明确，重复参保现象严重。统筹层次绝大多数在县一级，少数在地市一级，个别大城市全市统筹。分而治之的“碎片化”实施方案导致不同人群缴费和待遇不同，

---

① 马骏，朱铭来，肖明智，宋占军. 中国国家资产负债表研究 [M]. 中国社会科学文献出版社，2012.

割裂了整个医疗保障制度的有效衔接、加大了管理成本，并与城镇化进程中的劳动力流动加快的局面不协调。同时引起社会关注的，是公费医疗和“高干病房”占用了较多医疗资源，引起社会上一定议论。

3. 政府经办的基本医疗保险缴费与保障待遇的确定机制缺乏

从长期来看，政府经办的医疗保障由于其社会共济的特性，保费如何在个人、企业和政府间分担，保障范围和水平如何确立，缺乏研究和讨论。居民医保保费以及保障水平连年上涨，但目前高度依赖财政补贴，新农合财政补贴比重约80%，随着医疗费用继续上涨将难以持续。未来居民医保和职工医保的保障水平应确立在何种水平？居民医保的保费如何在政府与居民间分担？目前政府层面未提出明确的目标和路线图。

4. 商业性健康保险发展严重不足，不利于解决医疗服务市场的信息不对称问题，不利于满足多样化的需求，也不利于提高医疗保障水平

信息不对称是改进医患关系的一个难点，大幅引入商业性健康保险是应对信息不对称的一个有效出路。专业健康保险机构的介入，不但能够监督医疗机构的诊断治疗及收费的合理性，而且通过配合医疗机构改革和扩大医疗服务行业市场准入等措施，在医疗服务和产品市场竞争的基础上，推动医疗服务和产品收费标准化和合理化，促进医疗卫生行业整体服务水平和保障水平的提升。值得注意的是，商业保险如果监管不善，其竞争可能会造成保险市场失去保险功能的问题①。

5. 对服务提供者的支付方式的改革进展缓慢

统一的医保制度应充分发挥第三方付费者功能，发挥对医疗卫生机构的制约引导作用，这尤其需要加快支付方式的改革。当前虽然在政策上高度重视支付方式的改革，但实际效果不佳，绝大多数仍局限于“按项目付费”的支付模式，或简单粗暴地控制费用。原因可能有两点：一是公立医保机构的治理未完善，改革支付方式的动力和能力欠缺；二是制度上碎片化的医疗保险方案使得支付方式的改革举步维艰。

① Rothchild – Stiglitz 的研究指出，商业保险之间的竞争可能导致市场分层严重，社会共济功能没法实现。

（二）医药卫生体系存在的问题

1. 医疗服务的有效供给明显不足，其作为服务业的潜力远未发挥，多元办医、有序竞争、分层合作格局尚未形成

我国总体医疗服务的有效供给明显不足，医疗服务占我国服务业的比重过低，其创造就业和促进服务业发展的潜力未发挥出来。医疗市场化程度过低，对民办医疗机构的限制和歧视仍较严重，对外开放程度也较低。医疗卫生服务体系的放开和竞争，对于缓解“看病难”，提升医疗卫生体系的整体效率至关重要。公立、私立医疗机构共存于市场，在同一监管标准下有效竞争；基层医疗机构与上级医院按市场原则相互配合，建立完善的双向转诊制度，普通病、常见病以及门诊集中到基层医疗机构；偏远、贫困地区的医疗机构建设应加强，提高医疗服务的可及性。对照这些要求，近些年来虽然已采取了一些行动，但扩大供给和优化布局工作依然任重道远。

一是多元办医、有序竞争的格局未形成。鼓励社会力量办医，遏制公立医院过度扩张，形成多元办医、有序竞争、分层合作的格局，已成为医改政策的重要目标。如近期公布的《卫生事业发展“十二五”规划》中，已提出“遏制公立医院盲目扩张”，“大力发展非公立医疗机构”，“到2015年，非公立医疗机构床位数和服务量均达到医疗机构总数的20%左右”等若干目标。但执行中对社会力量医疗领域准入管制过多，加上人事制度、医保以及税费方面的配套政策未跟上，公立医院为主导的多元办医格局的结果是寡头市场下的不平等竞争，民营医疗服务机构发展非常缓慢，并主要局限于某些专科性医疗服务供给领域，实现“十二五”规划提出的目标难度很大。此外，由于贫困地区和农村的医生待遇和医疗条件较差，好的医生也没有动机和激励去贫困地区和农村行医，从而集聚在大城市中。这进一步造成了城乡医疗服务资源分配不均的局面，以及人民群众在农村“看病难”和到城市“看病贵”的两难困境。

二是基层医疗卫生机构的功能未充分发挥。近年来基本医疗卫生服务机构的硬件建设改善明显，但其功能未能充分发挥。其一是高质量的

基层医疗卫生服务人员严重匮乏，从业人员学历偏低、队伍不稳定，基层急需的全科医生数量与质量均存在严重不足。其二是目前我国基层医疗卫生服务机构和上级医院间没有建立完善的双向转诊制度，转上不转下，缺乏机构之间、医生之间的协调沟通；居民依然大量直接选择去大医院就诊，造成“基本医疗卫生服务供给能力较弱—服务人群有限—基层医疗卫生服务机构发展受阻”的恶性循环局面。其三是以安徽为代表的基层医疗卫生服务机构综合改革，为控制费用牺牲了对于医务人员的激励，导致基层医疗卫生机构工作积极性不高。

三是公立医院在医疗卫生服务体系中的定位需明晰。从现实国情来看，公立医院将依然是医疗卫生服务体系中的高端医疗的主体，是新一轮医改的重点和难点。对部分公立医院改制重组，积极稳妥地把部分公立医院转制为非公立医疗机构，已成为医改的重要目标。但目前改制进展缓慢，制约因素众多。加强公立医院的治理，以充分发挥其在医疗服务体系中的标杆和技术输出的功能，也需有重点地加强。

2. 公立医疗卫生机构的治理思路问题：不当行政管制过多，对公益性目标理解片面，公立医院改革进展缓慢

公立医疗卫生机构的治理包括内部治理和外部治理，目标均是优化公立医疗机构以及医务人员的行为，促使其以患者利益最大化为目标。总体而言，当前对于公立医疗机构的治理侧重于行政管制，由于对公立医疗卫生机构“公益性”目标片面理解，忽视相关政策的激励相容要求，往往流于“头痛医头，脚痛医脚”。

首先，行政管制过多，扭曲了公立医疗机构的行为。医疗服务、药品价格由政府价格管制，医疗机构无法按市场规律定价；将公立医院作为事业单位来控制医院床位和人员编制，并将医疗技术劳务性项目的收费价格控制在严重偏低的价格水平上，医疗服务收支多处于亏损状态；为抑制“以药养医”，简单化的取消“药品加成”政策。公立机构医护人员的工资采取定岗定级的行政管理模式，没有充分反映其人力资本，多劳不能多得。

其次，对于“公益性”概念简单化理解，甚至将公立医疗机构和医务人员视为“公益人”而非“经济人”，进而未能建立有效激励。典型的如安徽基层医疗卫生机构综合改革，绩效考核流于形式，医务人员基本上拿固定工资，由此导致推诿病人的现象较为严重。事实上，正确的方式应当是将各项政策制定建立在“经济人”基本假定上，通过利益引导和恰当的激励促使公立医疗机构实现“公益性”行为目标。

最后，各地在推进公立医院治理结构改革、落实公立医院经营管理自主权等方面普遍缺乏实质性举措。一方面，部分地区存在畏难情绪，试图“避重就轻”绕过公立医院法人治理结构改革；但更多的还是对法人治理结构改革的重要性认识不到位，或者在改革过程中因为种种原因面临沉重的历史冗员包袱。而公立医疗服务机构的自主权有限，绝大多数医院院长及其领导班子的任命权都集中于政府手中，医疗机构数目、新增科室、专业等都需要卫生和人事主管部门的行政审批；不仅如此，对公立医院等医疗服务机构的管理权分散在政府的各个职能部门，管理责任不明确、不到位，管理职能分散且不协调，管理责权划分不明确。公立医院的效率若不能有效提升，实现医改的整体目标就挑战很大。

3. 医疗卫生行业的科技特征没有得到重视，医疗科技落后

医疗卫生行业所具有的科技特征没有得到应有的重视。如不按照科技行业的思路发展医疗技术，将无法调动医生和研究人员的积极性，会使医疗科技远落后于国际水平。从科技型行业发展的技术储备看，政府支持力度不够，科研院校对医疗基础学科建设的有效投入不足，医疗行业中前沿专业领域的高级科研人才储备不足，医疗科研队伍整体水平较低；从科技型行业发展的孵化机制看，由于相关投资环境不理想，目前我国 VC（风险投资）和 PE（私募股权投资）对医疗行业的关注和兴趣不够，国外的高科技医药和医疗企业具有投入高、风险大、回报周期长等特点，发展前期需要 VC/PE 的大力扶持；三是从科技型行业发展的融资和风险资本的退出体系看，由于我国的资本市场不够发达，尚不能有效支持高科技医疗企业的发展。

（三）进一步改革的目标与原则

目前对医疗保障与医药卫生体制改革存在诸多争议。首先，对可能存在的财务缺口大小缺乏深入分析和科学估计；其次，对扩大医疗服务的有效供给存在不同方案；第三，对公立医院的下一步改革存在不同思路，有观点坚持“收支两条线”，也有观点主张建立有效激励；第四，对社会化基本医疗保障和商业性医疗保险各自定位和下一步发展存在不同意见。鉴于对相应改革存在各种争议，可以允许不同地方尝试不同办法解决上述问题，地区间适度竞争，优化趋同。同时，中央可承担协调医保的跨区域结算的功能，满足居民异地就医需求。

1. 我国医药卫生体制改革的目标可归结为以下几点

建立财务可持续的基本医疗保障制度，大力发展商业性医疗保险，形成布局科学的公共卫生服务体系和医疗服务体系，放开医疗市场准入，实现多元办医格局，以完善激励为导向加快公立医疗机构改革，推动医疗科技进步，使医疗卫生服务可及性、服务质量、服务效率和群众满意度显著提高，实现“2020 年人人享有基本医疗卫生服务”。具体来看：一是从巨型财务问题的视角，召集财政、金融、保险等方面的专家，加快顶层设计，研究解决医疗保障资金来源问题。二是建立和维护公平竞争的市场环境，充分发挥市场对医疗资源的优化配置作用。全面解除对民办医疗机构的限制和歧视，运用税收等手段鼓励民办医疗，同时推动医疗服务业对外开放，大幅扩大医疗服务供给，满足人民群众的就医和健康保障需求，同时可创造大量就业，推动服务业发展。三是大力发展医疗健康保险，建立代理人机制，增强患方谈判和监督能力，解决医疗体制中的信息不对称问题。四是按照发展科技行业的思路，推动医疗科技的进步。

2. 结合现状与问题，改革需要遵循的原则如下

注重可及性、费用控制与质量之间的平衡，兼顾基本医疗保障全民覆盖和部分人群的多样化需求。医疗卫生体制改革的目标相互冲突的三大目标，可及性、费用控制与医疗服务质量之间寻找综合平衡。在基本

医疗保障领域应最大限度地减少不同人群保障程度的差别，同时不损害个人更高水平的健康需求。在当前应真正落实基本医疗保障全民覆盖，并加大大病保险的力度。同时还应鼓励补充医疗保险、商业健康保险规范合理发展，满足人们对更高医疗服务质量和技术的需求，提升医疗卫生服务供给机构的能力和质量，促进医药卫生行业的健康发展。

财政投入应有助于理顺机制，促进支付方式的改革。过去医药卫生体制改革取得的成就，是建立在大幅增加财政投入的基础上。为进一步推进医改，仍然需要加大财政投入的力度，但财政投入应以理顺体制为目标和条件，而非简单地砸钱。从国际经验来看，支付制度的改革是制约医疗服务机构扭曲行为的关键所在。中国下一步医改的一个重大课题是探索与国情相适应的支付方式，为此财政投入应坚持以需方补贴为重点，同时推动医保机构积极探索支付方式的改革。

坚持财政补前头、以收定支，有利于控制财政风险。未来财政投入应从单纯的量的增加，向质的提升方向转变。按照发达国家的经验，老龄化社会需要高度重视医疗卫生领域的财政风险，强化控制。为此，要坚持财政补贴以需方为主，补在前头，医保机构应按照以收（保费）定支的原则，制定医疗费用报销政策，既要提高保障水平，又不能透支、穿底。

注重提升医疗机构和医务人员的激励，在持续扩大有效供给的前提下，实现“公益性”目标。公立医疗卫生服务机构应体现“公益性”，但“公益性”目标的实现应建立在医疗机构和医务人员是“经济人”假设前提下，通过改革和政策制定建立有效的外部激励和内部激励机制，促使其将自身利益与患者利益协调一致。否则，相关政策只关注到可及性、费用控制或医疗服务质量一个层面，忽视了对其他目标的正确激励。同时，作为一个庞大的服务业，绝大部分医疗服务机构应该做到商业可持续，这样一方面可以扩大医疗服务的有效供给，解决“看病难”的问题，另外一方面可以解决大量就业，推动服务业发展和经济结构转型。

（四）具体改革的思路

1. 从巨型财务问题的视角，召集财政、金融、保险等方面的专家，加快顶层设计，研究解决医疗保障资金来源问题

具体需要研究的问题包括：研究新农合、城镇居民医保、公费医疗和长期护理保障的资金来源；设计整合不同基本医疗保障制度的资金来源；评估增强可携带性可能带来的财务问题；测算由老龄化和医疗成本上升造成的未来财务缺口，并分析对财政的压力；安排合理的制度，充分发挥社会化医疗保险和商业化医疗保险各自的作用；设计控制医疗成本的各种办法等。

2. 整合政府经办的基本医疗保险制度，明确基本医疗保险的缴费和待遇确定机制，优化公立医保机构的治理

在政府经办的各类基本医保中，将公费医疗纳入城镇职工医疗保险范畴，整合城镇居民基本医疗保险和新型农村合作医疗，并在条件成熟时将职工医保和居民医保合并；推动基本医疗保险在居住地参保，提高农民工医疗保障的实效；实现大病保险全覆盖，逐步提高其报销比例至不低于50%。在基本医保的缴费和待遇确定方面，明确居民医保中政府与个人保费分担和待遇标准，坚持个人自负医药费30%的国际黄金标准，以此确定居民医保保费总额；同时通过成立独立的专业委员会确定报销的范围和标准，并定期修正。此外，推动社会保险管理中心独立于人社部门，加快治理机制的完善。

3. 大力发展商业性健康保险行业，特别是大病保险，以满足多样化需求和提高保障水平

鼓励单位提供商业化医疗保险，满足包括大病保险和长期护理保险等多样化的需求，促进医疗保险业健康发展，减轻人们对社会医疗保险的过度依赖。商业性医疗保险可以满足人们对于更高保障水平、更好服务质量、更好技术水平的需要，可以促进医疗服务业，尤其是高端医疗的健康发展，有利于医疗服务业的技术创新。商业性医疗保险的发展还有助于推进公职人员包括一定级别以上官员的医保制度改革，可以减少

将公费医疗并轨到城镇职工基本医疗保险的阻力。

建立由政府推动、商业化运行大病医疗保险体制，争取将大病保险的实际支付比例提高到60%以上。应该考虑从城乡居民向城镇居民医保和新农合的缴费中划出一部分（如十分之一），作为大病保险的资金的基础来源。另外，应该允许居民自愿增加缴费，以获得较高的大病保障水平。政府应该制定基本政策，由商业保险机构承办大病保险业务。

4. 充分发挥医疗保险机构的第三方购买者功能，改革对服务者的支付方式，推动解决信息不对称问题

充分发挥医疗保险机构的第三方购买者功能，推动解决医疗服务市场的信息不对称问题，探索适合中国国情的支付方式改革。在按服务付费制度下，当医疗服务的价格过低，而药品与检查等收费过高时，“开大处方”等行为就无法避免。目前应提高医务人员技术服务收费使之更好地体现医生劳动价值，同时降低药品与检查等收费以减少扭曲。同时医保机构应积极承担责任，鼓励地方积极探索，将学习国际经验和中国现实国情相结合，加强保险机构的购买者功能，探索合理的支付制度，如按人头付费制、按病种付费等，从而激励医疗机构选择成本效益比较好的技术手段。无论何种付费方式，医疗保险机构应当通过补偿比例的设计，鼓励患者到低级别医疗机构就医，以促进合理医疗体系的形成。除此之外，医疗保险机构发挥认证等“第三方购买者”职能，既可以为消费者带来信息，帮助解决信息不对称问题，又有利于优质的服务提供者在竞争中发展壮大。

5. 建立长期护理保险制度

当前和今后相当长的一段时间内，我国无法实现长期护理的完全国家化，所以应积极借助保险方式来筹集养老资金，采用强制性社会保险和商业保险并行模式。初期以商业保险为主，逐步过渡到强制性社会保险与商业保险相结合的长期护理保险模式。具体来说，强制性社会长期护理保险通过建立专项缴费或扩展现有基本社会保险责任范围等方式实现，由社会保险提供最基本的、必要的长期护理服务或其费用支出，例

如提供各种医疗护理、临终关怀等。同时，国家应采取鼓励商业性长期护理保险发展的各种政策，给予经营长期护理保险业务的保险公司所得税、营业税和印花税等税收政策优惠减免，以刺激长期护理保险市场的发展。可考虑的政策还包括允许购买长期护理保险的个人享受纳税抵扣，企业为员工购买长期护理保险的保险费可以作为经营费用在税前列支、在被保险人获得保险金时可以享有免税或者较低的税率等。

6. 放开医疗市场准入，推动形成多元办医、有序竞争、分层合作的格局

放开医疗市场准入，扩大医疗服务的有效供给。按照统一标准实施市场监管和医保政策，营造公立和非公立医疗机构的公平竞争环境。卫生部门担负医疗服务市场监管职责，应对公立医院和民营医院一视同仁，使公立民营平等竞争；尤其是在职称评定等涉及技术评定领域完全一致。继续推进管办分开，加快公立医院改革转型，加快部分公立医院的改制步伐，提高其服务质量，降低其服务成本。医保机构应对公立和非公立医疗机构实施完全一致的医保政策。

降低医疗机构间进行整合或形成联盟的阻力，为发展管理医疗（HMO）提供条件。废除收支两条线等不正确的做法，适度挂钩基层医务人员薪酬与医疗收入，卫生部门加强监管，增强基层医疗卫生机构的活力，充分发挥其功能，鼓励其与上级医疗机构建立双向转诊关系。卫生主管部门应放弃干预，由医疗机构自身决定是否进行整合或形成联盟，为未来在医保机构的推动下，发展管理医疗（HMO）建立条件。

与新型城镇化战略方向一致，加强农村地区中心卫生院的建设，优化农村地区医疗卫生体系的建设。每个县规划布局 5 ~6 家中心乡镇卫生院，着力加强其医疗能力建设，使其医疗能力接近于县级医院，医疗服务覆盖周边 5 ~6 个乡镇；对于一般乡镇卫生院，应减少其人员配置，淡化其医疗服务方面的功能，而着重强调其在基本公共卫生服务管理等方面的功能。与此同时，强化村医的能力建设。未来全科医生制度正式实施之后，一般乡镇卫生院工作人员与村医均为全科医生，但一般乡镇

卫生院的全科医生肩负区域的管理职能；各类医疗检查设备可集中在中心乡镇卫生院。

7. 优化公立医疗机构的内部治理，增强公立机构医疗卫生服务提供者的激励

清理或废除不当行政管制，优化医疗卫生服务提供方的制度环境。首先，降低对基本医疗服务的价格管制，赋予医院更多自主权，从而减少医疗服务市场的扭曲。其二，进行公立医院人事制度改革，允许公立医疗机构自主聘用或解聘；探索注册医师多点执业，并通过薪酬激励，引导医生去基层和农村执业。其三，赋予公立医疗机构自定薪酬发放的自主权，使医生的工资与其人力资本水平和劳动时间呈正比，多劳多得，优劳多得。卫生部门以及医保部门的事后监管侧重是否有违规医疗行为。此外，改革支付方式和药品耗材供应与定价方式，由医保部门和服务提供者的代表协商决定，价格管理部门的功能是促成协商成功；同时加强监管与考核，实行医药分家和预付制的第三方监督机制，通过患者评价和保险机构聘请专业人士考核对服务质量进行评估。

8. 按照发展科技行业的思路，提升医疗行业的科技水平和服务水平

一是政府要加大对医疗科研的支持力度，鼓励高校提高对医疗基础学科建设的投入，支持医疗机构加快前沿专业领域的医疗科研人才引进和培养，提升我国医疗科研队伍整体水平；二是健全高新医疗企业的孵化机制，改善医疗行业的风险投资环境，通过 VC（风险投资）和 PE（私募股权投资）发掘和培育具有发展潜力的国内生物医药和医疗器械等上游企业，为医疗行业向科技型行业转变提供支持；三是通过资本市场为医疗医药企业的做大做强提供资金支持，为医疗行业风险资本的合理退出创造渠道，同时加大对医疗企业的财税支持力度，提高医疗企业科技创新的积极性。

9. 鼓励地方改革创新，优化趋同

目前对医疗保障与医药卫生体制改革存在诸多争议。第一，对可能

存在的财务缺口大小缺乏深入分析和科学估计；第二，对扩大医疗服务的有效供给存在不同方案；第三，对公立医院的下一步改革存在不同思路，有观点坚持“收支两条线”，也有观点主张建立有效激励；第四，对社会化基本医疗保障和商业性医疗保险各自定位和下一步发展存在不同意见。鉴于对相应改革存在各种争议，可以允许不同地方尝试不同办法解决上述问题，地区间适度竞争，优化趋同。同时，中央可承担协调医保的跨区域结算的功能，满足居民异地就医需求。

三、小结

评价一个社会保障体制的好坏有五个标准：一是能否维持财务的可持续性；二是能否保持对居民的正向激励；三是能否促进社会公平；四是能否促进人口自由流动和就业增长；五是能否通过建立社会安全网扩大消费。本报告针对养老保障体制和医疗保障体制，对下一步的改革思路提出若干建议。

1. 养老保障体制改革

未来庞大的养老金缺口对财政的可持续性可能构成严峻挑战，当前老百姓对养老保障体制信心不足；各项制度碎片化现象严重，公职人员退休制已引起社会的议论，另外可携带性不充分，影响了劳动力市场的效率；职工养老保险制度设计不合理，激励不相容，执行随意化，导致规避缴费，提前退休等问题；养老保险第二和第三支柱发育迟缓，社会心理过度依赖基础养老金。

应对养老保障体制面临的诸多挑战，需要逐步推动养老保障体制的三个转变，实现长期财务可持续，提供正向激励，构建有效社会安全网。一是养老保障的待遇标准从受益基准制（on Benefit Basis）向供款基准制（on Contribution Basis）转变；二是养老保障的资金来源从现收现付制（Pay as You Go）向预筹积累制（Fully Funded）转变；三是养老金个人账户安排从名义个人账户（Nominal Personal Account）向做实个人账户（Real Personal Account）转变。

养老保障体制主要有三类模式：第一类是基于供款基准制的完全个人账户模式，第二类是基于受益基准制的完全统筹账户模式，第三类是供款与受益基准兼顾、统筹账户与个人账户结合的模式，即统账结合模式。课题组认为，第一类和第三类模式是当前我国养老保障体制可以探讨的改革方向，与此对应的有两种改革思路：一种思路是维持统账结合模式，在此基础上完善相关制度。在此思路下，扩大个人账户规模，同时进行调整缴费率和待遇计发公式等其他参数改革，并考虑逐步延长退休年龄，以及通过划拨国有股权和收益等方法逐步做实个人账户。另一种思路是将养老保障体制从统账结合模式向供款基准制的完全个人账户模式转变。这一思路的两种不同操作方案是：（1）逐步做实个人账户；（2）采取名义记账式个人账户。我们认为逐步做实个人账户有利于实现养老保障体系的财务可持续，也有利于发挥其扩大消费的功能。

上述两种思路各有利弊，各方对不同方案的可行性和可取性存在意见分歧。两种思路的共同点是都主张划转部分国有股权和收益到社保体系，同时也都支持个人账户逐步做实。逐步做实个人账户也意味着从现在以现收现付为主的体制向预筹积累制转变。不同点在于完全个人账户可以不考虑延长法定退休年龄，因为可以规定退休待遇完全来自个人账户的余额，迟或早退休由参保者自己通过权衡退休年龄和每年养老待遇来决定。同时，完全个人账户也可以通过对低收入者的缴费进行补贴来实现再分配功能。另外，上述两种思路在财务可持续性、激励相容性、促进社会公平、便利人口自由流动、建立社会安全网与扩大消费等方面也存在不同。按照养老保障体制改革三个转变的目标，完全个人账户更有利于三个转变的实现。

关于养老保险是由中央还是地方负责的问题，首先要和解决养老的其他问题一样，将历史欠账问题和制度设计问题分开考虑。中央和地方要对历史欠账达成一个安排，界定各自的责任，解决地区间的历史负担不同问题和地方的预算软约束问题。在此基础之上，我们建议个人账户由地方负责管理并逐步市场化，这样有利于在个人账户做实进程和资金管理方式方面探索创新，优化趋同。关于统筹账户的统筹层次问题，还有不同的思考。中央统筹有利于增强可携带性，也有利于防止地方因为依赖中央兜底而在制度设计和实施中对养老保险的财务可持续性重视不够。地方统筹有利于地方在统筹与个人账户的相对比例、是否及如何实现完全个人账户、缴费率、待遇计发公式、退休年龄、失地农民社保等多方面进行探索，但对探索是否能够达到优化趋同还存在不同意见。

2. 医疗保障与医药卫生体制改革

我国基本医疗改革已经取得大幅进展，但未来医疗体制仍然面临较大挑战。从医疗保障制度的现状看：医疗保障作为巨大的财务问题，将来的资金缺口也可能危及财政的可持续性；基本全覆盖成绩的取得是建立在制度碎片化推进的基础上，公平与效率问题均比较突出；政府经办的基本医疗保险缴费与保障待遇的确定没有形成有效机制；商业性健康保险发展严重不足，不利于解决医疗服务市场的信息不对称问题，不利于满足多样化的需求，也不利于提高医疗保障水平；同时大病医疗保险缺乏，"因病致贫"的情况仍然普遍，缺乏长期护理保险也将对政府和家庭构成财务风险；对服务提供者的支付方式的改革进展缓慢。

从医药卫生体制存在的问题看：医疗服务的有效供给明显不足，其作为服务业的潜力远未发挥，多元办医、有序竞争格局尚未形成；公立医疗卫生机构存在治理思路问题，不当行政管制过多，对公益性目标理解片面，公立医院改革进展缓慢；医疗卫生行业的科技特征没有得到重视，医疗科技落后。

对此我们建议：一是从巨型财务问题的视角，召集财政、金融、保险等方面的专家，加快顶层设计，研究解决医疗保障资金来源问题，特别是新农合、城镇居民医保、公费医疗和长期护理保障的资金来源，整合不同基本医疗保障制度的资金来源，以及增强可携带性可能带来的财务问题；二是整合政府经办的基本医疗保险制度，明确基本医疗保险的缴费和待遇确定机制，优化公立医保机构的治理；三是大力发展商业性医疗保险，特别是大病保险，以满足多样化需求和提高保障水平；四是充分发挥医疗保险机构的第三方购买者功能，部分解决医疗服务市场的信息不对称问题，改革对服务提供者的支付方式；五是建立长期护理保险制度，初期以商业保险为主，逐步过渡到强制性社会保险与商业保险相结合的长期护理保险模式；六是放开医疗市场准入，推动形成多元办医、有序竞争、分层合作的格局；七是优化公立医疗机构的内部治理，增强公立机构医疗卫生服务提供者的激励；八是按照发展科技行业的思路，提升医疗行业的科技水平和服务水平；九是鼓励地方改革创新，优化趋同。

附件一

社会保障体制的国际经验

一、几种社会保障模式的现状

（一）新加坡：公积金制度促进了经济和社会的发展①

20世纪70年代以来，一批亚洲国家经济起飞，逐步建立了与欧美不同的社会保障制度。其中新加坡的中央公积金制度别具特色，并取得了显著成效。当时，处在经济发展初期的新加坡对社会保障问题有一个全面的设计考虑：一是在经济不够发达的阶段，国家还没有能力提供高水平的社会保障，因此采用了实行自存自用，自我保障，而国家则充当组织者，并给予适当的优惠鼓励。二是十分重视储蓄在经济增长以及社会保障中的作用，公积金制度实际上是以强制性储蓄进行社会保障资金的积累，同时也为经济增长提供了重要资金来源。三是非常注意在满足居民基本需要和维持工作激励之间做出精细的政策选择，在住房、医疗条件、受教育等方面，都试图使人们感到既有保障，又有差别，以保持上进的激励，避免西方福利国家“吃大锅饭”的弊病。

正是由于新加坡在进行公积金制度和改革设计时有正确的指导思想，因此多年来其制度所起的卓越成就，促进了新加坡经济的稳步发展

① 周小川. 新加坡的职工保障：公积金制度［J］. 经济社会体制比较，1992（04）.

与政府的稳定，转而吸引了不少外国厂商前来新加坡投资，从而又制造了新的经济活动和更多的就业机会。这些成就提高了新加坡劳动人口的生活素质和条件。

（二）中国香港地区：强积金制度实现了公平和效率的兼顾①

历史上，中国香港地区奉行“小政府、大社会”的经济自由主义立场，政府对社会福利遵循低供给原则。因此居民一直依靠家庭而不是公共资助的社会福利项目来实现社会保障。为了应对日益凸显的老龄化问题，香港地区2000年实施了一套个人账户制、强制执行、市场化运营的强积金制度，其主要特点包括：一是涵盖范围广泛，即适用于所有就业人士（包括受雇和自雇）；二是强制性，在制度规定范围内，没有获得豁免者都必须参加计划；三是在最低供款之上，雇主与参与计划成员可按需自行增加供款数额；四是账户由独立受托人管理，即计划之中的强积金都以信托形式安排，由一独立受托人托管公积金的资产；五是公积金本身的营运由私人机构安排负责，政府只负责监管而不直接参与营运，也不提供任何形式的担保；六是账户投资完全由个人自主决定。

由于上述特点的存在，香港地区强积金制度做到了公平和效率的兼顾。一方面，计划成员可得的累算权益与他们的缴费额成正比，这不但对每名成员同样公平，也可鼓励他们自愿增加供款额，为退休生活提供更大保障。另一方面，运行效率高而成本相对较低，在政府的严格监管下，以私营方式管理退休基金，运行效率得到大幅提高而成本相对较低。同时，对于已有私营的职业退休金计划的成员可以获得豁免参加强积金计划，避免了重复保险的浪费。此外，资金的安全性和收益性得到了较大程度的保障。

① 许飞琼. 香港：老龄化催生强积金制度［N］. 法制日报，2010－11－30（010）.

（三）欧盟："协调性"社保政策保证了劳动力市场的统一①

欧盟的"协调性"社保政策为欧盟劳动力自由流动作出安排。一是兼容差异，维持各成员国社会保障制度的稳定性。欧盟允许每个成员国自行决定社会保障的制度安排，包括保障对象、项目设定、资格条件、缴费标准、待遇水平等，因此欧盟成员国无需改变其财政体制、基金筹资与管理模式，但须改变支付方式。二是按期限累加、比例分担等原则保障了流动劳动力的权益。为使流动劳动力免受社会保障损失，"欧盟社保法令"在不同国家社保体系基础上建立相互联结的期限累加制度，即各国对劳动者权益的保障程度与劳动者在该国的保险期限、工作年限和居住期限相关，劳动者在不同成员国所经过的时段可以合并计算。三是渐进式制度安排给成员国和流动劳动力一定的适应期。目前欧盟成员国已经扩大为27个，社会保障与福利政策的调整是与人员自由流动的开放程度联系在一起的。人员自由流动是逐步实现的，其社会保障与福利政策也是如此，为成员国留下政策调整余地，也给流动劳动力一定心理预期。

（四）美国：现收现付体系因人口老龄化面临入不敷出②

美国联邦社保体系提供的社会保障有利于劳动力的自由流动，但其支付能力可能面临入不敷出的境地。美国社会保障是典型的三支柱体系，包括联邦（中央）政府主导的公共社保计划和社会救助、雇主发起设立的企业年金和个人积累及商业保险。联邦政府强制执行的社会保障计划主要指强制征收联邦社保税及现收现付的社保收支体系。联邦统一的社保体系有利于劳动力的自由流动。同时，美国联邦养老及老年医疗计划也是世界上最大的政府计划，占美国联邦预算的23%。随着人口老龄化加剧的趋势，尤其是战后"婴儿潮"一代即将开始大量退休，

① 郭秀云．借鉴欧盟流动劳动力社保与福利体系设计的经验［J］．中国人力资源开发，2009（10）．

② 孙海泳．美国社会养老金体系：愈益无法承受社会之重［J］．国际融资，2012（05）．

美国联邦养老及老年医保体系将面临较大缺口。预计联邦社保基金2017年达到收支持平后，将出现入不敷出的情况。

二、几个社会保障体制的改革案例

（一）智利：从受益基准制向供款基准制转变的改革经验①

20世纪70年代以前，智利的社会保障体制是按照不同行业和不同职位而采取区别对待的一种受益基准制体系，不同的部门有不同的受益结构和收益水平，缺乏激励机制，而且因多重官僚机构造成效率低下。70年代，智利开始计划设计新的社会保障体制，并在一定财政结余储备的基础上与1981年开始改革。其核心内容是，实行强制性储蓄，建立个人账户，把强制性储蓄的功能私人化，并结合指数化年金的市场，把储蓄积累转换为退休者的养老收入。

具体环节包括：一是政府强制性地规定各个公营和私营单位的所有从业人员都必须参加养老保险，每月从每个职工的工资中扣10%，并将这些钱存入每个职工的个人账户，从而构成养老基金的资金来源。二是将基金交由私人管理机构——经国家批准成立的大约几十个退休基金管理公司（AFP），每个公司只管理一个基金，负责基金的运营，并将基金运营的收入全部分配到个人账户中。三是职工可以自由选择加入任何一家退休基金管理公司，还可以中途转换公司，退休金的多少取决于投保人存款的数额，以及这些基金在资本化过程中的增值情况。四是国家对基金公司的运营活动进行严格的监督，具体工作由劳工部负责。五是在老体制向新体制的过渡中采取政府债券方式，对旧保障体制下已经工作若干年而今后又将在新的保障体制下工作的人们，由政府发给他们“认账债券”，数额根据他们以往工作年限所做的贡献进行测算。

---

① 周小川，王林．社会保障：经济分析与体制建议（上）[J]．改革，1994（5）．

（二）哈萨克斯坦：个人积累储蓄性养老保险体制获得阶段性成功（1996—2004 年）①

哈萨克斯坦位于中亚地区，人口总计 11504. 63 万。其中城市人口 856. 54 万，占 56. 9%；农村人口 648. 09 万，占 43. 1%（2004 年10 月1 日）。1996 年，哈萨克斯坦政府拖欠职工的工资债务高达 400 亿坚戈，其中拖欠职工养老金达 190 亿坚戈，仅对政府部门退休人员的负债就相当于当年国内生产总值的 25%。而同期哈萨克斯坦养老金隐性债务积累已占国内生产总值的 88%。各地因拖欠养老金而爆发多起大规模群众性的示威事件。在这一背景下，哈萨克斯坦政府决定迅速进行彻底的养老金制度改革，把养老金制度改革放到其经济整体改革的核心地位，力图借此带动其他领域的改革。

哈萨克斯坦政府以中央银行行长格里高里·马尔琴科为首的改革派以不同寻常的快节奏，仅用了 14 个月的时间，完成了从提出改革建议到相关法律生效的系列工作，走完了通常需要几年才能走完的路。在通过引入智利式的三支柱养老金体系、国有资产私有化改革、提高职工退休年龄、发放政府专项债券等方法和在成功解决转制成本的前提下，哈萨克斯坦建立起 14 家私营养老基金（截至 2004 年 7 月增加到 16 家）、1 家国营养老基金、7 家养老基金资产管理公司，逐步将原有的现收现付制养老保险体系转为国家强制性的、私有化程度较高的个人积累储蓄性养老保险体制。截至 2004 年 12 月，哈萨克斯坦已有 697 万人参加了新的养老金保险体系，相当于官方统计的劳动力总数的 90%，基金积累总额达 3800 亿坚戈。可以说，在 1996—2004 年短短 8 年多时间里哈萨克斯坦养老金制度改革取得了阶段性的成功，促进了国家整体经济的良性循环。

① 李毅，杨进．哈萨克斯坦养老金制度改革与资本市场的发展［J］．俄罗斯中亚东欧市场，2006（6）．

（三）日本：社会保障“一体化改革”面临考验①

日本“高度集权的福利行政”因财政压力举步维艰。20世纪60年代日本实现了统一的国民皆保险、皆年金的社保制度，但历经半个世纪后，老龄人口的增加直接导致了医疗费等社会保障费支出快速上升，社保财源不断告急，旧制度已经不能适应形势的发展。因此，日本提出以消费税为核心的“一体化改革”思路。因消费税不偏向某一世代，因此日本“一体化改革”提出将消费税收入全部用于充实和稳定社保财源。但是，改革进展并不顺利，日本政府2004年曾对包括年金制度在内的社会保障制度进行全面改革，但经济长期低迷，全球金融危机、欧债危机以及东日本大地震使改革一拖再拖。同时，日本许多国民对改革表示不理解，甚至反对增税，担心增税会增加国民负担，特别是会使低收入家庭生活更加艰难；同时国民担心增税后税收收入不用于社会保障支出，反而加剧了经济不景气。

（四）巴西：社保体制改革以参数调整为主，目前成效甚微②

巴西的社保制度可划分为两个层次，包括强制性的联邦社会保险计划和辅助性的私营保险计划。随着社会保障赤字不断加大、社会贫富差距悬殊和长期的人口老龄化压力，巴西社保体制也面临较大挑战。巴西的社保改革主要是对社保运行进行参数调整，包括提高受益资格条件、改变退休金计发公式、理顺待遇与缴费之间的关系、延长缴费年限、推迟退休年龄等，其目标在于降低社会保障对财政支出的压力。但从成效看，巴西目前的社保缺口问题仍非常突出。

---

① 张玉棉，刘广献．日本税制——社会保障“一体化改革”最新研究［J］．日本问题研究，2013（1）．

② 房连泉．20世纪90年代以来巴西社会保障制度改革探析［J］．拉丁美洲研究，2009，31（2）．

附件二

待遇计发参数调整型养老保障改革对财政的影响

为了研究待遇计发办法改革对养老金缺口以及财政压力的影响，我们简单模拟不进行改革或者说维持现有模式时，将养老金与人均缴费挂钩时，转变为包含收入再分配功能的完全型记账式个人账户时的资金缺口或者所需的财政补贴，以此来比较所建议的改革方案对于养老保障体系财务可持续性的影响。

一、现有模式下未来职工养老保险的欠账

我们首先简单模拟现有模式下的职工养老保险的养老金缺口。这涉及对未来养老保障体系发展状况的预测。我们假定职工养老保险将在2050年覆盖80%城市人口，城市人口及年龄分布我们参照联合国人口预测数据2009年版。按2011年数据计算出的相关参数即是未来职工养老保险体系扩张时要保持的参数。

经计算，2011年职工养老保险养老金替代率（人均养老金相对于上年社平工资）为51%，参保职工缴费率（相对于当年社平工资）为15.3%。则如图4－1所示，如按照15.3%的缴费率，51%的替代率继续扩充职工养老保险，则2013年前后将出现年度资金缺口，且不断攀升，到2050年将占当年GDP的3.69%。如考虑2011年已有的19497亿元资金积累，且财政按现有力度（占GDP的0.5%）每年予以补贴，资本市场存款或借入利率按3%计算，如图4－2所示，则累积资金缺口将在2024年前后

出现，即届时在已有占GDP 0.5%力度的财政补贴之外，还需额外提供资金才能满足支付需要。如这种累积资金缺口财政不在当年解决，而通过资本市场3%利率水平融资予以解决，则其到2050年将占当年GDP的42%。

二、待遇计发公式改革方案之一——资金缺口

待遇计发公式改革方案之一，是将其与人均缴费挂钩，有多种选择。按2011年数据测算人均养老金是人均缴费的2.9倍，但在2004—2009年这一指标均在2.5倍左右。考虑到我们退休时间调整的目标模式是实现缴费时间与领取养老金时间之比为2.5，因此我们选取人均养老金是人均缴费的2.5倍为未来挂钩时的选择之一，另外一个是按2011年数据计算的2.9倍。如图4－1所示（为方便比较，此时我们维持实际缴费率15.3%的假设不变），如按2.9倍发放养老金，则在2015年前后出现当年资金缺口，其后逐步上升，到2050年占当年GDP的3.06%；如按2.5倍发放养老金，则到2021年前后出现当年资金缺口，其后不断上升，到2050年占当年GDP的2.25%。总体上，无论选择哪个系数将人均养老金与人均缴费挂钩，都能有效压缩年度资金缺口。如图4－2所示，其他假设一致，如选择人均养老金为人均缴费的2.9倍，则累计资金缺口到2027年前后开始出现，到2050年占当年GDP的31%；如选择2.5倍，则累计资金缺口到2037年前后开始出现，到2050年占当年GDP的15.2%。

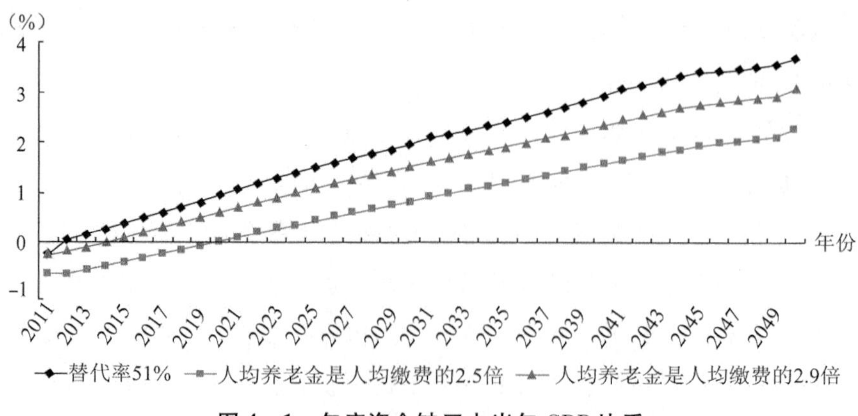

图4－1 年度资金缺口占当年GDP比重

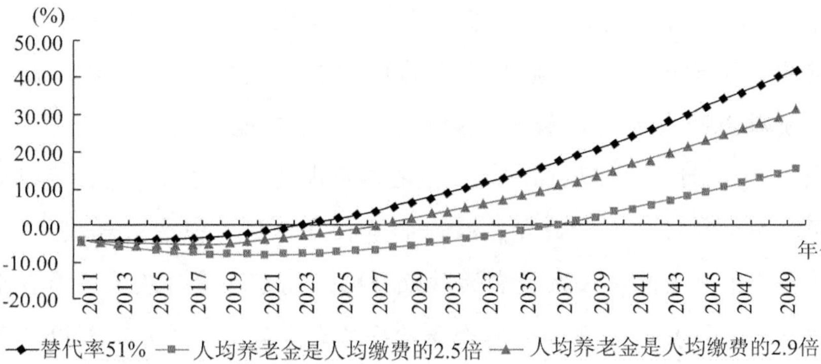

图 4－2　考虑已有结余和占 GDP 0.5% 力度的财政补贴后的累计缺口

总结以上可见，无论是以当年资金缺口，还是以累计资金缺口来考察，简单模拟的结果都表明：将人均养老金与人均缴费挂钩能有效控制所需的外部补贴，增强职工养老保险体系的财务可持续性，缓解其对财政的压力。

三、待遇计发公式改革方案之二——所需财政补贴

待遇计发公式改革方案之二的改革思路是将现有体系全部转变为个人账户，实行记账制而非做实；财政补贴在缴费时即予以明确，发挥收入再分配功能。按此改革方案，个人未来的养老金待遇，每年所需的财政补贴均清晰可预测，财政补在退休之前，锁定了补贴额。

表 4－1 按改革方案之二的建议，计算出各种情景下参保人的退休时的养老金替代率、当年所需的财政补贴总额。与前文有所差异的是，我们选择了两种组合，一是缴费率 20%，个人账户计发 15 年；另一种是缴费率 24%，个人账户计发 20 年。其他各种参数如表 4－1，其中高收入者指其直接财政补贴为 0，低收入者指享受 10% 的财政补贴。从表 4－1 结果可见，在退休年龄为 60 岁，缴费年限 35 年的情况下，各种情景下不享受直接财政补贴的高收入者替代率可达到 50% ~55% 区间，享受 10% 缴费补贴的低收入者替代率可达到 55% ~60% 区间。如退休年龄推迟到 65 岁，缴费年限达到 40 年的情况下，高收入者替代率可达到 56% ~61% 区间，低收入者达到 61% ~67% 区间。这表明，按照改

革方案之二的建议，能够保证参保人较为合理、甚至偏高的替代率水平。其中工资增长率和投资收益率的取值非常关键，如工资增长率较高，投资收益率与之差距较大，则替代率水平可能大幅下降。

表4-1同时估算了按照改革方案之二的建议，所需的静态缴费财政补贴总额。由于实行个人账户制，政府的责任在参保人缴费时就提前锁定，因此估算一年用于低收入缴费者的财政补贴，就可看清财政需为养老金需担负的责任。如表4-1所示，社会平均年工资为4万元（大致2012年的水平），在参保人数达8亿（城乡居民同样可以参照职工参保，基本实现全体居民全覆盖），需补贴人数达7.5亿的情景下，如缴费率为20%，则需补贴3240亿元，如缴费率为24%，则需3888亿元；如参保人数为6亿，需补贴人数为5.7亿元，则所需财政补贴将减少1000亿元左右。

表4-1　待遇计发公式改革方案2的测算结果

	情景1	情景2	情景3	情景4	情景5	情景6
年社会平均工资（万元）	4	4	4	4	4	4
缴费起始年龄（岁）	25	25	25	25	25	25
退休年龄（岁）	60	60	60	65	65	65
个人账户计发年数（年）	15	20	20	15	20	20
总计缴费率（%）	20	24	24	20	24	24
工资增长率（%）	5	5	6	5	5	6
投资收益率（%）	4	4	5	4	4	5
高收入者替代率（%）	51.10	50.26	54.37	57.21	56.16	60.77
低收入者替代率（%）	56.32	55.29	59.81	62.93	61.78	66.85
静态财政补贴测算						
参保缴费人数（亿人）	8	8		6	6	
社平工资80%区间以下人数（亿人）	6	6		4.5	4.5	
人均补贴（元）	480	576		480	576	
社平工资80%区间至140%区间人数（亿人）	1.5	1.5		1.2	1.2	
人均补贴（元）	240	288		240	288	
每年缴费补贴总额（亿元）	3240	3888		2448	2938	

由于改革方案建议实行记账制，因此从现有体制转化为包含收入再分配功能的个人账户模式，无须担心转轨成本问题。除缴费补贴外，另外需要政府担负责任的是要确保记账账户资金的投资收益率（建议的4%），超过计发年数存活者的养老金。后者相当于政府支付的高龄津贴。前者关于个人账户资金的记账投资收益问题，需要政府管理好养老保险基金结余资金，在确保安全的情况下提高投资收益率；另外还可安排资金（如社会保障基金理事会）以投资收益弥补，不足部分再以税收弥补。总体而言，采取改革方案之二所需的财政补贴并不高。由于建议降低4或8个百分点的社保缴费，因此可以相应地增加标准增值税税率1~2个百分点来筹集专门的资金，专项用于解决养老金的各方面问题。如果养老待遇通过在退休时用个人账户余额购买终身年金来实现，则可以消除高龄津贴的成本和风险。

第五章 土地制度改革与新型城镇化[①]

执笔人：蔡洪滨、李波、林赞、伍戈、徐林、席钰、袁力、周诚君（按姓氏音序排列）

① 感谢白重恩、曹金彪、蔡继明、黄海洲、贾康、金鹏辉、彭文生等专家提供的宝贵意见。

城镇化是人口向城镇集中的过程，这个过程表现为两种外在形式：一是城镇数目的增多，二是各城市内人口规模不断扩大。城镇化伴随农业活动的比重逐渐下降、非农业活动的比重逐步上升，以及人口从农村向城市逐渐转移这一结构性变动。城镇化也包括既有城市经济社会的进一步社会化、现代化和集约化。城镇化的每一步都凝聚了人的智慧和劳动，城市的形成、扩张和形态塑造，人的活动始终贯穿其中。另一方面，城市从它开始形成的那一刻起，就对人进行了重新塑造，深刻地改变人类社会的组织方式、生产方式和生活方式。

2012 年 12 月召开的中央经济工作会议提出了 2013 年经济工作的主要任务之一是积极稳妥推进城镇化，着力提高城镇化质量。同时，明确城镇化是我国现代化建设的历史任务，也是扩大内需的最大潜力所在。所谓新型城镇化，是指坚持以人为本，以新型工业化为动力，以统筹兼顾为原则，推动城市现代化、城市集群化、城市生态化、农村城镇化，全面提升城镇化质量和水平，走科学发展、集约高效、功能完善、环境友好、社会和谐、个性鲜明、城乡一体、大中小城市和小城镇协调发展的城镇化建设路子。新型城镇化的“新”就是要由过去片面注重追求城市规模扩大、空间扩张，改变为以提升城市的文化、公共服务等内涵为中心，真正使我们的城镇成为具有较高品质的适宜人居之所。城镇化的核心是农村人口转移到城镇，完成农民到市民的转变，而不是仅仅建高楼、建广场。农村人口如果转移不出来，不仅农业的规模效益达不到，扩大内需无法实现，还可能导致社会矛盾的激化。

目前，我国新型城镇化面临的一个重要问题是高房价，而政府过分依赖卖地收入，在一定程度上推高了房价，严重阻碍了城镇化的进一步推进。同时，现有土地管理体制下，土地使用效率下降，土地供应不足，不但难以保障城镇化的土地需求，而且可能影响到粮食安全。同时，现阶段对新型城镇化还存在几个认识上的“误区”：一是城市功能追求“大而全”或者“小而全”，二是认为我国现有特大城市应该限制人口规模，三是认为基础设施的大规模建设就是城市化，四是政府使用行政手段主导城市化。①

一、土地制度改革是新型城镇化的关键内容之一

（一）我国土地制度特点

我国土地实行社会主义公有制，即全民所有制和劳动群众集体所有制。与其他多数国家不同，我国土地制度的基本特征是一种城乡分割的土地制度，城市市区土地属于国家所有，农村和城市郊区的土地除法律规定属于国家所有以外，属于农民集体所有。在这种城乡分割的土地所有制基础上，城市国有土地和农村集体土地的产权性质和产权的附属权益，也就是所谓的权能也不一样。

同时，目前我国实行的是建设用地总量控制。任何单位和个人进行建设，需要使用土地的，必须依法申请使用国有建设用地，涉及农用地转为建设用地的，应当办理农用地转用审批手续。

此外，我国有比较严格的土地管理制度。当前土地管理制度是高度计划的，其目的是确保粮食安全，所以我国有最严格的耕地保护制度，即通过计划手段保护18亿亩耕地红线。在建设用地供给方式上也采取计划管理，即通过土地征收制度，政府从农村直接征收土地，而征收土地后，实行土地出让招拍挂制度。

2010年，我国土地资源构成情况如图5-1所示。

① 李波.“城市化”的几个误区［D］. 中国人民银行货币政策二司工作论文，2010.

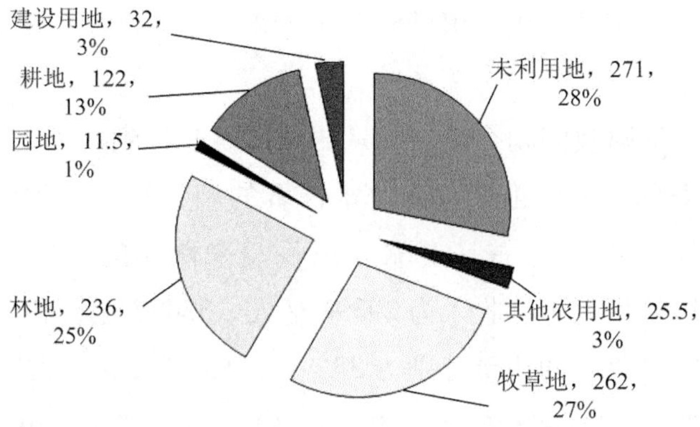

图 5－1 全国土地资源构成（万平方公里）

（二）现行土地管理方式引发的问题

首先是城镇建设用地使用效率下降。伴随着城市化的过程，土地的使用应更集约，但是中国没有表现出这种明显的态势，而且土地使用粗放程度不断恶化。从 2000 年到 2010 年，全国人均城镇工矿用地从 130 平方米提高到 142 平方米，城市建成区人口密度下降，从每平方公里 7700 人下降到 7000 人。①

第二，农村土地闲置状况比较严重。因为农村人口大量进城，再加上农业收益很低，很多耕地存在荒废现象。我们估算，现在进城务工农民数量为 2.3 亿～2.6 亿人，农村人口在减少，但农村建设用地的数量却反而增加，因此导致大量农村居民点的闲置用地。估计目前闲置规模达到 185 万～285 万公顷，相当于现有城镇用地的四分之一到三分之一。

第三，农地质量下降，影响粮食安全。坚守 18 亿亩耕地红线的政策只是对耕地总量的控制，缺乏对耕地质量的保护。目前，我国 18.26 亿亩耕地中，中低产田占 13 亿亩。② 70% 的耕地由于农田使用过量化肥、农药、工业污水排放等原因已受到污染，影响了我国粮食安全。另

① 相关部门及笔者测算数据。

② 农业部测算数据。转引自赵永平，财政部：2020 年再建 4 亿亩高标准农田，2013 年 3 月 8 日。

一方面，过去十年城市化占用耕地多达242万公顷，而且都是质量比较好的土地。

第四，土地财政问题突出。大量的城市有一半到三分之二的城市建设资金都是来自于土地出让收入。审计署的调查显示，2010年年底政府性债务大概有40%左右是要靠土地收益来偿还的。2010年到2012年，国有土地使用权出让收入为29398亿元、33477亿元和28886亿元，占同年政府财政收入的比重分别为35%、32%和25%，占同期GDP的比重分别为7%、7%和6%①（如图5－1）。另一方面，由于拆迁成本的上升，以及土地出让收入的减少，地方政府土地出让金净收入正逐步下降。2012年土地出让金占地方财政收入的比重降至27%，其中净收入占比为5.9%，加上土地相关税收收入，2012年政府土地相关净收入占财政总收入的21%，比2010年31.7%的峰值明显下降，土地财政难以持续。②

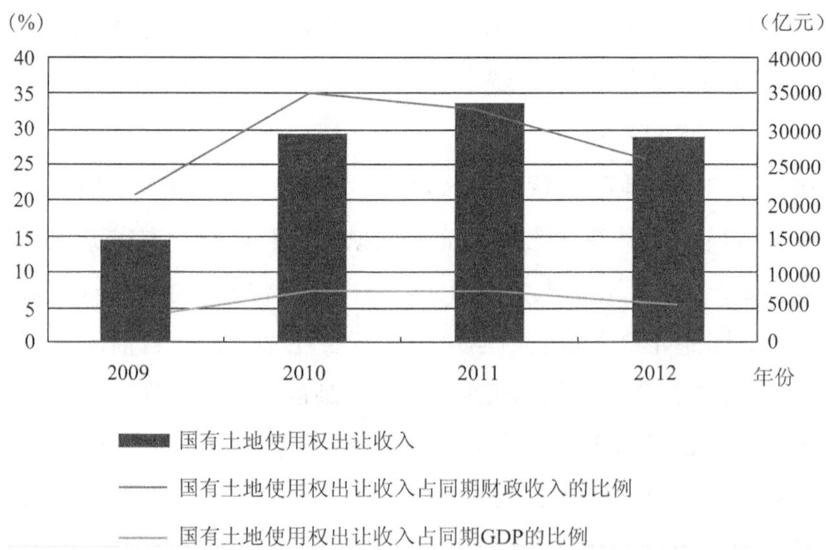

图5－2　国有土地使用权出让收入及占同期财政收入、GDP的比例③

① 数据来源于WIND。

② 姜超等. 土地财政已难持续. 海通证券—宏观周报，2013.

③ 数据来源于WIND。

第五，大量征地与被征地主体之间的利益平衡越来越困难，由于补偿或者安置问题导致的群体性事件逐渐突出。现行的农村土地制度已经越来越不适应城乡要素流动的需要，进城农民的农村承包地和宅基地的流转存在很大困难。

（三）城镇化面临的土地需求

到2020年，中国城市化率应该在60%左右，城镇人口大约为8.5亿，比2012年年底城镇人口净增加1.4亿人。目前我国城镇工矿用地规模已突破10万平方公里，如果按人均100平方米为新增城镇人口提供工矿用地，城镇工矿用地总量将突破11万平方公里，该数据大大突破了国土资源部土地利用总体规划中2020年城镇工矿用地达到10.65万平方公里的控制目标。为了适应这种城镇化对城镇建设用地的需求，必须寻找土地制度改革的新思路。

（四）各国土地制度的管理经验

在传统发达国家，美国土地私人所有占51%，联邦及州政府所有的土地占47%，印第安人保留地占2%。[①] 政府可以向民间征购土地，但须经规划许可且出于公众利益，并进行地价评估并给予合理补偿。在法律许可的范围内，土地可以自由买卖、出租和抵押。英国绝大部分土地为私人或法人所有，政府和公共部门所有的土地仅占很小的一部分。政府可因公共利益征地，并给予合理补偿。土地权利受法律保护且可以自由交易，但土地所有者并不能随意对土地进行开发，任何土地所有人或其他人如欲变更土地用途，必须申请规划许可。

人多地少的市场经济体中，日本私有土地占65%，国家和公共团体所有土地占35%[②]。政府因公共事业需要可以征地，并给予所有者合理补偿。台湾地区土地制度框架下，农民出售的只能是农地，不能用作

① 归秀娥．美国农地保护政策对我国的启示［J］．新西部，2008（05）．

② 余志刚．日本农地流转制度及对我国的启示［J］．中国乡村发现，2010（11）．

非农使用。土地转变用途必须严格按照土地规划执行，农地转非农用地时，需有一半的土地“充公”，农转非增值收益分配有严格的规范，涨价归公，全民享有。

小型开放经济体中，中国香港和新加坡是两个典型，其最大特点就是人多地少。香港回归前，部分土地归英国所有，部分属于英国租用的中国土地；回归后，土地所有权属于国家，由香港政府负责管理、使用、出租。香港实行土地批租制度，把土地使用权通过公开拍卖售卖给使用者，批租价格为地价（土地使用权价格）加年租金。香港房地产市场特点是房价较高，居民住房条件比较紧张。新加坡土地中80%属于国有和公有，20%为私有。[①] 政府征用土地有规范的流程，并对所有者提供合理补偿。政府土地通过拍卖招标、直接出售等方式出让给使用者，一般使用年限为99年。新加坡规定，出售国有土地使用权的收入不得超过政府总收入的5%，该收入作为政府储备金，每一届政府仅能动用其任内积累之储备金。总体而言，新加坡土地和房地产制度较为成功。

（五）我国土地制度改革的目标

为解决土地制度引发的一系列问题，支持新型城镇化发展，改革我国现行土地制度势在必行。土地制度改革的具体目标，一是提高土地利用效率，包括改善农业用地质量，提高城市建设用地使用效率；二是促进房价合理回归，过高的房价已成为影响城市国际竞争力，引发社会矛盾的主要因素；三是确保我国粮食安全，以粮食进口比例控制在10%以内作为安全底线；四是解决城镇化融资问题，减少政府对土地收入的依赖，把城镇化建设未来的收益适度“平移”到目前来使用，形成市政建设、公共服务水平提高和土地增值收入增加相互促进、良性循环的正向激励机制。根据上述目标，我们提出如图5－3所示的具体建议及配套措施。

---

① 李猛．新加坡、香港土地政策之鉴［J］．地球，2013（01）．

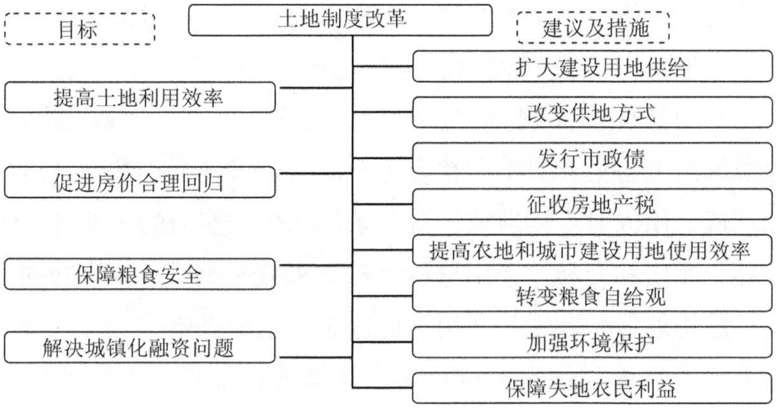

图 5－3　土地制度改革的目标和措施

二、土地制度改革具体建议及配套措施

（一）大幅扩大城镇建设用地规划

首先，需改变严守耕地红线的思路。在过去若干年内，坚守 18 亿亩耕地红线的政策在保护耕地、确保粮食安全等方面发挥了重要作用，但严控土地供给、严控市场需求的管理方式造成土地资源的价格扭曲，既不利于优化土地资源配置，而且还导致人地矛盾突出，城镇建设用地供给紧张。衡量中国粮食安全，不能只用耕地面积来衡量，还要看耕地的质量和污染情况，以及在污染土地上生长出来的粮食质量。当前和今后一段时期，通过推动农业科技创新和农田整治以及拓展农业国际贸易与投资，过去所固守的实物形态的 18 亿亩耕地红线是可突破的，城镇建设用地规划可有很大突破。美国、日本建成城市用地分别占国土面积的 3.1% 和 4.2%，而我国仅为 0.33%，其中居住面积占比仅为 0.11%。我们城市居住用地至少有 10 倍以上扩张空间。城镇建设用地供给增加，可有效减小土地供需缺口，降低土地价格，从而对降低房地产价格起到明显效果。城镇建设用地规划扩大后，耕地投放市场是个逐步的过程，取决于城镇化进展和市场需求。

其次，应实现全国范围内的土地占补平衡。按市场原则建立土地计价交易的统一市场，在全国范围内实现占补平衡，通过市场机制来优化配置。建立土地“当量”制度，包括土地“当量”评估、交易和投融资体系是一种具体的实现方式。土地“当量”类似于标准煤的概念，简单地说就是把各类具有不同粮食生产能力的耕地基于某一产出标准折算为标准值，用以对不同地域、自然条件和生产能力的土地进行统一计量、核算、评估和交易。采用这种标准化的统一计量，可以更加科学、准确地推进耕地保护和占补平衡，促进建设用地供给。

以土地“当量”作为土地计量、核算的标准后，不同地区的耕地和建设用地就有了统一的计量标准，这样就可以在全国范围内建立土地“当量”交易市场，同时可以改变严守耕地红线的思路，从保证实物耕地总量红线转向保证以产量加权的土地当量红线。土地“当量”交易机制的基本框架为：一是确定计划年份各年净减少的农用地“当量”，将这一“当量”分配给各省级行政区；二是“当量”配额进行一级市场交易，完成初始定价；三是建立“当量”配额的二级市场交易机制。各省区可根据需要购买或出售配额，从而在确保总量不变的前提下实现地区间的调剂。配额作为稀缺性资源，就会在市场上形成均衡价格，并在地区间的交易中实现最优配置。市场会为这种交易、定价提供良好的机制。

当然，还要大力发展与土地“当量”市场相对应的土地评估体系，确立一套科学、合理的评价与核算标准，这也是市场交易和金融市场创新的基础。同时，市场还会激励各种有助于增加土地“当量”、降低配额成本、提高土地利用效率的行为。过去，由于不确定性大、回收周期长，私人部门很少积极地投资于农业科技和农田整治，但如果投入产出通过土地“当量”配额及其交易价格来衡量，投资者就可以此来融资或直接卖出配额获得回报。这个过程也需要充分发挥金融市场的特长，形成以土地“当量”配额为标的的金融产品及其衍生品市场。

（二）改变供地方式

在当前建设用地供给模式下，政府直接参与征地、卖地，一方面导致土地价格高企，房地产价格上涨；另一方面政府财政过度依赖土地收入，政府行为被土地“绑架”。我们提出以下三个改变供地方式的方案，并进行了利弊分析，其共同目标是减少地方政府对土地财政的依赖，发挥市场资源配置作用。初期可以考虑允许不同地区选择不同方案进行试点，在实践中积累经验，逐步优化趋同。

方案一是改革土地招投标拍卖制度为零地价或低成本价供地。用地规划调整后，由政府承担土地购置、开发成本，并向土地使用者（开发商等）按零地价或接近零地价的低成本价格提供建设用地。项目建成后，销售价格不得包含土地价格或仅能包含低成本土地价格。这样，购房者购房时支付的房价不含地价或仅含低成本地价，但持有后每年需按房产市场价格的一定比例缴纳房产税。市场机制会将未来购房者缴纳的房产税折现，抵扣现在应付的购房价，从而可大大降低现付房价。这样，尽管从总的负担水平看，购房者一生承担的住房总费用可能仍然比较高，但其购房时所需承担的首付和按揭将大大下降，只要人均 GDP 持续增长，其未来支付能力也会不断提高。政府则通过未来逐年征收房产税和其他相关税费补偿最初的土地购置及开发成本，而且城市建设水平的提高、公共服务的改善以及商业活动的繁荣可为政府带来不断增长的税费收入，这就为今后政府的城镇化建设及其资金投入提供了可持续发展机制。因此，零地价供地并不意味着土地无偿使用，而是将过去一次性收取改为未来长期逐年收取。

此方案将政府事先一次性获得卖地收益转变为先垫付土地购置及开发成本，并用未来的税费收益现金流覆盖。此举可有效降低土地价格，从而降低房价，但在土地供给过程中容易产生寻租行为，也需要进一步研究如何实现土地资源的有效分配。

2008 年，全国 35 个大中城市房地产开发成本构成如表 5 - 1 所示。假设住宅用地成本（包括征地成本）占土地价格 75%，成本地价降低土地价格 25%，可降低房价 7.5% ~12.5%。

表 5－1 全国 35 个大中城市房地产开发成本构成 单位：%

房地产土地和利税成本构成	占总支出比例	占销售收入比例
土地成本	30. 36	23. 16
房产税	0. 05	0. 14
土地使用税	0. 12	0. 08
契税	1. 59	1. 12
印花税	0. 25	0. 17
营业及附加税	7. 6	5. 37
企业所得税	5. 36	4. 21
土地增值税	4. 09	3. 22
总税收	19. 06	14. 21
土地成本和总税收	49. 42	37. 36

方案二是地方政府的卖地收入归中央。除征地成本外，地方政府所得的卖地收入上缴中央政府，以避免地方政府过度依赖卖地收入。在具体操作上可采取逐步过渡的方式，初期按一定比例上缴，分成比例也可以考虑城市类型差别。用中央分成的土地出让金建立城市土地平衡基金，基金用于鼓励城市发展保障房以及多层次房屋市场。

此方案对现行征地制度变动较小，但土地价格不一定能够下降，而且会增加中央政府和地方政府之间的协调成本。地方政府事权和财权不匹配的问题会加剧，中央政府和地方政府之间信息的不对称也可能会影响政策效果。

方案三是政府退出征地过程，实现建设用地供给的市场化。除基础建设、公共设施等用地由政府直接参与征地外，政府不再参与土地征收、出让过程，这也是其他国家和地区土地制度的一般安排。政府的职能在于做好供地规划，实际土地的供应和价格决定过程由用地主体与土地所有者（主要是村集体）直接谈判。通过减少政府干预，一方面可以实现土地资源的市场化配置，有利于提高土地利用效率，发现土地真实价格；另一方面也有利于减少政府对卖地收入的依赖，完善财税体制改革。

此方案的优势在于土地市场化改革一步到位，理顺土地供应和价格决定机制。但需对现行土地管理制度做较大调整，也依赖于农村集体决策机制的完善。

表 5－2 三种方案利弊比较

方案	利	弊
方案一	有效降低土地价格和房价	不通过市场化方式如何实现资源有效分配寻租 土地流转二级市场如何发展
方案二	对现行征地制度变动较小	土地价格不一定能够下降 增加中央政府和地方政府之间的协调成本
方案三	土地资源实现市场化配置	土地价格能否下降有待实践检验 依赖于农村集体决策机制的完善 社会矛盾可能激化 需对现行土地管理制度做较大调整

（三）允许地方政府发行市政债

不管采取上述何种方案，改革后，政府不能再依靠“卖地”，而且还可能要事先垫付土地购置和开发成本，这可有效减少地方政府着眼于“卖地”的短期行为和腐败问题。当然，这也会限制地方政府增加土地供给的积极性，因此需要设计相应的激励机制，鼓励土地供给及供给融资，为地方政府先期征地和开发投入提供市场化的资金保障，相应的财税制度改革和金融市场创新可提供充分的支持，并形成有效的激励约束机制。

在城市政府无从获得卖地收入且财政能力有限的情况下，政府购置和开发土地的支出可以通过发行市政债筹集，其偿付能力即土地开发项目未来所带来的现金流，包括可稳定征收的财产税、公共设施及服务的使用者付费、商业繁荣后带来的各种税收增收等。如果发行市政债暂时在法律上有障碍，可通过变通的方法设计相关的产品，如项目型地方政府债券等方式来实现。事实上，当前部分城投债就是基于这个原理。从长远看，应尽快修订《预算法》，允许地方政府发行市政债。近年来，我国债券市场健康快速发展，也具备了引入市政债的条件。同时还进行了财政部代地方政府发债、上海等地方政府自行发债等探索，一些城投债在某种程度上也已与市政债比较接近。

在此过程中，金融市场可更好地实现价格发现、风险管理和工具创新功能。市政债的发行和交易必须通过金融市场来进行，金融市场的作用不仅体现在为城市政府融资提供服务，而且还有利于形成有效的约束机制。通过金融市场的约束机制，可以使不同城市所发的债在市场上呈现不同的价格，从而表明这些不同城市的市政债具有不同的评级和信用水平，也体现其不同的风险和偿还能力。如果相关信息披露和评级显示拟发债政府财务状况太差或负债过高，投资者会提高价格要求、减少投资规模，甚至不购买其所发债券。这样，既有利于帮助投资者判断风险、做出决策，也可以对城市政府的融资行为、融资能力产生约束。尤其是对当地居民，他们既有为改善当地居住环境、提高公共服务质量而投资当地市政债的积极性，也有主动关心本地市政债所筹集的资金使用效率及偿债能力的责任感，因此约束作用会更明显。此外，金融市场充分发挥作用还会进一步创新产品，设计更多的融资产品，形成多元化的融资渠道，如资产证券化、房地产信托（REITs）、融资租赁等，充分动员社会资源参与城镇化建设，同时也可更有效地管理和分散风险。

（四）征收房地产税

要使市政债发得出去，地方政府须有可靠的债务偿还能力。从理论上说，市政债主要用于城镇建设，其还款也应主要依靠地方税费收入。从国际经验看，市政债的还款来源是使用者付费和财产税等专项税收。最近几十年来，随着市场创新和技术水平的不断推进，公共设施和服务的使用者付费原则得到越来越广泛的运用，过去很多无法定价、收费的公共设施和服务开始可以收费，从而可以更好地通过市场化手段弥补其成本支出。除更多地推广使用者付费外，应尽快改革地方税制度。从税源和事权的一致性，以及尽可能减少对已有税种税基冲击等方面考虑，以房产税为主的财产税是相对适宜的地方主体税种，而且财产税按财产存量计征，稳定性上受当期 GDP 流量的直接影响较小，也不会对当期 GDP 增长带来冲击。

在房地产税具体设计思路上，有两个方案。一是新老划断，只对新购房产征税。此方案法律风险较低，实施阻力较小，但可能引发对利益既得者保护的质疑，也可能导致市场分割。二是对存量、增量房产统一征收房产税。存量房屋有可能大量进入二级市场交易，扩大供给，有利于降房价，有利于防止市场分割，但征收存量房产的房产税可能面临阻力，因为购买这些房屋时房价中已包括 70 年产权的土地使用费。对于上述两种方案，初期可考虑允许不同地方选择不同方案进行试点，在实践中积累经验，逐步优化趋同。

从更深层次考虑，我国应尽快研究建立与新型城镇化建设相适应的地方税收制度体系，启动新一轮分税制改革。重点包括：更加明确中央和地方的事权划分，在此基础上调整中央与地方政府税收收入划分，使地方政府的财权和事权更为对等；赋予地方政府在一定范围内的税收立法权，其前提是明确地方政府不得对生产和流通环节自主征税以保证市场统一，不得实行地域歧视政策以防止地方保护主义；完善地方税收制度，结合新型城镇化的要求，以及城镇化快速发展后带来的土地增值、工商及服务业繁荣，特别考虑适度赋予城市政府一定的税收立法和征管权，建立以财产税、资源税、基础设施和公共服务使用者付费等一揽子综合性地方税收及其征管体系。

为了防范道德风险和过度负债，还需要配套必要的约束机制。主要包括：一是建立健全地方人大的审议监督机制，推动地方政府编制中长期资本预算，有效解决“新官不理旧账”的问题。二是明确偿债资金来源，严肃预决算制度，将各项预算外收入纳入预算内，合理安排使用者付费、财产税等专项税收和一般财政收入，明确市政债的未来还款保障。三是推动地方政府编制资产负债表，规定政府债务总规模占资产的比例、负债率或偿债率等指标，实行包括预警管理在内的全程控制，控制负债规模。四是强化信息披露，要求发行市政债的地方政府必须达到财政状况的有关透明度要求，在试点过渡期，可规定凡是实施财产税并能够向公众充分披露财务信息的城市政府可优先获得发债权，作为激励措施。五是完善独立、透明的评级制度，规范评级公司发展，保证市政债价格与不同评级和信用水平相挂钩。六是引入第三方独立评估地方金融生态，强化对地方政府举债行为约束。人民银行在2004年提出金融生态概念，并委托社科院对城市金融生态进行综合评价并对社会公布，结果显示地方融资可得性、利率高低与评价打分具有较强的相关性，地方政府也越来越重视这类评价，效果正在逐渐显现。

（五）提高农地和城市建设用地使用效率

鼓励耕地承包经营权的流转，逐步在有条件的地方实现农业规模经营。大力发展海洋技术、生物技术等在内的农业科技，加大水利工程等农田整治力度，更加集约利用农业土地。加大农业科技和农田整治投入力度，推动农业现代化，可有效提高农业产出。现代农业已经越来越多地从过去的劳动密集向技术密集和资本密集转变，这意味着需要大量的投资支持，需要发展农业金融产品。

现有《建设用地容积率管理办法》规定，以出让方式提供国有土地使用权的，在国有土地使用权出让前，城市、县人民政府城乡规划主管部门应当依据规划，提出容积率等规划条件，作为国有土地使用权出让合同的组成部分。我国一线城市容积率估计为1.76，相比其他发达城市的容积率偏低①，城市承载能力有限。提高容积率应从以下几方面着手：一是需要政府部门改变城市规划的理念，避免将城市低容积率等同于可持续发展，等同于更好地实现城市建设与居民福利。二是政府需要提高管理高密度人口经验，尊重人口向大城市集中的自然规律，通过改革户籍制度、完善社保等方式放松对人口流动的管理。三是应提高城市基础设施和房屋建设的技术水平，确保建筑质量安全以及在消防等方面的应急处理能力。

---

① 白宏炜，张宇．土地并不稀缺——中国建设用地供给潜力分析［R］．中金公司研究报告，2010－01－28．

表 5-3 全国及各级城市新建商品住房平均容积率及预测

年份	全国	一线城市	二线城市	三线城市	四线城市
2010	1.36	1.76	1.53	1.27	1.17
2015	1.38	2.09	1.77	1.35	1.18
2020	1.40	2.19	1.85	1.4	1.19
2025	1.41	2.26	1.9	1.41	1.2
2030	1.42	2.36	1.99	1.43	1.21
2035	1.46	2.44	2.03	1.45	1.27
2040	1.54	2.48	2.17	1.52	1.32
2045	1.58	2.52	2.19	1.55	1.33
2050	1.61	2.54	2.2	1.59	1.34

为了提高土地利用效率，可推动盘活城镇低效用地和农村闲置建设用地，例如城乡建设用地的增减挂钩、城市低效用地的再开发、工矿废弃用地的复垦等。应鼓励地方政府在不减少耕地的情况下进行探索。

（六）转变粮食自给观

过去我国一直强调粮食自给率须保持在95%以上，近年来随着我国粮食进口的增加，对粮食安全的担心也日益增多。总体来看，当前我国粮食安全是有保障的。20世纪90年代中期以来，我国粮食平均自给率达100.5%。近几年有所下降，2009年、2010年、2011年和2012年也分别达99.6%、99.1%、99.2%和97.7%①。主要是因为我国把大豆纳入粮食中统计，近几年我国大豆进口较多，2010年以来每年进口量都在5000万吨以上，2012年进口量达5800多万吨。

从国际经验看，粮食自给率维持在90%以上通常被认为是安全的。同时，考虑到大豆主要作为食用植物油原料和蛋白饲料来源，按国际惯例通常作为油料作物不纳入粮食统计，可将扣除大豆进口后的粮食进口

① 李亚新．如何看待中国粮食自给率［N］．农民日报，2013.

量与国内粮食总产量的比例控制在10%以下作为确保我国粮食安全的底线。在此基础上，扩大农业国际贸易与投资，一方面适度扩大粮食进口，另一方面鼓励国内农业投资“走出去”，这将有利于缓解国内耕地、水资源紧张压力。同时，还要设立必要的应急计划，考虑如果国内发生大的自然灾害或世界范围内发生自然灾害情况下的应对措施。

中国已深度融入世界经济，并成为名副其实的“世界工厂”，但农业领域的对外开放不足，保护主义盛行。对农产品的过度保护不仅对以其为原料的工业发展不利，会损害消费者的利益，而且也不利于我国农业在参与国际竞争中发挥比较优势和不断提高农业科技水平，从而阻碍农业生产力的提高。这方面国际国内的经验教训很多，南美洲的种植业迅速兴起就是对外开放的结果；韩国对本国农业保护力度大，导致国内食品价格畸高，吃猪肉都成为奢侈消费。我国在加入WTO之后想方设法保护国产大豆，但最终不仅未能保护得住，也导致国产大豆在国际竞争中全面落败，2012年我国大豆自给率已降至18%。与工业领域相类似，农业生产也应注重发挥比较优势，参与全球分工，通过自由贸易获得双赢和多赢结果。对于一些国内种植没有比较优势的农作物（如棉花），可以更多地从具有相对比较优势的国家进口，从而使我国的耕地尽可能多地用来生产稻米、玉米等具有比较优势的农产品，这样贸易双方都是受益者。同时，积极扩大农业“走出去”，鼓励国内农业企业到南美、非洲等其他国家投资农业，在帮助对方发展农业和粮食生产的基础上，实现合作共赢。上述做法，一方面提高了国内单位耕地的产出率，另一方面也相当于进口了耕地和水资源量。

（七）加强环境保护

在城镇化过程中要加强环境保护，可以考虑拿出城镇化收益的一部分用于环境保护。一是加快排污权、碳排放权等交易市场建设，在规范设计和加强市场监管的基础上，通过总量控制和配额分配鼓励多方参与市场交易，实现有效率的节能减排。二是积极发展绿色资本市场，在合理定价和测算回报的基础上，建立改善环境的投融资体系。进一步加强资本市场的环保监督作用，充分发挥金融创新在优化环境配置中的作用。三是逐步开征环境保护税，替代原有的各项环保收费，同时完善对严重污染环境行为的法律责任追究机制。

（八）保障失地农民利益

改变现有土地征用收益分配格局，使土地增值充分反哺失地农民和土地综合占补平衡。农村土地既是农民的生产资料，也具有社会保障功能。现有的农村土地征用制度及土地收益分配格局不利于保障失地农民的权益，易引发农民不满，导致群体性事件。新型城镇化首先是人的城镇化，如果农民失去土地后相应的社会保障没有及时跟进，会导致失地农民既丧失了原来拥有土地所具有的社会保障，又无法享受与城市居民同等的社会保障权利，使得失地农民“农转非”后很难顺利地从过去农民的生活、生产方式和行为转化为市民的生活、生产方式和行为。这对促进城乡要素流动、引导农业人口转移和激发农村经济活力都会产生较大制约，最终会阻碍城镇化进程。

改革后，土地增值主要体现为未来的现金流贴现与政府征用土地投入的价差，而不直接体现为政府和开发商当前获得的土地溢价。尽管如此，仍然要承认农村土地“农转非”后会带来较大增值，并在未来若干年不断逐年变现。因此，地方政府应尽早结合城镇化规划将失地农民社会保障问题纳入资金安排机制予以统筹考虑。要摒弃过去“涨价归公”的传统观念，坚持以人为本、地利共享，着眼于促进农民就业和生活方式的转变，建立合理的土地增值收益共享机制，使土地增值收益主要用于覆盖土地“农转非”征用及开发成本、土地占补平衡投入、促进农民“农转非”后的就业、社会保障和公共服务所需要的投入。

当前我国社会保障制度本身改革任务较为紧迫，在推进新型城镇化过程中，应充分考虑社会保障制度配套安排的重要性，根据新的土地利用和城镇化规划，把促进“农转非”人口的社会保障、就业和公共服务均等化等问题纳入社会保障制度改革中予以整体考虑。把失地农民纳入社会保障体制改革的基本原则是保障失地农民在养老、医疗、失业、最低生活保障等方面与城市居民享受同等待遇。因此要改变过去一次性货币安置为主的做法，在优先建立基本养老机制、提供医疗、失业等基本保障等方面，建立由地方政府、村集体和个人共同承担的筹资及管理机制。在此基础上，建立一些符合“农转非”人口群体特征的特殊性制度安排，如重视并保障失地农民的发展性需求，建立专项基金用于对失地农民就业指导、技能培训、社会救助等。

上述措施要相互配套，允许和鼓励地方选择配套改革，而不能只选其中一项或两项，把地方政府有积极性的改革与地方政府没有积极性的改革结合起来，配套推进。例如，如果地方政府想尝试市政债，就可要求其同时推动房地产税、供地方式改革、土地当量、失地农民社会保障、环境保护等方面的改革，整体推进，形成合力，推动实现土地制度改革的目标，促进新型城镇化健康发展。

综上所述，土地制度的改革及相应配套措施的完善是新型城镇化建设的核心内容之一，土地作为关键要素，能否通过市场实现有效配置直接关系到城镇化的成功与否。只有从根源上提高土地使用效率，扩大建设用地供给，减少政府对土地收入的依赖，才能解决当前城镇化过程中出现的房价高企、社会矛盾凸显、“土地”城镇化而非“人口”城镇化等问题。我们应充分吸取国际经验，实现有动能、可持续的新型城镇化发展，尊重特大型城市和功能性城市的自身发展规律，对城镇化不搞一刀切，最终实现资源配置的高效，使更多的人享受到城市生活的便利，并促进中国经济的可持续健康发展。

三、小结

2012 年 12 月召开的中央经济工作会议提出了 2013 年经济工作的主要任务之一是积极稳妥推进城镇化，着力提高城镇化质量，同时明确城镇化是我国现代化建设的历史任务，也是扩大内需的最大潜力所在。目前，我国新型城镇化面临的一个重要问题是高房价，而政府过分依赖卖地收入，在一定程度上推高了房价，阻碍了城镇化的进一步推进。

现有土地制度方面的掣肘，导致土地使用效率低下，农村土地闲置状况比较严重，农地质量下降，建设用地供应不足，土地财政问题突出，大量征地与被征地主体之间的利益平衡越来越困难。新型城镇化形势下需要加快土地制度改革，改革目标是提高土地利用效率，促进房价合理回归，保障我国粮食安全，解决城镇化融资问题。

对此，我们提出以下建议：

一是大幅扩大城镇建设用地规划。改变严守耕地红线的思路，从保证实物耕地总量红线转向保证以产量加权的土地当量红线，实现全国范围内的土地占补平衡。建立土地“当量”制度，包括土地“当量”评估、交易和投融资体系是一种具体的实现方式。

二是改革建设用地供地方式。在当前建设用地供给模式下，政府直接参与征地、卖地，一方面导致土地价格高企，房地产价格上涨；另一方面政府财政过度依赖土地收入，政府行为被土地“绑架”。本报告提出三个改变供地方式的方案：其一是改革土地招投标拍卖制度为零地价或低成本价供地；其二是地方政府的卖地收入归中央；其三是政府退出征地过程，实现建设用地供给的市场化。初期可以考虑允许不同地区选择不同方案进行试点，在实践中积累经验，逐步优化趋同。

三是允许地方政府发行市政债。在城市政府财政能力有限的情况下，政府购置和开发土地的支出可以通过发行市政债筹集，其偿付能力即土地开发项目未来所带来的现金流。从长远看，应尽快修订《预算法》，允许地方政府发行市政债。

四是征收房地产税。从国际经验看，市政债的还款来源是使用者付费和财产税等专项税收，以房产税为主的财产税是相对适宜的地方主体税种。在房地产税具体设计上，可采取新老划断方式，也可对存量、增量房产统一征收房产税，可以允许不同地区选择不同方案进行试点。从更深层次考虑，我国应尽快研究建立与新型城镇化建设相适应的地方税收制度体系，启动新一轮分税制改革。

五是提高农地和城市建设用地使用效率。鼓励耕地承包经营权的流转，发展农业科技和农业金融产品，加大水利工程等农田整治力度，更加集约利用农业土地，推动农业现代化，提高农地产出。通过转变政府观念、提高管理高密度人口能力、改善城市基础设施和房屋建设技术水平等提高建设用地容积率。同时，推动盘活城镇低效用地和农村闲置建设用地。

六是转变粮食自给观。当前我国粮食安全是有保障的，从国际经验看，粮食自给率维持在 90% 以上通常被认为是安全的。可将扣除大豆进口后的粮食进口量与国内粮食总产量的比例控制在 10% 以下作为确保我国粮食安全的底线。在此基础上，扩大农业国际贸易与投资。

七是加强环境保护。可考虑拿出城镇化收益的一部分用于环境保护。其一是加快排污权、碳排放权等交易市场建设；其二是积极发展绿色资本市场，建立改善环境的投融资体系；其三是逐步开征环境保护税。

八是保障失地农民利益。改变现有土地征用收益分配格局，使土地增值充分反哺失地农民和土地综合占补平衡。在推进新型城镇化过程中，应充分考虑社会保障制度配套安排的重要性，把促进“农转非”人口的社会保障、就业和公共服务均等化等问题纳入社会保障制度改革中予以整体考虑。

上述措施要相互配套，允许和鼓励地方选择配套改革，而不能只选其中一项或两项，把地方政府有积极性的改革与地方政府没有积极性的改革结合起来，配套推进。例如，如果地方政府想尝试市政债，就可要求其同时推动房地产税、供地方式改革、土地当量、失地农民社会保障、环境保护等方面的改革，整体推进，形成合力，推动实现土地制度改革的目标，促进新型城镇化健康发展。

我们应充分吸取国际经验，实现有动能、可持续的新型城镇化发展，尊重特大型城市和功能性城市的自身发展规律，对城镇化不搞一刀切。城镇化的最终目标应该是实现资源配置的高效，使更多的人享受到城市生活的便利。

第六章
建设法治的市场经济[①]

执笔人：周汉华、魏加宁

① 感谢江平、吴晓灵、刘燕、徐家力、王佐罡等专家提供的宝贵意见。

前不久，习近平主席明确发出了全力推进法治中国建设的号召。最近，在中央政治局第四次集体学习时他又一次强调要“以法治凝聚改革共识”，“坚持法治国家、法治政府、法治社会一体建设，不断开创依法治国新局面”。新的形势，要求进一步推进法治建设，为市场经济发展奠定基础。

一、市场经济本质上是法治经济

市场经济强调的是市场机制在资源配置中的基础性作用，通过社会分工和自由、等价交换实现资源的有效配置。进行社会主义市场经济建设，必须规范政府行为，减少政府对经济活动的干预，实现市场主体自主决策、分散决策；必须保护财产权利与人身自由，保证市场主体平等地位，实现公平竞争；必须贯彻诚实信用原则，降低交易成本；必须严格执法、公正司法，有效解决争议，维护市场秩序。

法治的规范性与权威性，可以有效规范与制约政府行为，防止权力被滥用，实现法治政府的目标，可以使全社会养成遵纪守法的良好社会风气，维护市场秩序与社会秩序。法治保护权利与自由的基本价值，与市场经济自由交换的内在要求高度契合，能够使两者相互促进，共同推动社会发展。法治的多重功能，不但可以弥补市场失灵的缺陷，也可以为市场经济的发展起到规范、保障、引领、推动等不同作用。更为重要的是，由于体系化、制度化的法治具有自我推动、自我修复、自我实施等特点，不同于单纯依靠外力推动的政治权威，因此可以持续地为市场经济服务。没有法治保障，市场经济难以持续发展；没有市场经济作为基础，法治也会因为缺少内在的价值和灵魂而很难确立权威。市场经济本质上是法治经济，或者说是法治的市场经济。法治的市场经济要求规范市场运行的法律规则具有良好的包容性，要求这些规则能够得到公开、公正、平等的适用，需要独立的、专业化的审判、仲裁机制高效地裁决纠纷，保障交易安全，降低市场交易费用。

用历史发展过程来检验，市场经济与法治的出现并不完全同步。以英国为代表的西欧等早发国家，因为各种历史条件，其法治发展远远早于市场经济制度的确立，并因此促进了市场经济的形成。在以新加坡、香港地区为代表的一些后发国家或者地区，也是通过首先引入先进的法治观念和制度，为市场经济体制的移植开辟道路。以前苏联东欧国家为典型的一些转轨国家，则采用了完全不同的休克疗法，以全盘私有化为标志，全盘引入市场经济制度。从实际结果来看，由于法治体系的缺乏，转型过程走了很多弯路，目前仍然在恢复和制度建设之中。类似的情况在拉美国家和其他一些欠发达国家也都比较普遍。尽管世界上采用市场经济体制的国家很多，但失败者甚多，其失败原因都在于制度的不匹配，尤其是缺乏法治权威。从历史发展中可以得出的一条结论是，法治先行往往是一条普遍的成功经验；更为重要的另一条结论是，市场经济必须是法治的市场经济。世界上没有任何一个国家可以在法治长期缺乏的情况下，实现经济的可持续发展。

我国改革开放所面临的制度环境不同于任何其他国家，但是，我国采用的基本属于市场经济体制改革先行，法治建设跟随发展的第二种变革方式，与大多数转轨国家的变革路径有很多相似的地方。从历史发展经验来看，这种模式比法治先行模式面临更大的发展风险。如果制度不匹配，如果长期缺乏法治支撑，这种变革模式可能会陷入停滞甚至倒退，整个制度难以实现整体跃升。法治的市场经济，既是改革的目标，也是国家进一步发展的基础。如果不能顺应形势需要不失时机大力推进法治建设，构建法治的市场经济，已经取得的改革成果，就有可能会消失殆尽。

二、法治的市场经济建设面临的深层次问题

从法治的规范要求、价值要求和功能要求三个方面来看，我国法治

建设都面临很多问题，无法为市场经济提供有力的支撑。

早发达国家由于历史际遇不同，经历了较长时间的法治自发演进过程，尤其是其宗教影响与城市自治传统，使自由、公平、正义等价值观念较为普遍为各方面所接受，并最终确立法治权威，为市场经济的产生和发展奠定了基础。我国既缺乏法治传统，也缺少市场经济所要求的基本制度，法治的建设任务难度与挑战之大，可想而知。我国目前面临的就是法律缺乏权威、法律制度核心价值模糊与法律存在走向形式主义风险的三大并发问题。由此也导致对公民的人身权和财产权保护不力，执法过于依靠政府，权利救济渠道不畅，部分法律实施效果较差等情况。我国法治建设面临的最大挑战，是如何处理好法治不同要求相互之间的关系，满足不同任务要求，分门别类解决问题。要实现这一历史性转型，必须在顶层设计、全面规划的基础上，通过后续的立法与法律实施活动，戮力同心，扎实推进。

（一）法律制度尚不够完善，主体不同权，民营经济发展受到限制

法治的市场经济之下，不论市场主体的身份、地位、规模、影响，主体同权、权利平等，都是一条基本原则。只有这样，才能使不同主体公平竞争，优胜劣汰，实现资源的有效配置，发挥市场机制的作用。为维护公平竞争秩序，执法机关、司法机关与公务员、法官只对法律负责，严格执法，公正司法，不受任何外来因素影响。只有这样，才能保证执法与司法的独立性与公正性，消除特权，防止选择性执法与执法不公，维护法律尊严与市场秩序。

由于缺乏法治传统，我国平等思想缺乏，特权与等级观念根深蒂固。加之城乡二元经济结构与包括户籍制度、行政级别制度在内的社会管理制度，进一步固化了身份差别与等级色彩，导致体制内与体制外、大城市与小城市、城市与农村、国有与民营、公立与私立、行政单位与事业单位、上级与下级等各种身份、地位差别带来的影响巨大，不同主体之间相互分割，壁垒森严，整个社会行政化现象明显，缺少独立执法与公正司法制度环境。这种主体不同权、权利不平等的社会结构，与市

场经济所要求的主体同权、权利平等原则格格不入。

其中，最为典型的表现是民营经济长期无法获得与国有经济平等的宪法和法律地位。在宪法中，国有经济和公共财产得到了应有的严格保护，但对于民营经济和私有财产的保护力度则不足。对于能源、铁路、电信、城市公用事业等垄断性行业，尽管国务院前后发布两个“36条”，鼓励民营资本进入，但实践中各种“玻璃门”、“弹簧门”使国企垄断地位牢不可破。《反垄断法》关于打破行政性垄断的相关规定因为缺乏有效的执行机制，使得行政机关各种对竞争的限制性规定无法被纠正。对于吸纳就业与税收贡献早已超过半壁江山的民营经济而言，不能获得公平竞争的市场地位，必然对市场经济体制的有效运转产生很大的制约作用。

（二）政府权力过大，政府与市场边界模糊，制约了市场配置资源作用发挥

所谓“法治政府”，不仅要以法律作为手段来实施治理，也不仅要树立依法行政的方针，还必须承认法律优越的原则，承认法院在具体审理方面做出终局性决定的权力。因法治建设滞后，使得我国经济呈现出很明显的“半市场化”、“半城市化”等特征，市场经济市场配置资源的作用不能有效发挥，公平竞争不能充分实现，人身与财产安全缺乏稳定的安全预期，必须通过法治建设完善市场经济制度。当前比较突出的几个问题包括：

政府职能转变不到位。政府职能越位、缺位、错位现象同时并存。政府该管的事情没有管，而管了许多不该管、也管不了、管不好的事情，结果导致经济效率低下、政府债务迅速膨胀。一是各级政府直接抓经济，招商引资，市长代替市场，扭曲市场信号，造成各种重复投资和掠夺性开发，难以实现经济发展方式转变；二是通过“调控”、“扶持”、“管理”、“安全”、“秩序”等各种名义，扩大政府权力边界和管理范围，对市场活动施加种种限制，加大市场主体交易成本，抑制创新；三是行政权力高于法律，“潜规则”超过法律规则，行政权力干预

执法与司法过程，法律规定难以落实，无法提供稳定、安全、可预期的市场环境；四是以法律形式强化政府干预，以法律规定限制市场机制，行政权力、部门利益法律化，法律程序形式化，损害法律的公信力和权威性。

与政府有关的基本关系不顺畅。在“政府—市场—企业”的关系上，政府直接干预企业经营，市场机制扭曲情况没有得到缓解。我国经济运行中的“政府主导”特征非但没有随着经济的发展而逐步减弱，反而被进一步强化；各级政府在资源配置方面的作用非但没有随着市场的发展而有所减少，反而规模越来越大、范围越来越广；政府审批项目过多，审批程序繁琐复杂，导致企业运行效率低下。在“政府—社会—国民”的关系上，政府面对民众，倾向于管制和管理，与民争利，集体所有实际上成为各级地方政府所有，社会组织受到压抑，基层组织自治和民主流于形式，民众不满情绪增强。中央—部门—地方的关系上：中央权力过于集中，部门协调失灵，地方缺乏约束。所谓地方自治，就是一级政府，拥有一级事权、一级财权、一级财产权、一级举债权，当然也包括决策权、执行权和监督权。在中央权力不断强化的体制下，地方政府有事权没有相应财权，在政绩考核压力下，为了经济发展，为了与其他地区竞争，扭曲了市场运行机制，造成了债务膨胀、破坏环境的恶果。

政府组织结构不合理。政府的决策、执行、监督三者之间缺乏相互制衡，决策、执行、监督各个环节均存在缺陷，导致各个部门或各级政府的自我授权、选择性执法，监督形同虚设，常常是以加强宏观调控或加强监管的名义，不断地把前面改革中下放了的权力重新收回来，形成放权—收权—再放权—再收权的“审批改革循环”。

（三）对公民的人身权和财产权保护不力，权利救济渠道不畅，市场主体缺乏稳定的安全预期

由于我国的改革是从突破旧的管理制度开始的，先发展、后规范，并且采用的是渐进变革的方式，因此，改革过程中存在比较普遍的打擦边球

现象。由于法治建设滞后于经济改革，导致一些规则存在不合理现象，市场主体要生存和发展，很多时候必须采用“合理不合法”方法应对，由此使其行为存在非规范问题，为未来埋下定时炸弹。由于宪法、法律监督制度虚置，部门立法、地方立法乃至一般规范性文件都可以屡屡通过“合法”方式直接限制权利的边界与行使，使安全预期处于高度不确定状态。并且，在政府机关掌握各种资源与权力的大环境下，市场主体要么无所作为，要么就不得不与各种政府机关交往，可能导致不规范的政商关系，埋下各种隐患。所有这些不确定性，在正常环境下不会出现问题，但是，一旦环境发生比较大的变化，就有可能被引爆，使市场主体人身自由和财产权受到冲击，财富积累越多，这种不确定性冲击所造成的损失也就越大，短期行为就会越严重。日益严重的资金与人才外流现象，显然与缺乏稳定的安全预期有关。诸如重庆打黑、征地拆迁、信访维稳等事件中，更能揭示人身自由与财产权保护在实践中遇到的挑战之大。

法律实施过于依靠政府，尤其是涉及市场管理方面的法律制度，政府大包大揽，立法过于注重采取行政强制措施、行政处罚措施纠正违法行为，没有为市场主体通过民事诉讼和行政诉讼程序维护自身权利、维护市场正常运行秩序留下充足空间。同时，法院立案难、执行难，审判不独立，公民的正常诉讼权利得不到应有保障。各级政府部门违法行为时有发生，公民缺乏有效的权利救济渠道，被迫通过上访等非司法渠道解决法律纠纷，影响社会和谐稳定。

法律权威的缺乏与法律规定本身的滞后，直接影响到市场主体的行为选择，并因此而使其缺乏稳定的安全预期，造成心理状态的变化和行为选择短期化。同样的道理，法治的缺位，也使掌握了巨大公共权力的政府官员普遍处于权力不受监督和制约的腐败风险之中。这些既不利于形成稳定的市场交易秩序，也不利于维护社会公平和社会秩序。

三、改革政策建议

法治建设的滞后，已经成为制约我国市场经济进一步发展的瓶颈。

要全面深化经济体制改革，必须从瓶颈突破开始，系统设计、全面推进法治建设。考虑到方案的可接受性，针对前述问题，我们提出如下几条具体的政策建议：

（一）进一步完善法律制度，强化权利保护，促进公平竞争

权利保护是法治的生命，也是市场经济的基石。法治建设与各项改革工作，应当围绕权利保护进行制度设计，并以权利保护作为最终的评价标准。

1. 修改《宪法》，落实权利的平等保护原则

习近平总书记在纪念现行宪法三十年大会上明确提出，依法治国首先是依宪治国，依法执政首先是依宪执政。依宪治国和依宪执政，要清醒地认识到，在社会主义初级阶段，《宪法》有持续完善的必要。为了适应中国经济和社会的发展变化，全国人大分别于 1988 年 4 月、1993 年 3 月、1999 年 3 月、2004 年 3 月对《宪法》进行了修改、完善。推进法治的市场经济建设，修改《宪法》有关经济建设的内容已成为当务之急。十八大报告提出，“毫不动摇鼓励、支持、引导非公有制经济发展，保证各种所有制经济依法平等使用生产要素、公平参与市场竞争、同等受到法律保护”。这为消除民营经济与国有经济的不同待遇，促进公平竞争，指明了方向。针对实践中存在的主体不同权、权利不平等现象，有必要通过《宪法》修改，将公平竞争原则和平等保护原则体现在《宪法》中，国家平等保护国有经济和民营经济的合法的权益。

2. 切实保护公民的人身权、财产权和表达权，提升公民的安全与稳定预期

对于《宪法》确认的人身权和财产权，应给予最高标准的法律保护。严格适用法律保留原则，以提升公民的安全与稳定预期。需要迅速清理各种不符合权利保护原则的规定与做法，使人人享有基本权利与自由。需要确立正当法律程序原则，保证未经正当法律程序，不得限制或者剥夺任何人的生命、自由和财产。在具体个案中，需要严格区分制度原因与主观意图，综合考虑合理性与合法性、历史与现实，并按照疑罪

从无原则，认定、处理过渡时期的各种非规范做法。涉及公民人身权和财产权的事项，行政法规、部门规章无权进行规范，需由法律予以规范。

表达权在权利保护体系中具有牵一发而动全身的作用，应该予以高度关注。新中国建立以后，历次的重大社会事件几乎无不与表达权的行使直接相关。处理得好，发展就顺利，否则就会引发各种问题。经济发展到今天，公众对于公共事务的强烈表达要求，有历史必然性，已经无法回避。尤其是在网络时代，公域与私域的边界正在融合，每个网民都在发挥媒体功能，简单沿用传统管理方式很难再有效。从各国的情况来看，表达权保护得越好的国家，政局越稳定，经济越发展。要实现创新驱动，必须有更大的思想与表达空间。应尽快研究制定新闻法、出版法、网络权利法、反诽谤法等基本法律，为权利的行使划定明确的边界，并建立有效的执法机制，制裁违法，保护合法，构筑和谐、有序、宽容的对话文化，为创新驱动奠定制度基础。

3. 清理现有法律和相关政策文件，促进公平竞争

民营企业难以获得公平竞争地位，一个很重要的原因在于国有企业利用其在垄断行业的优势地位，向关联竞争性行业延伸，挤压公平竞争空间。对于这种现象，仅仅依靠反垄断法的事后执行机制，很难发挥作用，更不用说反垄断法执行本身面临诸多现实问题。应尽快清理现有法律和相关政策文件，及时废除那些违反公平竞争和平等保护原则的规定，促进公平竞争，切实支持民营经济发展。同时，有必要对国有资本的战略布局以法律形式加以规范，通过制定《国有资本战略布局法》，对国有资本投向的行业和领域进行分类，划分为完全垄断、允许进入、限制进入、禁止进入四类，并对国有资本的进入形式与行为规范予以明确，保障公平竞争。十八大报告提出，要“推动国有资本更多向投向关系国家安全和国民经济命脉的重要行业和关键领域”。制定《国有资本战略布局法》，既是落实这一要求的具体步骤，也是促进公平竞争的必要条件。目前，《企业国有资产法》的立法目的与制度设计主要都是

围绕国有资产的保护，防止国有资产流失，规范的都是国家出资企业内部的国有资产管理问题。对于国有资本布局以及国有企业与其他所有制企业之间的公平竞争行为规范，目前的法律没有任何涉及，无法解决国企垄断问题。制定《国有资本战略布局法》，可以弥补当前的立法漏洞，从事前规范国企行为，促进公平竞争，并实现事前控制机制与反垄断执法事后控制机制之间的有效衔接。

除了对国有资本战略布局进行法律规范以外，事后的反垄断法执法机制也不可或缺。需要明确《反垄断法》第七条的适用范围包括国有企业，并对其经营活动采用行业监管与反垄断执法双重管理体制，涉嫌垄断行为由反垄断执法机构集中管辖。对于行政性垄断行为，目前由上级行政机关责令改正的规定力度明显不够，应加大反垄断执法机构在这方面的执法力度，尽快建立公众投诉、信息公开与部门行政执法协作等工作机制，使《反垄断法》的规定能够落到实处。同时，可以通过扩大行政诉讼受案范围的方式，鼓励公众对行政性垄断行为直接寻求司法救济，将行政性垄断行为纳入行政诉讼受案范围，通过人民法院的司法监督进行制约。

4. 完善权利保护的程序规定，建立以司法救济为核心的权利保护机制

降低对政府执行法律的依赖，在现行经济管理类法律中，增加民事赔偿的规定，鼓励市场主体通过诉讼方式维护自身权益，从而维护市场的正常运行，建立全方位的、法治化的法律实施机制。从食品安全案件到环境污染案件，从金融诈骗案件到股市欺诈案件，类似以不特定侵害对象为特征的侵权案件频发，现行的代表人诉讼制度已经不能满足实际需要，建议借鉴发达国家成功经验，建立集团诉讼制度，切实保护民众合法权益。探索建立公益诉讼机制，鼓励民众代表公共利益对环境污染、政府采购中的欺诈金额腐败、垄断损害等提起公益诉讼，并对胜诉的公益诉讼发起人给予一定奖励。支持民间仲裁解决经济纠纷，鼓励公民采取合理合法的私力救济方式保护自己的合法利益。强化律师的职业

功能，建立机制鼓励律师利用其专业优势，充分发挥在保护公民权利和国家利益方面的作用。为保护自身及公众利益，允许公民对各级行政机关制定的法规、规章和规范性文件提起违法诉讼。

（二）推动政府机构改革，完善行政执法机制，理顺政府与市场的关系

法治的市场经济建设要求理顺政府与市场的关系。要求更加尊重市场规律，建立高效、可行的政绩考核和激励机制，加快转变政府职能，大幅消减政府行政审批事项，进一步向市场放权，政府集中力量做好环境保护、社会保障、公共设施等公共服务，维护社会正义。充分发挥市场对行政权力的监督作用，建设阳光型政府、服务型政府和节约型政府，继续推动大部门体制改革，公开透明、厉行节约，创新政府组织架构。加强政府改革的实效，必须借助民意的支援来压制抵抗势力，适当加强舆论监督。只有信息公开和言论自由才能对权力形成有力量的制衡。

1. 深化政府机构改革

一是理顺与政府相关的三大基本关系。（1）在政府—市场—企业的关系上，核心是市场经济，改革的基本方向是“放权”，让市场调节企业行为。合明晰确定政府行为边界，凡是市场能够做到的，就尽量让市场去做。（2）在政府—社会—国民的关系上，核心是民主法治，改革的基本方向是“让权”，向社会“让权”。凡是国民自己能够做的，就应当由人民自己做主，由国民自己通过努力去实现；国民自己做不了的、做不好的，应由社会进行协调；只有社会解决不了，或解决不好的，才由政府施以援手。（3）在中央（政府）—部门—地方（政府）关系上，核心是地方自治，改革的基本方向是“分权”，向地方“分权”。需要在科学合理划分政府间事权的基础上赋予各级政府相应的财权。要赋予地方政府以完整的权限和相应的责任，即：合理的事权、必要的财权和自主的财产权。同时为提高地方财政保障能力，化解隐性债务风险，应修改《预算法》赋予地方适度的举债权。

二是加快推进政府层级“扁平化”，相应调整省级行政区划。加快推进省直管县进程，不仅从财权上，而且从党政、干部等人事权上，彻

底解除地级市政府对县的管辖权，尽快实现体制并轨。将基层的乡镇政府彻底改变为县级政府的派出机构，上收财权至县级政府。实现中央—省—县（市）三级行政架构，既有利于落实省以下的分税制，也有利于相关机构改革。及时调整省级行政区域划分，将现有省级行政区化小，同时进一步下放权力，赋予县级政府更大的自主权。省级政府可通过地方立法、政策制定、财政转移支付等间接方式对县市进行管理，大量的具体的事物可由直接面向社会公众的县市政府承担。

三是在压缩政府层级、调整行政区划的基础上，按照国际通行做法，重新划分政府间事权。在宏观调控方面，中央政府应当更多关注总量调节，地方政府适度淡化增长目标。在市场监管方面，中央政府食品安全、环境保护等部门应当下设派出机构，地方政府的工作重心应从经济增长转移到食品安全、环境保护等公众关注的热点问题上。在公共服务领域，科学划定中央和地方的事权和财权，实行中央地方适当分权模式，构建有利于改革创新的中央与地方财政关系。在社会保障、教育、医疗、土地等问题上，鼓励地方在适当条件下探索不同的改革路径，创新不同的管理方式。在不得设立跨地区贸易壁垒和不违反全国性法律法规的前提下，赋予地方人大一定程度的税收立法权，通过地方间适度竞争，寻找最优制度组合，优化趋同。逐步加大中央政府的社会保障支出责任，增强地方政府在地区性交通、警察、消防、教育、环保、绿化、城市供水、下水道、垃圾处理、公园等地方性公共产品和服务项目的自主决策权，改审批制为备案制。

2. 强化人大的预算审议监督职能

完善《预算法》，强化政府预算约束，提高政府运行透明度。公共预算、政府性基金预算、国有资本经营预算、社会保障预算应当保持完整、独立，同时保持各类预算间相互衔接；重点公开专项转移支付和“三公经费”。赋予社会公众申请预算公开的权利，并为权利的行使提供法律救济。

要切实加强各级人民代表大会对税收、拨款、转移支付等的预算审议监督职能。加快建立全口径财政预算，清理所有未纳入预算的各种收入，将所有财政性资金全部纳入国库单一账户管理，强化国库资金收支监督。减少政府在经济建设领域的支出，大幅度提高财政对社会保障、教育和医疗等民生领域和对节能、环保等领域支出的比重。

将“预算审议监督”作为各级人大的工作重点，并为此改革其活动方式和成员构成。通过建立健全完整的预算制度，把国企改革、社会福利制度与政府治理机制的完善有机结合起来，为新一轮财税改革的顺利进行提供制度基础。

3. 深化行政审批制度改革

截至目前的行政审批制度改革，主要聚焦在现有项目的调整与废止方面，有其现实性与合理性。但是，行政审批制度改革其实既涉及存量审批项目的废止与调整，也涉及后续增量审批项目管理两个方面的任务，应该同等重视。并且，任务不同，改革的策略也应该不同。要通过一整套的行政改革举措减少审批项目，提高治理的效率和公正性。

对于前者，下一步审批制度改革应淡化行政审批制度改革中的“批次”概念，实现从“批发”向“零售”、从“基于数字”向“基于体验”、从“粗放”向“精细”的深刻转变。各级人民政府每年应抓住与民众生活、企业经营活动密切相关的若干重要审批项目（如机动车年检制度、投资核准、书号管理制度等)，攻坚克难，下决心坚决调整或者废止，并建立相应的替代管理方式。这种改革方式不但能够迅速见到实效，取信于民，形成官民之间的良性互动，昭示政府改革决心，也可以在调整或者废止的同时，逐个落实相关替代管理方式，避免一放就乱的现象，保证改革的持续、稳妥推进，降低创新创业门槛。

对于后者，应尽快建立超脱、权威、综合、专业的常设机构，实现合法与合理、事后改革方式与事前控制机制、任务的重要性与推进机制的统一。为处理好政府与市场的关系，防止政府过度干预，发达国家近年来的行政改革普遍高度重视顶层设计和权威控制机构的设立，并通过采用成本效益分析等科学方法，实现有效的事前控制。例如，美国直属于总统的管理与预算办公室（OMB）下设有专门的OIRA（信息与监管事务办公室），其他发达国家也都普遍设有专门从事规制影响分析（RIA）的机构。这些机构地位高、职能综合、专业性强，大多由法律专家、经济专家、管理专家共同组成，职责是对不同政府部门的监管措施进行成本效益分析，实现有效的事前控制。从行政管理实践看，任何审批项目一旦开始实施，就会形成一个完整的利益链条，再要去调整或者废止的难度是非常大的，即使能够调整，社会也已经为此付出巨大的成本。因此，事前控制永远比事后解决更为有效、合理。不论是从解决我国行政审批制度改革所面临的各种问题来看，还是从借鉴其他国家的有益经验来看，都有必要在国务院设立一个常设的权威机构，并整合相关的宏观政策职能（如法制、编制、改革、财政、绩效管理、监督等），以有效解决当前行政审批制度改革所面临的各种现实问题，并逐步实现行政审批制度改革从事后解决向事前控制的转变，提升政府管理的科学化水平。

（二）深化司法体制改革，保障市场经济的稳健运行

规范政府权力，促进公平竞争，保护人身权与财产权，都离不开司法体制改革与司法公正。司法既是社会正义的最后一道防线，也是法治的市场经济的基石。司法改革是法治建设的核心领域，只有司法机构能够有效运行，法治的市场经济建设才有可能。司法作为社会的“稳定器”，可以为改革提供一种缓和机制。审判独立性是由市场竞争机制和现代法治国家的基本性质决定的。审判独立的前提条件是法官的专业化和律师功能的强化。一般而言，立法机关和行政机关是站在多数人立场上来行事的，而司法机关则主要站在少数人立场上来行事。因此，司法机关可以对立法权、行政权加以一定约束，审判可以成为弱势群体、少数人伸张正义和推动社会进步的一个重要渠道。如果审判不独立，人们就会对法院不信任，并由此对社会主义法治建设缺乏信心。要确保审判独立，需要推动法院去地方化和去行政化。

1. 进行司法改革顶层设计

保障审判独立。司法独立裁判，法院应独立于上级法院，法官应独

立于法院领导。法院应拥有权力审查抽象行政行为，应考虑建立违宪审查制度，可考虑设立宪法委员会，或者建立宪法法院。应确立司法最终解决的原则，树立司法权威。改革信访、上诉、再审制度；解决“执行难、执行乱”问题，保障判决执行；发展替代性纠纷解决方式，使民众有更多可选择的权利救济渠道。

优化司法职权配置。严格限制侦查权，检察权回归政府代理人的定位，主要承担公诉职能，充分保障律师权。弱化上下级法院之间的行政管理关系，最高法院的功能调整为司法政策引导，发展案例指导制。削弱院长、庭长的权力，改革审委会，落实合议庭的合议，推广独任审判。

完善司法保障机制。司法经费由中央财政保障，世界绝大多数国家皆如此。建立一套科学的司法官的选任、任命、升迁、惩戒的制度，司法官享有任期保障、人身安全保障、退休保障及职务行为豁免权。全方位促进司法公开，尤其是裁判文书公开，抑制司法腐败。以对抗制为基础完善司法程序，严格处理程序违法行为。

2. 克服司法地方化

在我国行政主导的国情下，司法管辖区域与行政区划重合，很难真正摆脱地方政府对于司法过程的干预，实现独立审判。除司法经费由中央财政承担外，应考虑通过司法体制改革，分离司法管辖区域和行政区域，创造司法机关独立审判制度环境，维护国家法制统一。可以有三种方案供选择：

大方案：彻底分离司法管辖区域与行政区域，实行人民法院系统的垂直管理，各级人民法院法官均由中央政府任命。这种方案的好处是可以彻底解决司法地方化问题，保证司法的集中统一。面临的障碍比较多，一是需要修改现行宪法和人民法院组织法，来自各方面的阻力会很大，二是全国二十多万法官全部集中由中央管理难度很大，三是垂直管理并不完全符合司法权的特性，也与我国分级管理的宏观管理现状有较大出入。

小方案：在维持现有司法体制不变的前提下，通过提高审判级别、上级法院派出巡回法庭、异地管辖、当事人选择受案法院等方式，摆脱地方政府对于司法过程的干预。这种方案的好处是不触动现行体制，可操作性比较强，人民法院已经开展某些方面相关改革探索，积累了一些有益的经验。面临的障碍是改革的力度比较有限，改革探索的多样性可能会影响方案的执行力度，也很难从根本上解决地方政府干预司法的问题。

中方案：采用半垂直管理体制，下级法院法官由上一级人大任命，并向上一级人大负责，以摆脱地方政府对司法过程的干预。这种方案的好处是既具有可操作性，也有实质性改革内容。面临的问题仍然是需要修改宪法和人民法院组织法。

3. 克服司法行政化

司法之所以有权威，根源于其作为第三方机制独立裁断争议的特性。一旦司法机关超出其职能范围，去承担行政职能，司法权的性质就会发生变异，结果肯定是既无法实现司法公正，也不可能获得合法性支持。

当前，法院行政化主要表现在两个方面，一是体现在上下级法院之间以及法院内部的管理上，与行政机关没有实质差别；二是司法权力配置不断超出司法权边界，进入行政权领域，法院性质实际上已发生变异。法院行政化不但破坏其形象，导致司法腐败案件层出不穷，社会正义最后一道防线频频失守，也对整个法治的市场经济建设带来致命连锁损害。

因此，应通过司法体制改革，纵向上取消上下级法院之间的个案请示、批复制度，处理好一审与二审法院之间的关系，保证每级法院都能独立审判。横向上分拆司法职能，将法院制定抽象性司法解释的范围限定在程序问题上，剥离法院司法行政权和判决的强制执行权，使司法回归最为基本的裁判争议职能。法院内部改革应取消对法官的行政管理方式，保障法官独立审判地位。

鉴于法治的市场经济建设是一项系统工程，需要精心谋划，顶层设计，有序推进。迄今为止，中央尚未就如何全面推进法治建设制定过专门的文件。参考经济体制改革尤其是十四届三中全会通过《关于建立社会主义市场经济体制若干问题的决定》的经验，建议中央能够出台一份关于社会主义法治国家建设若干问题的决定，确立市场经济、法治社会、民主政治三步走的国家现代化战略，宣告权利保护原则在法治建设中的核心地位，规划法治建设的长远目标、阶段目标、指导原则、实现顺序以及具体的推进机制，统一把握法治建设方向。这样一份文件的出台，必将承上启下，开创法治中国建设的新局面，引领新时代的来临。

四、小结

市场经济本质上是法治经济。没有任何一个国家可以在法治长期缺乏的情况下，实现经济的可持续发展。从历史发展过程来看，市场经济与法治的出现并不完全同步，法治先行往往是一条普遍的成功经验。我国没有采用法治先行的发展模式，如果法治建设不能跟上，这种模式蕴含着经济发展停滞甚至倒退风险。

由于法治建设滞后，我国经济呈现很明显的“半市场化”特征，还不是完整意义上的市场经济。法治不完善带来的最主要问题有三个：一是法律制度尚不够完善，主体不同权、权利不平等，民营经济发展受到限制；二是政府权力过大，政府与市场边界模糊，制约了市场配置资源作用发挥；三是对公民的人身权和财产权保护不力，权利救济渠道不畅，市场主体缺乏稳定的安全预期。

法治建设滞后，已经成为制约我国市场经济进一步发展的瓶颈。要全面深化经济体制改革，必须从瓶颈突破开始，系统设计、全面推进法治建设。本报告提出了三项具体建议：

一是进一步完善法律制度，强化权利保护，促进公平竞争。修改《宪法》，落实权利的平等保护原则。切实保护公民的人身权和财产权，严格适用法律保留原则，以提升市场主体的安全与稳定预期。清理现有法律和相关政策文件，及时废除那些违反公平竞争和平等保护原则的规定，促进公平竞争。完善权利保护的程序规定，建立以司法救济为核心的权利保护机制。

二是推动政府机构改革，完善行政执法机制，理顺政府与市场的关系。要深化政府机构改革，理顺与政府相关的三大基本关系；加快推进政府层级“扁平化”，相应调整省级行政区划；在压缩政府层级、调整行政区划的基础上，重新划分政府间事权。强化人大预算审议职能，深化行政审批制度改革。

三是深化司法体制改革，保障法治的市场经济建设顺利进行。首先要进行司法改革顶层设计，保障审判独立，优化司法职权配置，完善司法保障机制。解决司法地方化问题，需要通过制度设计减少地方政府对司法过程的干预，大致有三种方案可供选择；解决司法行政化问题，核心是使司法权回归独立裁判争议的职能。

建议中央出台一份关于社会主义法治国家建设若干问题的决定，宣告权利保护原则在法治建设中的核心地位，规划法治建设的长远目标、阶段目标、指导原则、实现顺序以及具体的推进机制，统一把握法治国家建设方向。

第七章
新形势下对外开放的战略布局[①]

执笔人：黄海洲、周诚君

① 感谢李波、金鹏辉、祁斌、赵海英、张燕生、刘海泉、魏加宁、张健华、伍戈、林赞、李克歆等专家提供的宝贵意见。

党的十八大报告明确提出，要“适应经济全球化新形势，必须实行更加积极主动的开放战略，完善互利共赢、多元平衡、安全高效的开放型经济体系”。“着力培育开放型经济发展新优势”，“全面提高开放型经济水平”。积极主动地推行开放战略，不仅是更好地参与国际分工、国际规则制定，促使社会主义市场经济体制更好地与国际接轨，更是推动我国经济发展转型，形成促进竞争机制充分发挥作用的国内统一市场的推动力量。

随着全球化的不断深入，尤其是这次国际金融危机后，世界各国经济复苏都面临着比较复杂的国内国际矛盾和冲突，长短期矛盾继续凸显，不平衡复苏格局短期难以取得明显改善，合作与竞争共存。美国短期动能减弱、长期动能增强；欧元区短期波动减弱、长期余震不断；日本短期市场欢呼、长期前景不明；新兴市场短期微弱复苏、长期依靠改革。

国际贸易与投资规则发展也呈现出不同于以往的新趋势：一是服务贸易和投资协定成为新一轮国际贸易谈判和规则制定的核心内容；二是具有更高标准的新自由贸易协定将引领全球贸易新规则；三是 WTO 多边贸易体制将日益边缘化。

在过去的 30 多年里，我国通过改革开放、引进资金、引进管理、培养人才、提高出口、提高外汇储备、改造银行、改造实体经济、提高了国际地位。展望未来，这些方面的改革红利继续存在，但边际贡献下降，中国应该重点着眼于寻找新的机遇，扩大开放，提高标准，以开放促改革。

一、改革开放以来的重要获益

1978 年，以党的十一届三中全会为标志开启了改革开放航程，特别是在十四大、十四届三中全会确立了发展市场经济和开放型经济，以及2001年加入WTO之后，对外开放取得了明显成效，对于促进各个领域的体制机制改革发挥了有力推动作用。正如小平同志曾指出的，“要尊重社会经济发展规律，搞两个开放，一个对外开放，一个对内开放”，“对内开放就是改革”。在改革开放三十多年的历程中，我国顺应了经济全球化的时代潮流，既坚定不移地打开国门，又有效地抵御了国际政治、经济风波的冲击，走出了一条具有中国特色的对外开放道路。以2000年中国加入世贸组织为时间分界线，中国对外开放在不同时间段的策略不同，获益也不同。

（一）“引进来”和“走出去”的历程

1. 第一阶段：1978—2000年

1978年前的国民经济面临着严峻的形势，经济体制弊病积累，工业总体效率递减，产业结构严重失衡，粮食总产量增长缓慢，人民生活水平徘徊不前。1978年年底召开的十一届三中全会，直接开启了改革开放的航程：坚决抛弃了“两个凡是”，重新树立了解放思想、实事求是的马克思主义思想路线；决定抛弃“以阶级斗争为纲”，把党和国家的工作重心转移到经济建设上来；以及触及了经济管理体制，社会、政治体制的改革。在坚持社会主义道路的前提下，为经济体制改革和对外开放迈出了具有决定意义的一步。

1992年10月，党的十四大明确我国要建立社会主义市场经济体制。十四大报告中用专门篇幅明确阐述，要“进一步扩大对外开放，更多更好地利用国外资金、资源、技术和管理经验。”强调“对外开放的地域要扩大”，“利用外资的领域要拓宽”，要“积极开拓国际市场，促进对外贸易多元化，发展外向型经济”。1993年11月党的十四届三中全会通过了《中共中央关于建立社会主义市场经济体制若干问题的决定》（即“50条”），第一次以党的文件的形式明确提出要发展开放型经济，进一步强调“坚定不移地实行对外开放政策，加快对外开放步伐，充分利用国际国内两个市场、两种资源，优化资源配置。积极参与国际竞争与国际经济合作，发挥我国经济的比较优势，发展开放型经济，使国内经济与国际经济实现互接互补”。同时，还明确了扩大开发、发展开放型经济的若干具体措施，如“实行全方位开放”；“进一步改革对外经济贸易体制，建立适应国际经济通行规则的运行机制”；“积极引进外来资金、技术、人才和管理经验”等。

这一时期中国对外开放的重点在于引进外资、引进技术、引入人才、引进机制，利用国外现代化管理经验改革国企、建立民企。随着这些改革开放政策、措施的全面贯彻实行，我国吸引和利用外资规模大幅增长；兴办了一大批中外合资经营、中外合作经营及外商独资企业，学习了现代管理经验，引进了先进的技术；对外贸易网络初步形成，对外贸易总额实现了质的飞跃。根据 IMF 统计，改革开放初期的 1980 年，中国进出口贸易规模仅占全球的 2.0%，是名副其实的贸易小国；1990 年中国贸易全球占比上升至 3.4%，位居世界第 14 位；到了 2000 年，占比扩大至 7.3%，位居世界第 7 位。至此，我国基本确立了沿海、沿江、沿边、内陆地区相结合的全方位、多层次、宽领域对外开放的格局。

2. 第二阶段：2000 年以来

2001 年 12 月 11 日，中国正式加入世贸组织，中国进入对外开放的新阶段。入世以来，中国全面兑现入世承诺，严格履行行业开放时间表，金融、电信、农业、零售、家电和汽车等行业先后对外开放。至此，中国对外开放已经从区域性的推进转变为全国性的开放。

在过去的十多年间，中国经济在国际整体经济格局中所处的地位和影响力都显著提升。根据世界银行统计，中国的对外贸易总额从 2000 年的 0.5 万亿美元迅速增长至 2011 年的 3.6 万亿美元，年均复合增长率高达 20%，中国的对外贸易总额在全球的排名也从 2000 年的全球第 7 位迅速攀升为 2011 年的第 2 位，进出口分别占全球的比例均达到10%左右，是2000年占比的近三倍。与此同时，中国的外汇储备从2000年的0.17万亿美元提升至2012年的3.31万亿美元，规模扩大了20倍。

入世之后，中国全面开放的对外政策不仅包括“引进来”，还包括“走出去”。中国企业逐渐发展壮大，走出国门，成为国际市场上的重要一员。据联合国贸发组织发布的《2012年世界投资报告》，2011年全球外国直接投资流出量1.5万亿美元，以此为基期进行计算，2011年中国对外直接投资为746.5亿美元，占全球当年流量约5%，名列全球前十位。

（二）相关行业经受住国际竞争考验并得到空前发展

我国加入WTO后，不同行业的发展差异提供了一个很好的观察窗口。在开放度较大的行业中，无论是入世前我们有比较优势的纺织服装产业，还是当时在国际竞争中处于明显劣势的家电、机电、机械等行业，在加入WTO后都得到了快速发展，国际竞争力、市场占有率大幅提升，助推中国成为新的世界工厂。甚至一些当时被普遍认为属于弱势产业、将遭受重大冲击的行业，如汽车、银行业等，也都获得了空前发展。不妨来看几个具体例子：

1. 汽车业

业界预计加入WTO后中国汽车业将面临“灾难性毁灭”，几代人发展汽车工业的努力会付诸东流。但实际情况却大相径庭，中国汽车业通过合资、并购和重组等多种形式，竞争力稳步提高，获得了前所未有的黄金发展期。到2011年，中国汽车产销量分别跃升至1842万和1851万辆，均为世界第一位，分别超过美国2倍和1.5倍。汽车工业总产值2.1万亿元，是2001年的4.7倍。汽车生产的零部件国产化率达到80%左右，每个职工年生产汽车已达10辆之多（入世前为1辆）。一批民族汽车企业从无到有逐步崛起，出口快速增长；有的还收购了国际一线汽车品牌企业，进军国际市场。

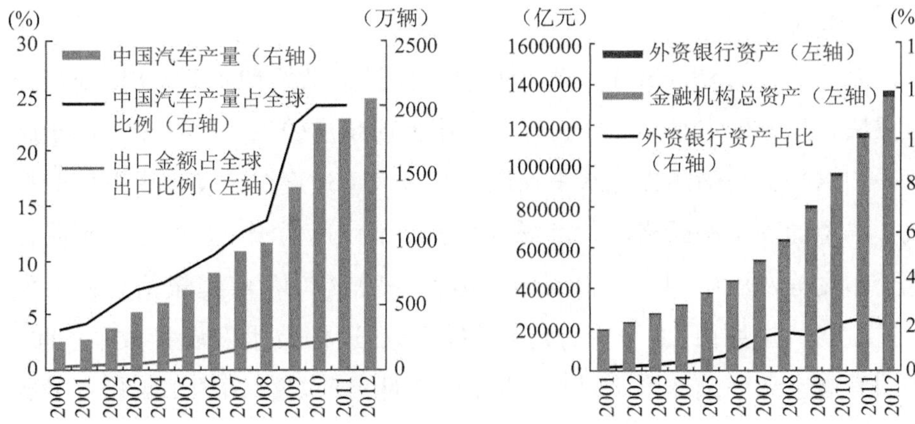

图 7-1　加入 WTO 以来中国汽车业、银行业的发展

数据来源：世界银行、WTO、中国人民银行、Wind

2. 金融业

按照加入 WTO 承诺，我国银行业、保险业到2006 年年末结束 5 年过渡期，全面取消外资银行经营人民币业务的地域和客户限制；保险业外资除不得经营法定财产险业务、寿险不超过 50% 的持股比例外，无其他限制。当时国内反应强烈，很多人认为将对国内银行业、保险业产生巨大影响，特别是国内银行业被普遍认为处在技术性破产边缘，国有银行实际不良资产比例估计超过 50%，资本充足率更是远低于 8% 的最低标准。世界银行也认为中国银行业大约需要 10 年才能做好准备而不至于陷入险境。当时预计，入世十年后外资银行在中国的市场份额将达 10% ~15%。现实情况是，入世后外资银行的确在华迅速发展，但国内本土银行在竞争的压力中锐意改革，在公司治理、经营管理上不断向国际标准靠拢，获得了跨越式发展。截至 2012 年年末，中国银行业的资本充足率 13.25%，不良贷款率仅为 0.95 %；4 家大型银行全部跻身全球十大银行之列。过去一直担心的外资银行重大冲击并没有发生，外资银行市场份额最高也仅为 1.6%。保险业也类似，入世后外资保险公司在华获得了快速发展，但并未对中资保险公司产生重大冲击，2012 年外资保险在中国保险市场的占有率仅为 3.5% 左右。

3. 电信业

电信业在对外开放中一直受到较多保护，虽然加入 WTO 以来扩张也很快，其发展水平、竞争力提升和服务质量广受诟病，甚至落后于国际平均水平，与国际先进水平相比差距更大。过度保护使国内电信业形成了典型的寡头垄断格局，市场竞争程度不仅远低于发达国家，也明显低于印度等发展中国家。根据国际电信联盟《2012 年衡量信息社会发展》报告，按照由 11 个指标综合的信息和通信技术发展指数来衡量，中国发展水平列全球第 78 位，其资费则是第一名韩国的 124 倍；世界宽带平均网速大概为 100 兆/秒，而中国网速仅为其 1% ~2% 。

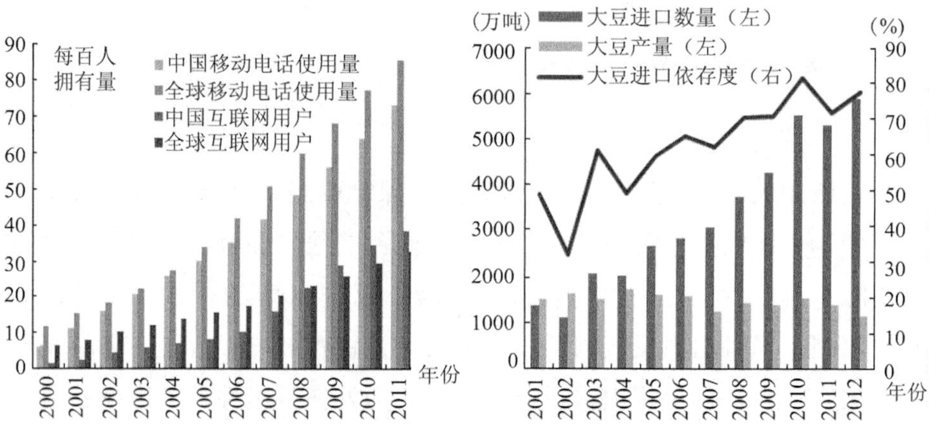

图 7－2　加入 WTO 以来中国电信业发展及中国大豆进口情况

资料来源：工业和信息化部、中国互联网信息中心、世界银行、国家统计局（大豆进口数据），Wind（大豆产量及国内消费量数据）

4. 农业

入世后，中国坚持对一些重要产品保留必要的保护措施，保留了关税配额制度，并通过国家干预来维护基本农产品供给及价格稳定。同时采取农业生物技术安全管理、进口许可证、检验检疫等非关税贸易措施实施保护，据测算，其效果相当于征收 42.6% 的农产品进口关税。这些措施固然在一定程度上保护了农业部门，但也导致中国农业发展水平滞后，技术创新相对落后，国际竞争力较差。10 余年来，中国农业总体发展水平与国外先进水平相比不是缩小了，而是扩大了。国际上，农业早已成为资本密集型、技术密集型、高度机械化的现代产业，而中国农业还停留在封闭的、以家庭零散耕种为主的传统生产方式。大豆业是一个比较典型的例子：保护主义政策导致国产大豆在国际竞争中全面落败，2012 年我国大豆自给率已降至 18%，最终没有起到保护国产大豆及豆农利益的作用。

入世后的发展表明，当时广为担心的情况并没有出现。总体而言，凡是对外开放比较彻底，积极参与全球资源配置的领域，都是发展得比较好、竞争力强、与国际接轨比较密切的领域；凡是保护比较多，对外开放、参与全球化比较滞后的领域，都是改革发展也相对落后、创新能力不强、竞争力差、产品或服务质量不高、社会满意度较低、与国际标准和前沿水平差距比较大的领域。当时出于各种考虑对部分行业给予更多保护，其实际效果是适得其反，反而保护了落后，保护了垄断。

（三）对外开放有力促进了改革

30 多年的实践经验表明对外开放极大地推动了改革。这段时期，国有企业改革加快、民营经济迅猛发展、金融改革、投资体制、住房体制、社会保障体制改革全面推开。对内改革为中国经济增长奠定了根基，对外开放为中国经济腾飞注入了强劲动力。对内改革和对外开往的有机结合实现了中国的大发展和大繁荣，也推动了中国的国际地位不断提升。2011 年，中国一跃成为世界第一大出口国、全球第二大经济体，成为全球经济增长的“发动机”。

一是促进了我国经济社会的全面进步，为改革事业提供了较好的基础条件。经过 30 多年的改革开放，我国经济持续快速增长并保持稳定，综合实力大大增强；工业化、信息化、城镇化和农业现代化加快推进，就业和社会保障持续改善，人民生活水平显著提高；微观主体经济活力明显增强，民营企业得到快速发展，国有企业财务状况显著改善，等等。这些都为推进改革、凝聚共识打下了良好的物质基础。

二是提升了国内标准，促进了各领域的改革与国际接轨。在

1992 年我国确立社会主义市场经济体制目标以及 2001 年加入 WTO 后，通过积极引进借鉴国际先进技术、制度和管理经验，有效促进了国内技术、商业模式和管理制度创新，努力在标准上以国际水平为目标，通过体制机制改革不断与之靠拢、接轨。在这个过程中，伴随着我国综合实力的提升，我国在国际舞台上的地位和影响力也显著提升，我国参与国际经济交流与合作、更广泛地融入国际舞台的内外部环境逐步改善。

三是参与国际竞争和国际规则制定，倒逼国内体制改革。在微观领域，企业广泛参与国际竞争，充分发掘国际市场和国际资源，在全球竞争中赢得了一席之地；在宏观领域，随着我国对外经贸关系的不断推进，我国作为 G20 等国际组织和机构的重要成员国，在国际经济治理中的地位和发言权已有重大跃迁，基本实现了从被动到主动、从外围到核心、从配合讨论到参与决策的角色转变。这些客观上要求我国在国内经济体制改革方面做出表率，从而在国际经济舞台上展现负责任的大国形象。这一点在这次国际金融危机以来表现得尤为明显，我国积极落实 G20 领导人决议、推动全球经济治理改革，少数领域已走在国际前列。

2012 年 11 月，党的十八大胜利召开，也时值党的十四大召开、“社会主义市场经济”提法确立 20 周年。我国经济在经历了改革开放 30 多年的快速发展后，遇到了 2008 年这轮日益深化、影响深远的国际金融危机，国内经济发展和转型面临着一系列的深层次矛盾和挑战。党的十八大报告指出，“世情、国情、党情继续发生深刻变化，我们面临的发展机遇和风险挑战前所未有。”我国经济体制改革也逐渐进入了“深水区”，前进道路上有不少困难、问题和风险，经济增长的制约条件显见，利益格局正在发生深刻变化，社会收入分配差距较大，影响人民群众切身利益的问题较多。同时，人民群众对进一步深化改革、提高增长质量、加强和改善公共服务提出了新期待。在此背景下，回顾和总结 30 多年来改革、开放相互促进及其经验教训，通过进一步扩大对外开放促进国内改革，可谓恰逢其时。

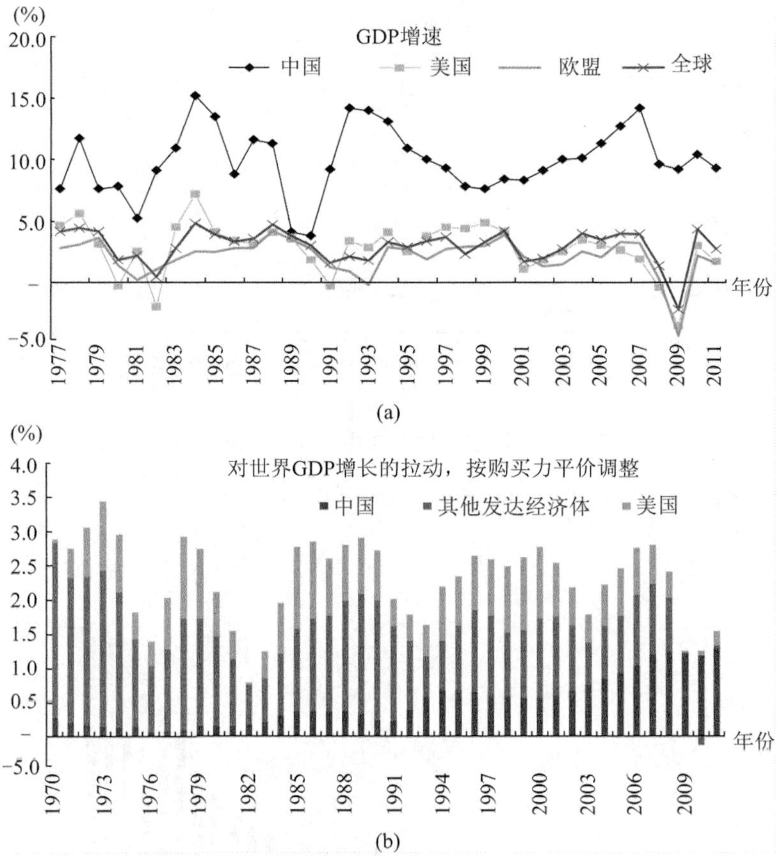

图 7－3　中国经济快速发展，并且成为世界经济增长的重要作用力

资料来源：IMF，Havor Analyticc，中金公司研究部

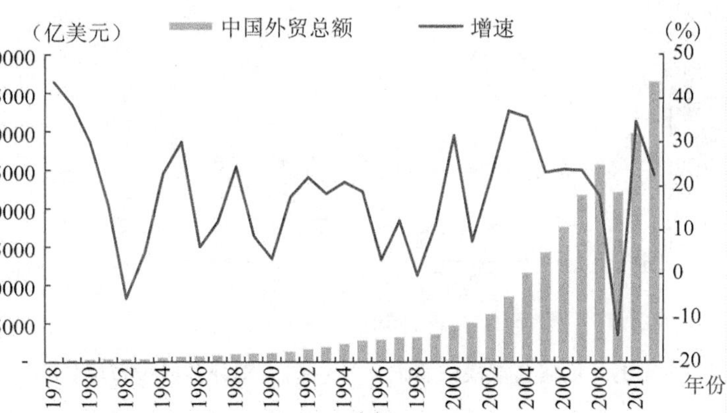

(a)

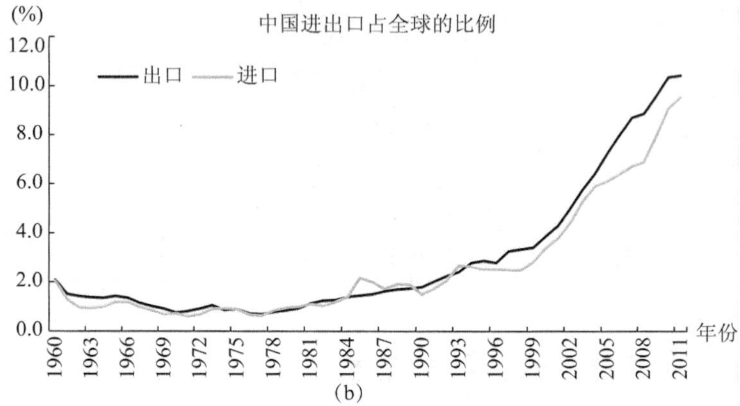

图7－4　中国在全球贸易中的重要性显著提升

资料来源：World Bank，Haver Analytics，中金公司研究部

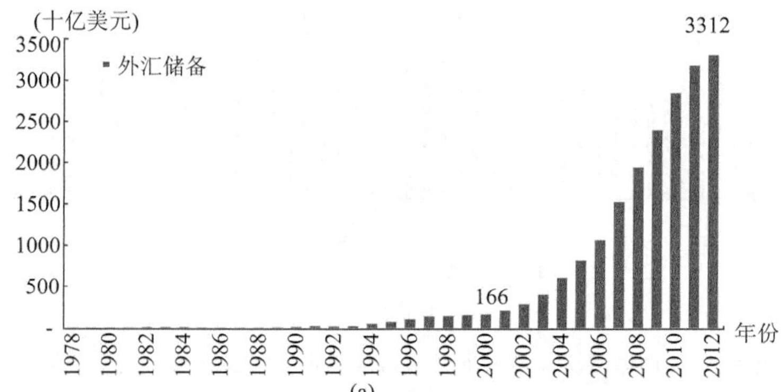

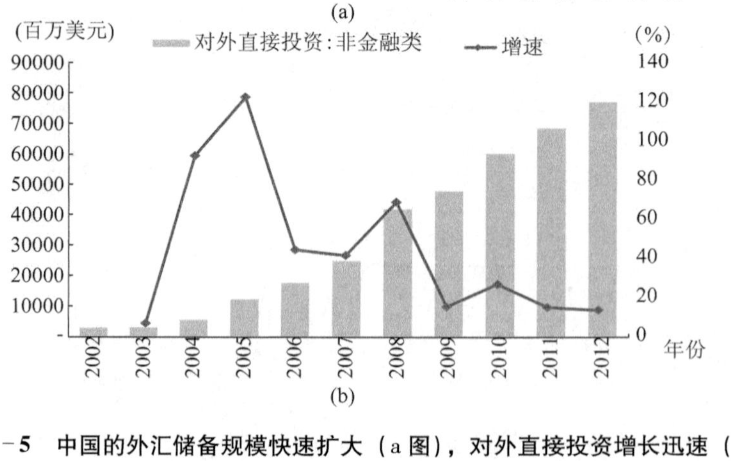

图7－5　中国的外汇储备规模快速扩大（a图），对外直接投资增长迅速（b图）

资料来源：CEIC，中金公司研究部

二、当前对外开放中我国面临的重大契机

（一）世界由单极向多级转变的趋势更加明显

和20世纪末期相比，当前最大的变化是在2008年金融危机之后，美国的实力有所削弱。新兴市场凭借多年的发展，经济实力大大增强，经济总量和比重上升的同时在国际事务中的话语权也相应上升。欧洲未来的情况虽然不乐观，但其经济总量和美国相当，仍然不可忽视。得益于过去十年原油和能源价格的上涨，俄罗斯已经摆脱了“休克式”经济改革带来的后遗症，财政和经常账户状况大为改观。日本在经历了两个“失去的十年”后也将面对严峻挑战，在货币和财政政策方面实施激进政策，意图扭转颓势。在全球力量更趋均衡的情况下，中国在和美国的博弈中将有更多的“筹码”在手，可以凭借自身的优势，与欧盟和主要新兴国家都建立良好的关系，在国际事务中取得更大的话语权并承担更多的国际义务。例如，在获取IMF和世界银行的份额和话语权方面，更广泛地参与国际事务和全球治理等方面，中美、中欧都可以合作、可以有作为。

（二）美国有望进入高增长、温和通胀的繁荣周期

这对于中国的意义类似于2000至2007年，即外需将有望再次成为拉动中国经济增长的重要因素。同时，我们需要看到，虽然全球的经济复苏处于上升阶段，但一些结构性因素将在较长时间内压制全球的通胀水平。这些因素包括，美国的就业市场要想完全复苏还有很长的路要走，因此产能缺口仍将存在；欧洲需求不旺，压低了全球总需求；发达国家工会的势力和影响力在下降；过去30多年全球化的结果导致竞争在世界范围内增强，资本在各地区之间的流动也更加容易。全球央行在过去几年中的货币政策虽然非常宽松，但央行传统意义上的政策目标并未改变，因此在必要的时候仍将有足够的手段和空间收紧过于宽松的流动性。这些因素的意义在于，未来数年全球的通胀水平仍将维持在一个

温和的水平，全球通货膨胀的风险并不高，国际大宗商品原材料的价格很难如2000—2007年间那样大幅上涨。这为中国继续增加投资、把握美国和全球经济复苏所带来的机遇提供了一个良好的外部条件。

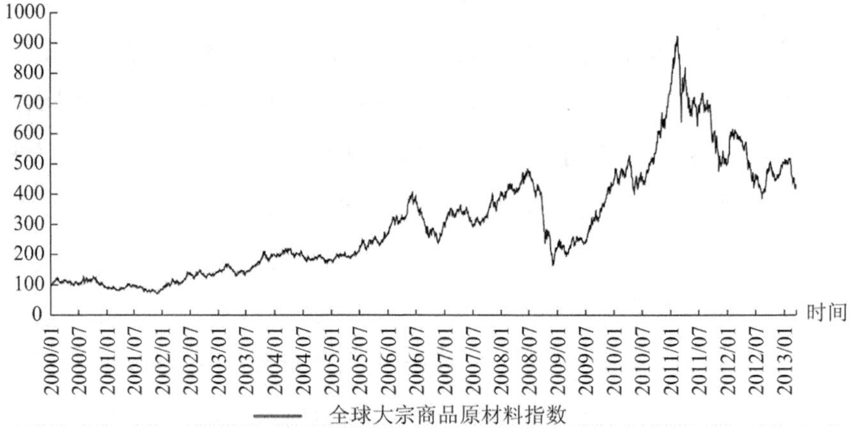

图7－6　全球大宗商品价格面临下行压力

资料来源：Haver Analytics，中金公司研究部

（三）中欧、中日以及与新兴市场国家关系的新契机

欧洲经济需要走出衰退，而欧洲的技术和品牌出口正是中国所需。中国拥有巨大的外汇储备，但大多数都投资于美元资产，尤其是美国国债，投资回报很低；如果投资欧元区，“周边五国”与中国在重点产业上有合作意义和机遇，结合“周边五国”的产业优势，同时考虑中国经济发展过程中对稀缺资源、海外扩张、技术升级、资产保值增值等需求。另外，可以设想，欧洲的状况迫使欧洲各国在未来对外的经济政策方面只能采取“防守”的姿态，而中国则可以更加主动地“出击”，逐渐蚕食欧洲老牌资本主义国家在新兴国家的经济利益，包括矿产资源、投资目的地等。

中日关系要在中美大的关系框架下来讨论，也要在中国和朝鲜半岛关系框架下讨论。比如中日之间要保持一定的竞争态势，但如何使得中国在竞争中胜出？比如面对钓鱼岛问题不能放松。

中国和新兴市场之间存在着合作和竞争双重关系。美国经济将拉动美元升值，这对于依赖外资、同时改革不充分的国家未来三五年将可能造成巨大的冲击，部分国家可能将面临类似当年亚洲金融危机，或者拉美债务危机时的情况。这次，经历危机的则很有可能是印度、越南、菲律宾等，由此中国则将拉开与其他新兴国家的发展水平差距。中国先发展起来，集聚发展势能，为将来的进一步可持续发展创造了空间和赢得了时间。

三、当前对外开放中我国面临的挑战

总体而言，我国过去 30 多年的改革开放取得了举世瞩目的成就，但也要看到，在国内经济发展总体成绩斐然，尤其是这次全球金融危机中我国经济未受较大冲击且率先复苏的情况下，当前国内有一股自我感觉良好、骄傲自满的情绪，保护主义、民粹主义仍然有相当的市场，甚至有所抬头；在一些领域的进一步对外开放上，很大程度仍然停留在加入 WTO 所要达到的标准，满足于加入 WTO 所带来的改革开放红利和经济发展成就，对国际自由贸易的新标准、新发展知之甚少或简单排斥，在进一步扩大对外开放、推动开放型经济发展上缺乏战略性眼光和突破性进展，少数领域陷于停滞甚至有所倒退。尤其是近年来欧美等西方国家积极倡导和推进新自由贸易协定，进一步加大了我国对外开放的差距，使我国深化对外开放，发展开放型经济面临严峻挑战。

（一）认识上存在偏差

一种表现是，对当前对外开放的成就沾沾自喜，觉得我国对外开放的程度已经足够高了，现有的保护措施都是必需的，都是有利于保障我国民族产业发展和经济安全的，没有再进一步扩大开放的必要了。另一种表现是，对当前国际自由贸易发展的新趋势、新标准和新规则不屑一顾，认为是发达国家“遏制”中国等发展中国家的伎俩，带有过多民族情绪和冷战思维，把国际自由贸易问题政治化。这两种认识往往相互交错和支撑，对要求进一步提高标准、扩大开放的呼声形成打压。

（二）理论上准备不足

总体而言，我国对国际自由贸易的理论研究在相当程度上还停留在传统的 WTO 多边贸易框架体制下，对新一轮贸易自由化所具有的贸易与投资并重、侧重于服务贸易和投资协定的趋势转型，对正在如火如荼推进中的 TISA、TPP、TTIP 谈判，以及对当前我国正在与美国谈判的 BIT 2012 等更高标准国际自由贸易协定的框架、内容、要义及相关具体问题，还普遍存在着理论研究和评估不足。对我国现有规则、具体做法以及相关的体制机制与国际新标准、新规则的差距认识也不到位，对吸收和引入这些新标准、新规则可能造成的影响和风险更是缺乏系统研究和评估。这不仅与前述的认识偏差密切相关，而且也很大程度上导致我国在推进中美 BIT 谈判，在对 TISA、TPP、TTIP 谈判的认识和判断，在进一步提高标准、扩大开放等方面因理论视野和技术路线的匮乏而陷于被动。

（三）步骤上相对落后，开放水平较低

虽然 2001 年我国加入 WTO 后认真履行开放承诺，但应当认识到，我国在加入 WTO 时还在一些领域保留了限制措施，如在商品贸易领域，对农业的保护主义倾向还相当严重；在服务贸易领域更为突出，市场准入限制十分严格。如当前美欧国家反映比较强烈的领域有：

1. 银行业

外资并购中资银行持股比例单家不得超过 20%，多家累计不得超过 25%。

2. 证券业

证券公司外资持股比例不得超过 33%（目前实际已放宽到 49%），不得从事 A 股交易（目前已有试点有条件放开）。

3. 保险业

寿险公司外资持股比例不得超过 50%。

4. 电信业

必须与现有内资电信企业设立合资企业，移动、固话等基础电信业务外资持股比例不得超过 49%，增值电信业务外资持股比例不得超过 50%。

5. 邮政快递业

仅开放包裹递送业务，维持信件的邮政专营权，并限制外资企业的网点设立数量及经营地域范围。

6. 建筑业

外国建筑公司仅可承担外方出资或是中方因技术原因无法承担的项目。

7. 法律服务

外国律师事务所可设立代表处，但不得雇佣中国注册律师。

应该看到，目前世界上大多数 TISA 谈判参与方在上述领域已没有外资持股比例或经营范围限制。在这些领域没有做到实质性开放，大大降低了我国的对外开放水平，也使我国缺乏参与新一轮自由贸易谈判的基本条件。

在市场经济中，市场应是配置资源的基础性手段，但我国不少服务业领域垄断色彩十分强烈，一些部门对某些领域过分看重其社会属性（如银行调节经济手段的属性，科教卫体等领域公益性、福利性事业的属性，文化、传媒等作为意识形态的属性等），在这些领域设置了十分严格的市场准入限制。其结果是服务业的发展远远适应不了我国经济的发展和人民群众日益增长的需求，不仅降低了社会福利，还影响了服务企业的经营和机制创新，降低了服务业效率，不利于服务业的成长。

（四）标准明显滞后，与国际新规则差距较大

与国际新标准、新规则相比，我国在自由贸易协定，特别是服务贸易和投资协定方面存在明显短板。目前，我国已签署了 1 个局部自由贸易协定（即亚太自由贸易协定）和 10 个自由贸易协定，涉及 22 个国家和单独关税区。在投资协定方面，我国已与 128 个国家和地区签署了

130个双边投资协定，但其中只有小部分规定了国民待遇，而且我国主要遵从准入后国民待遇。

在中美BIT谈判方面，由于在投资准入、公平竞争和权益保障方面差距较大，主要体现在准入前国民待遇及负面清单、国有企业、外汇资金转移、劳工规则、金融服务、业绩要求、税收、法律法规透明度和环境条款等14个主要领域差距较大，从2007年至今中美双方举行了近20轮谈判，但进展缓慢，至今未果。这些也导致了我国在服务贸易协定（TISA）和TPP协定谈判方面，目前还够不上参与的标准。事实上，欧美在新标准、新规则方面力推的准入前国民待遇和负面清单方式，国企的“竞争中立”原则等，均直指我国当前部分领域投资保护不足、部分行业国企占主导地位以及在监管方面与欧美主导的新规则不符的“软肋”。

总体看，参加TISA、TPP和TTIP的大多数国家和地区（包括韩国等新兴市场国家和印度、巴西等发展中国家），都已经在相当程度上认可当前国际上关于新一轮自由贸易协定，特别是服务贸易与投资协定的新标准、新规则，并身体力行参与谈判和规则制定。而我国目前已签署的多项FTA和BIT则大多仍属于标准较低的自由贸易协定，与国际新规则、新标准相比，差距较大，也不得不被TPP、TISA等拒之门外。

总之，国际贸易发展的新趋势以及我国当前在对外开放领域的相对滞后，对下一步我国进一步扩大对外开放、参与国际规则制定提出了严峻的挑战，如果继续保持当前故步自封、裹足不前的被动状态，不仅不利于我国的国际形象，不利于“走出去”，也不利于通过扩大开放促进国内改革以完善体制机制，而且更重要的是，可能导致我国在新一轮国际贸易自由化浪潮中，在标准和规则制定方面被边缘化，最终无法维护好战略机遇期，在新一轮国际竞争中败下阵来。

四、以开放促改革

“打铁还要自身硬。”要想充分利用新的国际政治经济形势给我国带来的历史机遇，应对新的挑战，我们既要认清国际经济和市场所蕴含的战略和历史机遇，并抓住这些机遇，同时也必须做好自己的事情，推进改革开放。在过去的三十多年里，我国通过改革开放、引进资金、引进管理、培养人才、提高出口、提高外汇储备、改造银行、改造实体经济，提高了国际地位。展望未来，这些方面的改革红利继续存在，但边际贡献下降，中国应该重点着眼于寻找新的利益，做出新的改革。目前我国仍处于发展的重要战略机遇期，要继续抓住和用好这个战略机遇期，与时俱进，进一步放开目前还存在过多限制的领域，更大范围、更广领域和更高层次上参与全球资源配置、规则制定和治理，坚定维护好"战略机遇期"的平稳延续，为经济发展和综合国力的进一步提升创造良好的外部条件。

（一）打破认识误区，加强宣传教育

首先是提高认识，要统一思想，充分认识到当前进一步扩大开放、提高标准、更深层次参与全球自由贸易新浪潮的紧迫性、重要性，凝聚共识，把扩大开放提升到维护我国战略机遇期、实现中华民族伟大复兴"中国梦"的高度来认识。其次要正确认识美国主导的TISA、TPP和TTIP谈判，不仅不能渲染冷战思维和民族情绪，予以妖魔化、政治化，而且还要以积极、开放的心态审视这几个协定。要认识到它们很大程度上代表了当前国际贸易自由化发展的新方向，我们应该更多地创造条件向其靠拢，以臻于更高的开放水平和开放标准。同时，要加大宣传力度。我国加入WTO前后，曾在全国范围内开展了大量的普及宣传工作，可谓深入人心。但到目前为止，我国仍然没有系统、大范围对新一轮自由贸易协定的宣传、培训和普及工作，很多部门和企业对BIT、TISA、TPP、TTIP等概念都比较陌生，加上一些误导宣传，往往容易产生排斥心理。因此，有必要尽快加强开展相关的宣传、培训和普及教育工作。

（二）加强理论研究和技术准备

自由贸易协定涉及世界诸多国家和地区，内容广泛，条文庞杂，而且发展变化很快。加强研究意味着要投入大量的人力物力，因此要有规划地进行学科和课题设置，明确研究的重点领域和具体内容，增加研究经费和研究力量，开展务实、细致、深入的研究。一方面，要对各相关自由贸易协定的具体标准、规则乃至条款逐一研究清楚，找出我国目前存在的差距；另一方面，对当前我国滞后较多的领域逐一进行梳理，分门别类提出改进的建议。例如，可将现有的差距分为三类：第一，有条件予以清理的，尽快消除限制、扩大开放；第二，有条件提高标准的，可以在一定范围内进行试点；第三，条件暂时不满足的，考虑如何通过配套的改革措施，逐步提高予以满足；等等。在此基础上，可以制定出我国在若干重点领域扩大开放的时间表、路线图，并以此为目标抓紧开展相关工作。

（三）推动相关领域标准提高

中美 BIT 谈判已有一定基础，积极推动谈判进程，力争尽快取得实质性进展并达成协定，是我国顺应国际贸易发展新趋势及其通行规则的需要，有利于为我国后续扩大开放、提高标准打下良好的基础，因此怎么强调其重要性都不过分。当前，我国应围绕中美 BIT 谈判分歧比较集中的投资准入、公平竞争、权益保障 3 个领域，及其涉及的准入前国民待遇及负面清单、国有企业、外汇资金转移、劳工规则、金融服务、业绩要求、税收、法律法规透明度、环境条款等 14 项具体内容开展逐一评估，有取有舍。在部分领域如准入前国民待遇、负面清单、国有企业条款、外汇管理和金融服务等方面有所让步，并抓紧开展相关工作，包括：对我国外商投资及国内投资管理体制相关法律法规的修改完善；对包括金融、文化、医疗、教育等行业在内的服务业扩大开放尽早做出通盘考虑和整体设计；对涉及国有企业、劳工规则、环境条款等过去我国较少触碰、相对陌生的领域抓紧研究，给出判断，制订方案。

总体来看，尽管中美之间在诸多问题上存在分歧，但达成中美 BIT 协定对我国有利，风险可控。只要我国在认真充分评估基础上制定缜密可行的谈判方案和工作预案，有取有予、巧与周旋，并通过设计负面清单、完善国家安全审查制度，以及其他风险防控措施，中美之间完全可以缩小差距，达成共识。

（四）加快实施更高标准的自由贸易区战略

中国加入WTO获益良多，但中国能否在对外开放的道路上更进一步，与其他国家建立更为紧密，更高标准的经贸关系。总体看，我国自贸区发展相对滞后。2011年美国、欧盟、韩国、墨西哥与其自由贸易协定伙伴的贸易额占其贸易总额的比例分别为37%、27%、35%和73%，而当前我国同自由贸易协定伙伴的贸易额仅占我国外贸总额的24%，如果剔除港澳台地区，仅占11%，这与国际水平差距较大，也与我国当前在国际贸易中的地位完全不相符。同时，加快实施自由贸易区战略也是扩大开放、提高标准的一条重要途径。一方面，在多哈回合受阻、发达国家急于经济复苏的背景下，推进以TPP和TTIP为代表的自由贸易区谈判已成为发达国家和很多新兴市场国家、发展中国家的不二选择，我国在这个浪潮中已然落后，亟须迎头赶上；另一方面，发展不同层级的自由贸易区，有利于我国在提高标准、扩大开放中进行各种尝试，以摸索经验，控制风险，如可以台港澳、中韩、中日韩、中澳、中瑞、中冰自贸区协定谈判为突破口，小范围内先行推动部分领域的高标准开放试点，为逐步扩大乃至全面开放积累经验。

（五）推动服务业领域的扩大开放

我国加入WTO十多年来的发展经验充分表明，不管是制造业还是服务业，凡是对外开放比较彻底，积极参与全球资源配置的领域，都是发展得比较好、竞争力强、与国际接轨比较密切的领域。因此，当前宜重新全面审视我国加入WTO时保留的限制措施，下决心加快仍然留有保护和限制措施的行业、特别是服务业的改革开放步伐，尽快主动推出取消限制和保护、进一步扩大开放的实质性举措。

在银行业、证券业、保险业、电信业、邮政快递业、建筑业和法律服务彻底放开市场准入，取消外资持股比例或经营范围限制，实现实质性开放。开放的同时，也要注意控制风险，可以设计相应的投资审查制度，在加强监管的透明度和公平性的同时，确保国家经济安全和稳定。例如，对于一般的小额投资仅要求其向有关部门备案即可，对于一些涉及重要领域的重大投资，可以考虑根据其具体情况启动基于维护国家安全的非常规审查机制。对国家安全审查机制所涉及的范围可以采取较为模糊的定义，使其可以在更大范围内，更长时期内解决外资与国家安全之间的问题。该国家安全审查的机制不但可以用于外资并购，也可以用于新设项目；不但用于审查国家国防安全，也应可用于审查国家经济安全，产业安全等。

在教育、医疗、文化等行业扩大开放试点。现阶段我国教育、医疗、文化等公共服务领域发展主要面临供不应求的问题。政府职能缺乏科学定位，在公共资源有限的情况下，政府难以在基础教育、基本医疗、基础设施等基本公共服务领域提供足够的、公平的、高效率的公共服务。因此，要加快事业单位改革，促进公共服务与市场化服务并行发展。一方面要加快推进市场化进程，将政府提供的公共服务与市场竞争业务进行拆分。对能够实行市场化经营的服务，可以引导民间资本和外国资本增加市场供给，实现产业化发展；对于公益性服务、保障社会公平的基本公共服务，应加快创新公共服务提供方式，从原来政府单一提供、直接提供的方式，转变为政府与社会多元化提供相结合的方式。以政府公共财政作为支撑，在继续发挥事业单位积极作用的同时，采用政府补贴、采购等方式鼓励民营组织、非营利机构参与提供公共服务。另一方面要加快健全事业单位法人治理结构方面的改革，探索建立理事会制度，作为事业单位的决策机构，决定本单位业务发展规划、财务预算方案、人事管理等重大事项，促进事业单位向非营利机构或现代企业转变，并积极引导和鼓励社会资本通过控股、参股、收购、兼并等方式参与事业单位改革。（详见本章附件三）

（六）推进农业领域的对外开放

对农产品的过度保护不仅对以其为原料的工业发展不利，会损害消费者的利益，而且也不利于我国农业在参与国际竞争中发挥比较优势和不断提高农业科技水平，从而阻碍农业生产力的提高。

进一步扩大农业对外开放主要是为了促进农业生产也参与全球分工，发挥比较优势，通过自由贸易更好扩大粮食供给，保障我国粮食安全，节约土地、水资源。主要举措包括：一是基于粮食结构性保障措施，取消过多的农产品进口限制、贸易保护政策；二是注重发挥我国农业生产的比较优势，调整农产品出口结构，按更高标准推进农产品贸易自由化；三是优化和整合农产品支持体系。对重要农产品实行适度的价格支持，为生产者提供最低收入保障，继续加大对种粮农民的直接收入补贴，减少对贸易产生的扭曲；四是积极扩大农业“走出去”。一方面需要政府采取财政、税收、金融等方面的支持政策措施；另一方面需要企业提高自身竞争力，发挥主动性、积极性和创新性，不仅可采取农产品出口、对外劳务输出、建立营销渠道的方式，还可通过对外直接投资模式、境外农业资源开发、农业对外承包工程、农业对外劳务合作、设立境外研发中心、建立国际营销网络、提供境外咨询服务等多种途径“走出去”。五是建立全球大宗商品交易中心及风险调节机制。在现有商品交易所的基础上，筹建全球大宗商品交易中心，逐步掌握在全球大宗农产品定价中的话语权，统筹利用国际国内两个市场、两种资源。

（七）加快实现人民币资本项目可兑换

资本项目可兑换是指以投资或融资为目的，一国货币与外币之间可以自由兑换，并可以比较便利地使用本币或外汇开展跨境的资本项目交易。1993 年，党的十四届三中全会首次提出要使人民币成为一种可自由兑换的货币；1996 年，我国承诺了国际货币基金组织第八条款，正式宣布了经常项目可兑换；20 世纪以来，随着国力增强以及利率、汇率、国有银行和金融市场改革的深化，推进资本项目可兑换的条件越来越成熟。

目前，我国资本项目可兑换的程度偏低，同时影响了经常项目的可兑换，造成对外贸易和投资不够便利，“引进来”和“走出去”面临较多限制，不利于我国融入新一轮国际贸易投资一体化。同时，较低的资本项目可兑换水平，也造成我国金融市场相对封闭，不利于金融机构摆脱惰性，影响了金融支持实体经济发展的能力。在新形势下，为了进一步扩大开放，促进贸易投资便利化，更好促进金融为实体经济服务，提高我国参与全球资源配置的能力和效率，增加国民福祉，有必要加快人民币资本项目可兑换的进程。

一是制定并公布人民币可兑换的路线图、时间表，明确 2015 年年末实现可兑换。

二是对现有政策进行梳理，对已经“可兑换”或“基本可兑换”的项目进一步做实，如货物贸易和服务贸易首付汇、直接投资项下绝大部分跨境收付与汇兑等，大幅简化审核手续，降低政策门槛，为企业提供更高的便利性和自由度。

三是近期加快推进跨境贸易结算及资本市场跨境投资领域改革。推动人民币成为更广泛的交易和结算货币，同时推行 QDII2、股票市场国际版、境外发行熊猫债等资本市场改革，推动形成以人民币定价的国际资产，并在条件基本许可的范围内加大试点和推广力度，测试人民币实现交易和定价国际资产的功能后对我国金融体系的影响。

四是中期可全面推进外债、资本市场领域的对外开放。将外债管理转向以负债率和币种匹配为核心的宏观审慎管理；允许部分非居民金融机构进入我银行间市场；进一步扩大 QDII 和 QFII 主体资格，增加投资额度；允许境内银行和企业参与境外衍生品市场，允许非居民机构投资境内衍生品市场；允许个人接受或发放跨境贷款以及合法资金转移等。同时，构建与资本自由流动相适应的跨境资金流动监测预警体系，健全风险防控措施。此外，要将资本项目可兑换纳入法制框架，加快推进相关法规清理。

需要注意的是，资本项目可兑换并不意味着跨境资本流动完全自由，大多数的货币兑换和跨境交易都是自由的，少数还需要管理，并按照法律法规的规定开展业务。因此，资本项目可兑换是一个有弹性和调整空间的制度安排，不是一个“非黑即白”的选择。国际经验也表明，资本项目可兑换后，仍然可以从金融稳定等角度对可疑资金、外债、短期资本流动等进行宏观审慎管理，从而有效防范跨境资本流动可能带来的风险，趋利避害，发挥好资本项目可兑换在多个方面的积极作用。同时，各项具体开放措施在时间安排上也有一定的灵活性，可以根据我国国内外经济金融形势和改革基础条件的变化择机实施，成熟一项，推动一项。

（八）通过扩大对外开放促国内改革

过去30年，中国的经济制度经历了计划、转轨、发展三个阶段，而未来30年，中国经济制度将走向更加规范。一个规范的经济制度需要更加注重公平性、法制性和创新性。继2005年国务院出台《关于鼓励支持和引导个体私营等非公有制经济发展的若干意见》（非公经济三十六条）五年后，2010年国务院又出台了“新三十六条”。“新三十六条”及其细则虽然在政策层面上放宽了市场准入，但在实际操作中仍存在诸多障碍，“玻璃门”、“弹簧门”、“门中门”等问题反映比较普遍。有必要以扩大开放为推手，倒逼国内相关领域加快改革。当前，比较急迫和重要的对内开放和改革的领域是，尽快在金融、教育、医疗、文化等服务业全面扩大对内开放，重点是扩大准入，取消对民营资本投资金融、教育、医疗、文化等领域的各种限制，提高准入便利性，保护其投资权益。废止对外投资审批制度，支持企业“走出去”，通过价格杠杆引导市场主体的对外投资活动。

（九）开放的同时也要注重监管

开放的过程中可能会遇到以前从未经历的风险，也有可能需要面对新的挑战。对外开放的过程无疑是一个祸福相依的过程，更加融入世界也意味着是与狼共舞。如何才能规避风险，追寻发展的契机。首先，应该着眼于如何推进开放，包括贸易领域和金融投资领域，审批不能过严，步骤不能繁复，不然会抑制对外开放的活力。其次，也要注重风险的控制，美国在次贷危机中监管缺失是引发国际金融危机的原因之一，对全球经济打击很大，也摧毁了一批过度杠杆化的金融机构。但我们要做的不是因噎废食，而是寻找危中之机，通过适当的监管控制对外开放风险。

（十）以开放的心态进行全球配置，迎接全球化时代

全球化是当今世界发展的一个重要趋势，随着现代科技的进步，交通工具现代化和网络普及，跨国公司业务的扩展，全球化的进程正在迅猛加快，任何一个国家的经济社会发展都会成为全球经济发展的一部分，一个全球化的新时代正在到来。无论是发达国家还是发展中国家，在全球化进程中都应制定正确政策，在保护本国利益的同时，积极参与其中。要以开放的心态把握全球的资源，把握全球的需求，把握全球的人才，才能在全球化的过程中实现互利双赢。

五、小结

30 年的实践经验表明对外开放促进了我国经济社会的全面进步，为改革事业提供了较好的基础条件。对外开放不但提升了国内标准，促进了各领域的改革与国际接轨，而且参与国际竞争和国际规则制定也倒逼国内体制改革：国有企业改革加快、民营经济迅猛发展、金融改革、投资体制、住房体制、社会保障体制改革全面推开。

新形势下，中国正面临对外开放战略布局的重大契机：一方面，世界由单极向多级转变的趋势更加明显，中国国际影响力正在不断提升；另一方面，美国和全球经济复苏所带来的机遇也为中国的发展提供了良好的外部条件。但是，在新一轮的全球平衡中中国也面临着严峻的挑战：一是在认识上存在偏差；二是在理论上准备不足；三是在步骤上相对落后，开放水平相对较低；四是在标准上明显滞后，与国际新规则差距较大。对此，提出以下建议：

一是打破认识误区，加强宣传教育。我国加入 WTO 前后，曾在全国范围内开展了大量的普及宣传工作，可谓深入人心。但到目前为止，

我国仍然没有系统的、大范围对新一轮自由贸易协定的宣传、培训和普及工作。

二是加强理论研究和技术准备，做好基础梳理工作。在此基础上，可以制定出我国在若干重点领域扩大开放的时间表、路线图，并以此为目标抓紧开展相关工作。

三是以加快推进中美 BIT 谈判为契机，推动服务贸易和投资协定领域标准的提高。这是我国顺应国际贸易发展新趋势及其通行规则的需要，有利于为我国后续扩大开放、提高标准打下良好的基础。

四是加快实施更高标准的自由贸易区战略。中国加入 WTO 获益良多，目前需要更进一步，与其他国家建立更为紧密，更高标准的经贸关系，例如推进以 TPP 和 TTIP 为代表的自由贸易区谈判，发展不同层级的自由贸易区。

五是以服务业领域扩大对外开放为突破口，取消限制，推动实质性扩大开放。当前宜重新全面审视我国加入 WTO 时保留的限制措施，下决心加快仍然留有保护和限制措施的行业、特别是服务业的改革开放步伐，尽快主动推出取消限制和保护、进一步扩大开放的实质性举措。

六是进一步扩大农业对外开放。促进农业生产也参与全球分工，发挥比较优势，通过自由贸易更好扩大粮食供给，保障我国粮食安全，节约土地、水资源。

七是加快人民币资本项目可兑换的进程。在新形势下，为了进一步扩大开放，促进贸易投资便利化，更好促进金融为实体经济服务，提高我国参与全球资源配置的能力和效率，增加国民福祉，有必要加快人民币资本项目可兑换的进程。

八是通过扩大对外开放促进国内改革。过去三十年，中国的经济制度经历了计划、转轨、发展三个阶段，而未来三十年，中国经济制度将走向更加规范。一个规范的经济制度需要更加注重公平性、法制性和创新性。要尽快在金融、教育、医疗、文化等服务业全面扩大对内开放，真正落实民营经济“新三十六条”，扩大准入，取消对民营资本投资的各种限制，提高准入便利性，保护其投资权益。

九是开放的同时也要注重监管。开放的过程中可能会遇到以前从未经历的风险，也有可能需要面对新的挑战。对外开放的过程无疑是一个祸福相依的过程，更加融入世界也意味着是与狼共舞。首先，应该着眼于如何推进开放，审批不能过严，步骤不能繁复，不然会抑制对外开放的活力。其次，要通过适当的监管控制对外开放风险。

最后，要以开放的心态进行全球配置，迎接全球化时代。

附件一

历史回顾：中国是怎样抓住开放机遇的

过去三十多年来，国际局势风云变幻，国际竞争风起云涌，国家之间、地域之间、版图之间合作与竞争并存，此消彼长。在这样的国际环境下，中国是怎样抓住机遇，快速发展的？我们认为可以从以下三个阶段分别来分析。

一、1978年至1989年

20世纪60年代末至70年代初，美苏争霸愈演愈烈。美国一方面面对来自苏联的步步紧逼，在美苏争霸中艰难迎战，另一方面又深陷越南战争的泥潭，难以自拔。那时，美国急需寻找同盟，中苏关系早已破裂。另外，中国在台湾问题上若能获得美国支持，意义重大。中国领导人以战略家的远见卓识和政治勇气，把握历史机遇，做出改善两国关系的战略抉择，对中美关系和世界形势产生了深远影响。

1979年1月1日，中美两国正式建交，从而结束了长达30年之久的不正常状态，这是两国外交史上具有里程碑意义的大事，由此揭开了两国关系的新篇章。中美关系从对抗向合作转化，为中国提供了有利的国际和平环境，为中国带来了战略红利，可以放手进行改革开放，大量吸收以美国为首的西方国家的资金和技术发展经济，不断积聚中国的财力物力。除了经济地位之外，中国的国际政治战略地位也得到了极大的提升。

二、1989 年至 2000 年

20 世纪 80 年代末到 90 年代初，东欧各个社会主义国家的政治经济制度发生巨变，苏联宣告解体。东欧国家成为了西方世界的宠儿，而中国于 1989 年因各种原因被欧美制裁和冷落。中国的外部环境严重恶化，中美、中欧关系也急剧倒退，陷入低谷。

中国国企当时面临的改革困难也很大，1998 年还遭遇了亚洲金融危机的冲击。面对内忧外患，中国虽积极地在改革开放道路上奋勇前行，但是缺乏国际机遇。欧美世界对中国改革开放的努力将信将疑，仍然采用围堵策略。中国的国际战略发展进入艰难的阶段。

三、2000 年至 2008 年

这一时期，三方面外部环境的变化为中国经济快速发展提供了难得的机遇。对内，中国以加入世贸组织为契机，大力推动改革。由于抓住了内外因中的有利因素，中国实现了经济的快速发展和国际政治地位的提升。

从国际战略方面来看，“9・11”事件之后，美国的国际布局发生了变化，美国在应对伊拉克和阿富汗问题上希望赢得国际上的支持，这在无形中化解了中国被围堵的困境。中美建立了战略互信的关系，中美领导人之间的友谊也得以增进。2001 年 10 月和 2002 年 2 月小布什总统在不到半年时间里两次访华，中美领导人就发展两国建设性合作关系达成共识。江泽民主席也于 2002 年 10 月访美，并与小布什总统举行了重要会晤。此后，中美关系得到全面发展，尤其中美经贸关系更是突飞猛进。2001 年中国是美国的第三大进口市场，到了 2011 年，中国就跃升为美国的第一大进口市场；2001 年中国是美国的第四大贸易伙伴，到 2011 年中国成为美国的第二大贸易伙伴。

从国际金融系统方面来看，2000 年美国互联网泡沫破裂，为应对互联网泡沫破裂对实体经济的冲击，2001 年美联储连续 11 次降息，基准利率从 6.5% 一路降至 1.75%，之后在 2002 年和 2003 年分别再次降息，利率降至 1.0%。在低利率的刺激下，美国的房地产市场和消费市场走向繁荣，也拉动了美国经济快速恢复和增长。欧洲 1999 年开始建立欧元区，区内利率下行，经济快速繁荣。美国和欧洲的繁荣为中国的出口提供了空前良好的机遇。

2001 年，中国正式加入世贸组织。中国在争取入世和入世之后实现承诺的过程中，有效地推进了一系列对内改革，使得中国经济更市场化、更有效、与世界经济进一步融合。中国廉价的劳动力也使中国成为世界的“制造工厂”，“中国制造”已经渗透到了各个领域，包括汽车、电子消费品、甚至奢侈品等，中国元素和中国概念共同影响着世界。中国的进出口贸易拉动了全球经济的增长，更成为亚洲邻国和其他发展中国家经济增长的重要动力源泉。中国对重要原材料的消费不断增加，目前是国际市场原油、钢材、矿产等资源的主要进口国。中国在推动经济增长，发展国计民生的过程中，也从国际上采购了大量的设备和技术。中国在国际上的地位更加重要，并且成为金砖四国的“领头羊”。

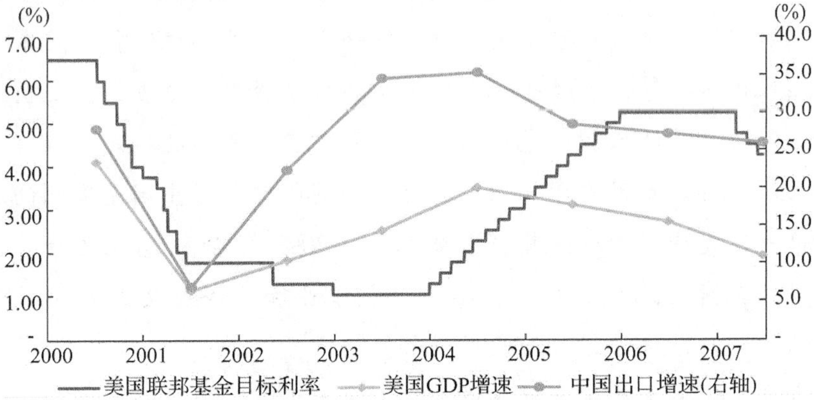

图 7－7　2001 年美联储连续 11 次降息，美国经济快速恢复和增长，也拉动了中国出口复苏

资料来源：美联储，Haver Analytics，中金公司研究部

附件二

趋势展望：国际政治、经济及贸易投资规则新发展

随着全球化的不断深入，尤其是这次国际金融危机后，世界各国经济复苏都面临着比较复杂的国内国际矛盾和冲突，不平衡复苏格局短期难以取得明显改善，合作与竞争共存。

一、发达国家格局的变化

全球经济从2009年下半年开始复苏以来，已经经历了三年多的时间。总体来说，复苏之路较为艰难，国际经济形势复杂多变。危机之后，主要国家的央行，包括美联储、欧洲央行、英格兰银行、日本央行和中国人民银行等，在过去几年中大幅扩张了资产负债表，史无前例地加大了基础货币的投放。危机后，由于面临经济复苏的不确定性，主要央行的政策可能更倾向于保增长。这样的国际环境对中国是有利的。

第一，美国：跨过悬崖、准备出发。2008年金融危机之后，美国经济的复苏情况比较乐观，数据显示制造业和服务业仍然处于扩张当中。从目前的情况看，就业情况改善较为缓慢，“无就业复苏”的窘况仍然存在，但大的趋势是就业增加、失业率下降。随着私人部门去杠杆化和资产负债表修复接近尾声，消费者的信心有了很大的回升，虽然和危机前相比仍有很大差距，但已经达到了复苏以来的高点。总体来说，美国经济维持过去几年中表现出的温和复苏的态势的可能性较大，房地产的复苏加速和实体经济的投资增加将是2013年拉动美国经济的主要

因素。

和欧洲主要的国家相比，美国经济去杠杆化基本完成，基本面健康。一个经济体通常被划分为政府、金融、居民和企业四个部门，每个部门都有其资产负债表。2008 年金融危机也是资产负债表的危机。危机发生时，在政府、金融、居民和企业四大负债表中，只有企业负债表维持相对稳健，为经济持续复苏奠定了一定基础。走出金融危机的过程，也是修复资产负债表的过程。在经济开始复苏三年后的今天，美国实体经济去杠杆化的过程进展顺利。从 2009 年以后，美国金融和居民部门的债务水平已经大幅降低，同时政府部门的负债和杠杆率大幅上升。随着居民消费信贷和住房按揭信贷需求的上升，银行的放贷意愿也在增强，表现为更加宽松的放贷标准。信贷上升即代表更高的杠杆率，因此美国经济再出发将以经历一个再杠杆化的过程为表征。

奥巴马在第二任期内将着力解决长期的赤字和债务问题，而美国长期被诟病的问题，包括财政、教育、移民和公共设施陈旧等，也都会在未来的几年中得到一定程度的改善。长期看，美国具备低利率、低能源价格、低劳动力成本、市场和技术创新等五大优势，经济增长具备再出发的条件，2015 年前后经济可能强劲增长，美国或成为全球三大板块中最早走向稳步增长、恢复繁荣的国家，很可能重复 2002—2007 年期间的增长势头。

受益于美联储长期的低利率政策、美元的世界货币储备地位及美元资产在全球动荡环境中的安全特征，美国国债收益率创下了两百多年以来的最低。同时，美国高等级公司债券的收益率也在近年来呈下降趋势。这说明美国政府和企业能够以很低的成本融资，有利于支持经济复苏。在技术创新方面，美国仍是世界上最有竞争力的国家，其科研投入仍占全球总投入的 31%。美国发达的高等教育和科研体系，宽松的研究环境、优厚的待遇、有倾向性的移民政策仍吸引着全球的科技人才。同时，美国成熟的资本市场形成了一套完整的从发现、培育直到壮大科技生产力的体系。

在金融危机结束之后，有两个与美国相关的趋势值得密切关注。第一个趋势是制造业的回流。由于中国的劳动力、土地等成本持续上升，加上对中国经济和制度环境的担心，中国不再成为美国制造业扩展的首要选择。相反，受到美国本土成本下降、美元汇率疲弱、美国政府优惠税收政策、生产效率提升等因素的鼓励，以满足美国国内市场需求为主的制造业已经有明显回流的迹象，美国产业空心化的趋势得到逆转，未来美国在高端制造业方面的优势将更加突出。

第二个趋势是北美能源独立正在发生。在页岩气开发方面的成功大幅降低了美国天然气的价格，而页岩油产量爆发式增长可能使美国在未来数年内停止从海上进口石油。自 2005 年以来，美国的石油对外依存度开始下降。同时由于 2010 年以来美国的产量回升，美国已经于 2010 年年底从油品的净进口国转为油品的净出口国。今后北美市场的供需平衡将大幅放松，而北美以外市场供需平衡反而有所趋紧。持类似的观点，国际能源机构（IEA）认为，美国将在 2030 年成为石油净出口国，在 2035 年前后基本实现能源独立，并超过沙特阿拉伯成为全球头号产油国。

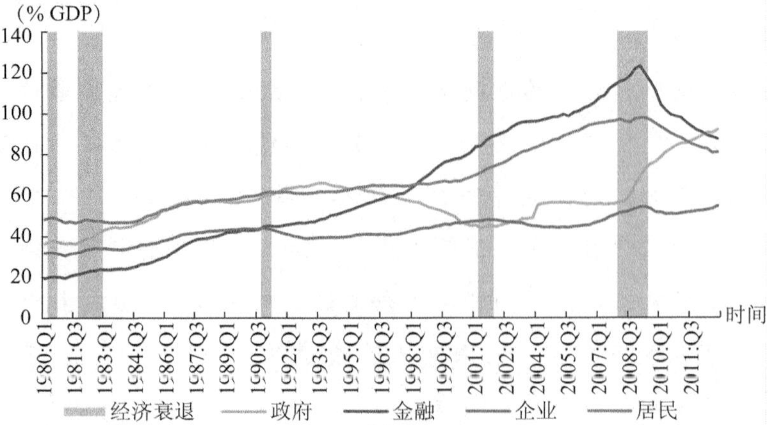

(a)

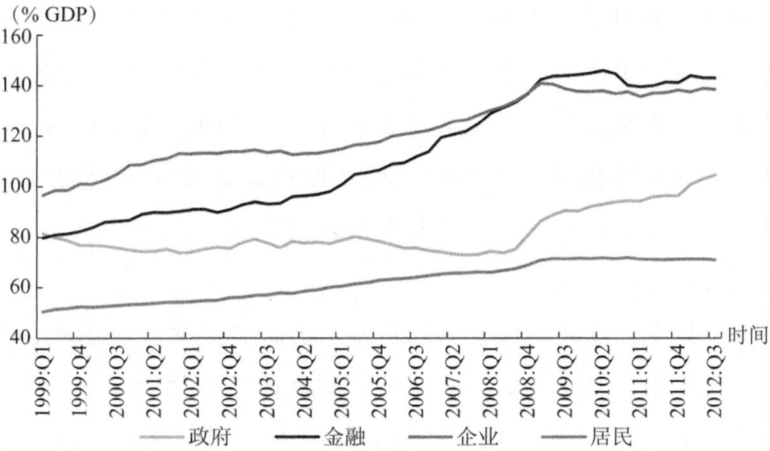

(b)

图 7－8　美国经济部门负债率，欧元区经济部门负债率

资料来源：Haver Analytics，中金公司研究部

第二，欧洲：步出危机、恐难出发。欧债危机已历时超过三年，仍然是影响全球经济和金融市场的最大风险因素。归功于相关欧盟机构、尤其是欧洲央行，危机最危险的时刻已经过去。自 2011 年 11 月欧洲央行行长德拉吉上任至今，欧洲央行及时推出措施，欧洲央行的资产负债表规模扩大了约 30%，效果显著。周边国家的国债收益率明显下降，市场流动性得到有效缓解，银行业和金融市场的稳定性得到巩固。欧债危机仍将反复（希腊、西班牙的问题远未结束），但最危险的时刻已经过去。未来的 1 ~2 年中，欧元区将逐步摆脱债务危机的影响。不过单凭欧洲央行在危机恶化时向市场提供流动性还远远不够，真正要摆脱债务危机需要欧元区各国政府在政治、财政和经济方面的进一步整合，但这个过程将会比较漫长而痛苦。

根据我们的预测，2013 年欧元区经济还难以从衰退中走出，但衰退的程度有所减轻，这主要反映了央行货币政策放松与财政紧缩力度减小的拉动。不过区域内各国的差异仍会比较大，核心国家包括德国和法国将继续维持正增长，但受严苛紧缩政策的局限，周边国家的经济短时间无法摆脱衰退。

2009年年底欧债危机爆发以来，整个欧元区除了政府部门债务占GDP比重大幅上升之外，其他各经济部门的资产负债表情况变化不大。实体经济要想恢复健康，欧元区还需进行大规模的、漫长的去杠杆化过程。加上人口老龄化等不利影响，欧元区存在成为下一个日本的可能性，即增长乏力、信贷收缩，甚至是陷入“流动性陷阱”。我们对欧元区的长期前景更加悲观。

第三，日本：改革积极，效果待察。自从自民党重新掌权，安倍晋三重任首相以来，日本开始推行激进的财政政策、货币政策、结构性改革以及国家主义等一系列政策，被称为“安倍经济学”，旨在结束通缩、重振日本经济和实力。就财政政策而言，日本最新一轮财政刺激计划总额是第二次世界大战后推出的规模最大的财政刺激。安倍政府还不断通过官员喊话，促进日元贬值。就货币政策而言，此前日本央行已经决定推出宽松措施来配合政府的财政刺激计划。在2014财年日本央行将推出开放式的量化宽松，并将中期通胀目标上调至2%。这些措施用来配合日本政府的财政刺激计划。在结构性改革方面，安培内阁也在准备一系列措施，来提升日本经济的竞争力。

日本新央行行长上任后推行了更加宽松的货币政策。与英美的量化宽松一样，日本极度宽松的货币政策也同样搅动了全球金融市场。安倍经济学，尤其是日元贬值，对中国外贸总量影响不大，但个别行业影响存在。但一种担心是，如果亚洲新兴市场国家也陆续推出极度宽松的货币政策，加入所谓的“货币战争”，追随日元贬值，这是否会对中国外贸形成很大冲击。考虑到亚洲新兴市场占中国出口总量的比重接近40%，这是一个合理的担忧。对于亚洲新兴市场会不会出现大规模的“货币战争”，我们认为不必过分担忧，但亚洲新兴市场“货币纠纷”的可能性增加，尤其是受日元贬值影响较大的韩国、中国台湾和新加坡。

极度货币宽松政策造成的日元贬值，除了贸易渠道的影响以外，还有会通过金融渠道影响我国，而这种影响的渠道主要是通过资金跨国流动实现的。我们认为，日本的货币放松对资金跨国流动的影响要小于美国的货币放松，其制造的流动性对中国的直接投资与间接投资影响都比较有限。

二、发达国家之间的关系

从以上对于发达国家三大板块的分析来看，各版图的现状和未来走向都会有较大的差异。在这个分析的基础上，我们可以梳理各板块之间的关系。

第一，美国和日本关系紧密，但也并非铁板一块。美国和日本在第二次世界大战之后就一直是同盟国的关系，美国负责日本的防务，日本则在经济利益方面回报美国。这种关系持续了半个多世纪。但美国和日本之间并非铁板一块。比如美国重回亚洲、朝鲜问题等就有可能削弱美日关系。

第二，安倍刺激日本经济的改革，采用货币宽松政策，使日元贬值等手段，使得日本与德国制造业的竞争加大，从而导致日本与欧洲的利益分化，关系紧张。

第三，从美国的国内和国际战略发展来看，将会有一些新的发展。美国国内经济具备再杠杆化的条件，美国经济有望实现高增长、温和通胀。美国能源在2020年之后有望自给自足，由此对全球布局将产生重大影响。美国对中东的能源依赖将减弱，那么，美国是从中东撤退，留在中东，还是成为中东局势的搅局者？金融危机之后，美国的财政问题变得空前突出，为了自身经济复苏的需要，美国有必要进行海外战线的收缩，比如从阿富汗撤退。

第四，在亚洲问题上，中美两国之间是存在利益契合点的。首先，中国应该利用朝鲜问题加强中美之间的合作，促使美国对日本的施压，包括在钓鱼岛的争端上。其次，美国仍然面临财政赤字问题，未来几年战争不是美国的首选策略。再次，面对中东的选择题，中美存在合作的空间。中国可支持美国不要急于从中东撤退，加强美国继续成为中东秩序维护者的意愿。

三、国际贸易与投资规则发展的新趋势

金融危机过后，一方面，国际经贸活动中各种形式的保护主义上升，贸易摩擦加剧，各国围绕市场、资源、人才、技术、规则和标准等方面的竞争更加激烈；另一方面，主要经济体在多哈回合谈判受阻情况下，纷纷调整国际化战略，加快推进更高标准的自贸区建设，强化区域次区域合作，使得当前国际贸易与投资规则发展呈现出不同于以往的新趋势。

1. 服务贸易和投资协定成为新一轮国际贸易谈判和规则制定的核心内容

当前，经济全球化路径已由传统的商品贸易向服务贸易和跨境投资转变，过去传统的自由贸易谈判主要侧重于消除关税、贸易配额和优先级别的一些国家的组合，目的是为商品贸易提供便利。随着全球化的推进，新一轮国际贸易谈判已经出现了明显的贸易投资并重，并突出构建服务贸易和投资规则的趋势，其目的是促进参与各方在服务贸易和投资领域更好地发挥比较优势，推动各成员国家经济的深度融合和持续发展。具有代表性的是美国主导的、正在谈判中的“服务贸易协定”（TISA）和 2012 年 4 月美国发布的《双边投资协定 2012 年范本》(BIT2012)。

（1）TISA。

TISA 首轮谈判开始于 2013 年 3 月，参与方包括美国、欧盟、日本、澳大利亚、墨西哥、智利、新西兰、韩国、中国香港、中国台湾等 22 个国家和地区，覆盖全球服务贸易总量的三分之二。各参与方希望在 2013 年年内通过 5 轮谈判达成最终协定。TISA 拟确立的主要原则包括：全面给予外资国民待遇，即除各国明确保留的例外措施外，所有服务部门，包括目前不存在但未来可能出现的各类新型服务业，均需对外资一视同仁；原则上应取消必须设立合资企业的各种要求，不得限制外资控股比例和经营范围；新的开放措施一旦实施不得收回等。同时，

TISA还将在国内管制、国企竞争、信息通信技术、电子商务、金融、专业服务、海运、政府采购、服务业补贴、自然人移动等领域制定新的自由贸易规则。应该看到，TISA的22个参与方之间实际上多数已经签署了各种自由贸易协定，相互之间本身已实现了较高水平的开放，在此基础上，TISA则提出了更高标准的开放要求，其影响不容小觑，有可能成为未来国际服务贸易规则的新标杆。

（2）BIT 2012。

投资协定和服务贸易协定具有密切的内在联系，这是因为服务贸易和传统的商品货物贸易不同，通常需要通过跨国投资来实现，服务贸易自由化和投资协定相辅相成，是一个问题的两个方面。进入21世纪以来，以美国、加拿大等为代表的发达国家倡导通过BIT来解决跨境投资方面存在的问题，逐步形成了关于保护双边投资的一系列内容和要素，形成了《美国双边投资协定2004年范本》，并广泛运用于各国双边投资保护。2009年美国决定对2004年范本进行内部审议和升级，并在2012年4月发布了最新的《双边投资协定2012范本》（BIT 2012）。BIT 2012不仅包括了国际投资协定的传统内容，如投资待遇的最低标准、最惠国待遇、征收、转移、代位、损失补偿、投资争端解决等，还纳入了准入前国民待遇、国有企业、劳工、环境、业绩要求等新条款。应该承认，BIT 2012既着重于强化投资权益保障，又注重通过投资协定解决投资市场开放、维护公平竞争等问题，是目前世界上国际投资领域中标准最高的范本之一，其多数规则不仅为发达国家所倡导和遵守，也为与主要发达经济体签订自由贸易协定的多数新兴市场国家和发展中国家所接受和运用。

2. 具有更高标准的新自由贸易协定将引领全球贸易新规则

1990年向GATT通报的FTA只有20项，到2000年向WTO通报的FTA也仅有86项，但在21世纪的这10多年中，FTA蓬勃发展，势不可挡。2007年向WTO通报的FTA达到159项，到2012年6月底已达324个。其中，比较突出的有东盟自由贸易区、安第斯共同体和正在谈判中的中日韩自贸区谈判。根据 WTO 官方统计数据，目前全世界有 210 多个国家和单独关税区签订了 1 个以上的区域自由贸易协定，有 30 多个国家参加了 20 项以上的 FTA（不含服务贸易协定），欧盟、墨西哥、智利、韩国、印度签订的 FTA 所涉及的国家或地区已超过 80 个。总体看，FTA 已成为一股席卷全球的浪潮，影响力越来越大，而且还在不断加快延伸。当前，最为各国关注的是美国主导的、正在谈判中的跨太平洋战略经济伙伴协定（TPP）和跨大西洋贸易和投资伙伴协议（TTIP）。

以 TPP 和 TTIP 为代表的新自由贸易协定之所以重要，首先是因为其覆盖范围广。截至目前，TPP 成员已扩大到美国、文莱、智利、新西兰、新加坡、澳大利亚、秘鲁、加拿大、墨西哥、日本 10 个国家；TTIP 所涵盖的欧盟和美国两大经济体拥有 8 亿人口，经济总量占全球总量的一半，贸易量占全球贸易总额的近三分之一，美国对欧洲的投资是对亚洲投资的 3 倍，欧洲对美国的投资则是对中国和印度投资总和的 8 倍。因此 TTIP 一旦达成，无疑将成为全球规模最大的自由贸易区，尤其是一旦由美国主导的 TTIP 与 TTP 融合，将重塑国际贸易、投资和世界经济格局。

其次是标准高。总体而言，TPP 和 TTIP 的主要内容包括：一是消除商品贸易的关税和非关税壁垒；二是消除对服务贸易和投资的限制性措施；三是在知识产权、劳工、环境、政府采购等领域制定高于 WTO 现行标准的规则；四是消除或削减所有不必要的“边境后壁垒”。特别地，TTIP 还增加了一项更激进的内容，即推进欧美两大经济体法规和标准体系的统一。应该看到，无论是 TPP、TTIP 还是 TISA 或 BIT 2012，这些升级版的自由贸易谈判旨在通过解决贸易和投资领域的市场准入，确立环境、劳工、知识产权、竞争、资金转移等领域的新标准、新规则，而且这些标准和规则都高于目前正在谈判或已签署的其他自由贸易协定。正如欧美自贸协定谈判工作组所指出的那样，未来的 TTIP 将成为“21 世纪自由贸易协定的标杆”；TPP 也如美方所强调的，将打破传统 FTA 模式，达成高标准、无例外的综合性自由贸易协议，成为“2.0 版的 WTO”。

3. WTO 多边贸易体制将日益边缘化

总体看，欧美发达国家的贸易优势更多地体现在服务贸易和投资领域，但 2001 年启动的多哈回合谈判历经 7 轮而踟蹰不前，这使得欧美对基于传统模式的多边贸易体制心生厌倦，而寄希望于更高标准的服务贸易与投资协定，以及更具立竿见影效果的双边自由贸易协定。尤其是这次金融危机以来，美国与韩国、哥伦比亚和巴拿马签署了基于更高标准的 FTA，并取得了实实在在的效果，表明双边自由贸易协定是切实可行且成效明显的。这正是自由贸易协定风生水起的重要背景。同时，TISA、BIT 2012、TPP 和 TTIP 所引领的自由贸易新趋势，也在客观上抛开了 WTO，形成了更高的标准，为未来全球贸易谈判提供了新的指导性框架，这也将使现有的 WTO 多边贸易体制日益边缘化。越来越多的发展中国家必须做出选择，要么主动参与、要么被动接受国际贸易领域的新规则。

附件三

通过扩大对外开放促进改革的重点领域

一、全面扩大服务业的对外开放

我国加入WTO十多年来的发展经验充分表明，不管是制造业还是服务业，凡是对外开放比较彻底，积极参与全球资源配置的领域，都是发展得比较好、竞争力强、与国际接轨比较密切的领域；凡是保护比较多，对外开放、参与全球化比较滞后的领域，都是改革发展也相对落后、竞争力差、市场认可程度低、与国际标准和前沿水平差距比较大的领域。因此，当前宜重新全面审视我国加入WTO时保留的限制措施，下决心加快仍然留有保护和限制措施的行业、特别是服务业的改革开放步伐，尽快主动推出取消限制和保护、进一步扩大开放的实质性举措。

注重在服务业领域的开放，从以货物贸易为主转向货物贸易和服务贸易并重。在中国加入WTO之后，中国有了“世界工厂”的称号，得益于过去的对外开放，中国在制造业领域的竞争力很强。目前，中国经济进入转型期，中国经济增长将从注重“量”的扩充，到“质”的充实。大力发展服务业是经济转型的重要过程和手段，而发达的服务业也是未来经济转型成功的重要标志之一。服务领域对外开放空间和潜力巨大。

1. 在银行业、证券业、保险业、电信业、邮政快递业、建筑业和法律服务彻底放开市场准入，取消外资持股比例或经营范围限制，实现实质性开放开放的同时，也要注意控制风险，可以设计相应的投资审查制度，在加强监管的透明度和公平性的同时，确保国家经济安全和稳定。例如，对于一般的小额投资仅要求其向有关部门备案即可，对于一些涉及重要领域的重大投资，可以考虑根据其具体情况，启动基于维护国家安全的非常规审查机制。对国家安全审查机制所涉及的范围可以采取较为模糊的定义，使其可以在更大范围内，更长时期内解决外资与国家安全之间的问题。该国家安全审查的机制不但可以用于外资并购，也可以用于新设项目；不但用于审查国家国防安全，也应可用于审查国家经济安全，产业安全等。

逐步放开金融领域，推进人民币国际化。(1) 择机进一步有序开放资本账户，在充分认识国际资本流向的基础上，利用国内经济增长放缓的时机，推进藏汇于民，稳定人民币汇率；同时放松国内企业和居民对海外投资的限制，提高我国对外投资的收益和外汇储备的使用效率。资本账户开放，也有利于资金的跨境配置，在当前的环境下，适当的资金流入对改善民营企业、中小企业融资有帮助。其对货币总量增长的影响，可以通过加强对银行信贷的控制来对冲。(2) 避免人民币剧烈升值。短期内，在应对海外货币极度宽松的时候，需要把握好人民币升值的节奏，避免人民币大幅升值，造成国内经济增长下滑的风险。(3) 推进人民币国际化，通过人民币国际化降低汇率风险和摩擦成本，使中国与全球经济的融合度进一步提高。

2. 在教育、医疗、文化等行业扩大开放试点

现阶段我国教育、医疗、文化等公共服务领域发展主要面临供不应求的问题。随着我国城乡居民消费结构升级不断加快，医疗、教育、文化等发展型消费需求增长迅速。2011 年城镇人均消费支出为 2820 元，较上年同期增加 12.86%，和 2000 年相比，增加了 185.6%，其中教育文化方面增加了 176.55%，医疗方面增幅为 204.64%。但这些行业发展并不能有效满足城乡居民消费升级的现实需要。2000—2011 年，我国每千人执业医师人数仅从 1.68 人增加至 1.82 人，每千人医院卫生院

床位数从2.38张增至3.5张，增长速度缓慢；中等和初等教育机构分别减少了1万家和28万家，虽然高等教育机构增加了1368家，但学生教师比（学生数/教师数）却增加了一倍；各类从事文化事业机构仅增加了9.6%，其中从事群众文化服务业的机构还减少了1646家，可见相对于日益增长的医疗、教育、文化服务需求，其供给相对不足。

政府职能缺乏科学定位，加剧供给不足。诚然，医疗、教育、文化这些具有较强准公共性、存在市场失灵问题的社会公共服务领域的发展需要政府提供良好的环境，给予必要的公共资源和政策支持。但现在我国政府在这些领域设置了很高的准入门槛以及一些针对非公经济的歧视性规定。结果不仅制约了社会服务水平的提高和相关行业的发展，更重要的是，在政府能力和公共资源有限的情况下，政府难以在基础教育、基本医疗、基础设施等基本公共服务领域提供足够的、公平的、高效率的公共服务。

加快事业单位改革，促进公共服务与市场化服务并行发展。一方面要加快推进市场化进程，将政府提供的公共服务与市场竞争业务进行拆分。对能够实行市场化经营的服务，可以引导民间资本和外国资本增加市场供给，实现产业化发展；对于公益性服务、保障社会公平的基本公共服务，应加快创新公共服务提供方式，从原来政府单一提供、直接提供的方式，转变为政府与社会多元化提供相结合的方式。以政府公共财政作为支撑，在继续发挥事业单位积极作用的同时，采用政府补贴、采购等方式鼓励民营组织、非营利机构参与提供公共服务。另一方面要加快健全事业单位法人治理结构方面的改革，探索建立理事会制度，作为事业单位的决策机构，决定本单位业务发展规划、财务预算方案、人事管理等重大事项，促进事业单位向非营利机构或现代企业转变，并积极引导和鼓励社会资本通过控股、参股、收购、兼并等方式参与事业单位改革。

积极建立改革试点。考虑到这些行业发展面临的制度问题比较复杂多样，且不同地区、不同行业面临的制度约束差异较大，为促进改革顺利推进，需要加强试点工作。由于这些行业关乎社会公平与和谐，对经济发展和社会稳定具有重要作用，应该结合其行业自身特性与发展要求，重点推进准入方式、监管体制、多元化市场主体发展、相关市场机制和市场体系建设等方面的综合配套改革。可选择大型经济中心城市作为试点，使其成为所在区域乃至全国的龙头和示范，为加快服务业发展和促进区域经济结构调整探索经验。

二、进一步扩大农业对外开放

加入WTO以来，我国在不断降低农产品进口关税的同时，也与世界其他国家一样设置了进口关税配额及非关税措施，如农业生物技术安全管理法规、进口许可证、法定动植物检验检疫、食品卫生检疫、技术性贸易措施等，限制了土地密集型农产品的进口。根据有关测算，我国非关税贸易措施实施对农产品总体起到的贸易限制和进口保护效果，相当于征收了42.6%的进口关税。对农产品的过度保护不仅对以其为原料的工业发展不利，会损害消费者的利益，而且也不利于我国农业在参与国际竞争中发挥比较优势和不断提高农业科技水平，从而阻碍农业生产力的提高。

进一步扩大农业对外开放主要是为了促进农业生产也参与全球分工，发挥比较优势，通过自由贸易更好扩大粮食供给，保障我国粮食安全，节约土地、水资源。主要举措包括：

一是基于粮食结构性保障措施，取消过多的农产品进口限制、贸易保护政策。农业对外开放首先要立足于国情实行结构性保障措施，重点保障稻谷和小麦两个主粮食品的基本自给。在此基础上，适度进口大豆、玉米等资源性农产品，探索建立统筹利用国际国内两个市场、两种资源的战略机制，不仅可以在一定程度上缓解国内农业资源短缺的压力，而且对我国立足国内实现粮食基本自给、确保国家粮食安全和主要农产品供给具有重要意义。

二是注重发挥我国农业生产的比较优势，调整农产品出口结构，按更高标准推进农产品贸易自由化。优化和调整农产品出口结构，从价格和品质两方面培育出口农产品的比较优势，建立形成以劳动密集型产品为基础的优势农产品出口体系。

三是优化和整合农产品支持体系。对重要农产品实行适度的价格支持，为生产者提供最低收入保障，继续加大对种粮农民的直接收入补贴，减少对贸易产生的扭曲。

四是积极扩大农业"走出去"。我国之所以能够利用有限的资源解决13亿人口的吃饭问题，其原因在于较高农业生产力。我国的农业自给率和单产水平远高于非洲、大洋洲、中南美洲及亚洲其他国家，也就是说，我国有可能在除北美洲和欧洲的任何地区开展农业开发与国际合作，其中撒哈拉以南非洲、亚洲其他国家和非洲北部是农业"走出去"的重点地区，而经济较为发达，但农业相对落后于我国的大洋洲和中南美洲，土地资源十分丰富，也可作为我国农业"走出去"的目的地，鼓励国内农业企业到这些国家和地区投资农业，在帮助对方发展农业和粮食生产的基础上，实现合作共赢。但是目前国内农业"走出去"的企业整体实力不强，面临融资难，人才、经验缺乏等问题，一方面需要政府采取财政、税收、金融等方面的支持政策措施，鼓励各类企业走出国门；另一方面需要企业提高自身竞争力，发挥主动性、积极性和创新性，不仅可采取农产品出口、对外劳务输出、建立营销渠道的方式，还可通过对外直接投资模式、境外农业资源开发、农业对外承包工程、农业对外劳务合作、设立境外研发中心、建立国际营销网络、提供境外咨询服务等多种途径"走出去"。

五是建立全球大宗商品交易中心及风险调节机制。在现有商品交易所的基础上，筹建全球大宗商品交易中心，逐步掌握在全球大宗农产品定价中的话语权，统筹利用国际国内两个市场、两种资源。同时还要建立与市场具有兼容性的风险调节机制。国内目前风险管理水平较低，期货市场还不健全，需要对粮食流通领域进行必要的干预，调控粮食价格的过度波动。此外，还要提高农业领域运用反补贴、反倾销以及贸易争端解决机制的能力，加强农业产业损害预警体系建设，维护我国国际贸易权益乃至国家经济安全。

参考文献

[1] 白宏炜，张宇. 土地并不稀缺——中国建设用地供给潜力分析［R］. 中金公司，房地产，2010－01－28.

[2] 房连泉. 20 世纪 90 年代以来巴西社会保障制度改革探析［J］. 拉丁美洲研究，2009，31（2）.

[3] 归秀娥. 美国农地保护政策对我国的启示［J］. 新西部，2008（5）.

[4] 郭秀云. 借鉴欧盟流动劳动力社保与福利体系设计的经验［J］. 中国人力资源开发，2009（10）.

[5] 姜超等. 土地财政已难持续. 海通证券研究报告，2013.

[6] 李波. "城市化"的几个误区. 中国人民银行货币政策二司工作论文，2010.

[7] 李猛. 新加坡、香港土地政策之鉴［J］. 地球，2013（1）.

[8] 李亚新. 如何看待中国粮食自给率［N］. 农民日报，2013，2（3）.

[9] 李毅，杨进. 哈萨克斯坦养老金制度改革与资本市场的发展［J］. 俄罗斯中亚东欧市场，2006（6）.

[10] 马骏，张晓蓉，李治国. 中国国家资产负债表研究［M］. 社会科学文献出版社，2012.

[11] 马骏，郑康彬. 西方财政实践［M］. 中国财政出版社，1997.

[12] 马骏. 论转移支付——政府间财政转移支付的国际经验及对中国的借鉴意义［M］. 中国财政经济出版社，1998.

[13] 马骏. 对地方财政风险的监控：相关的国际经验. 财政风险管理：新理念与国际经验［M］. 中国财政经济出版社，2003.

[14] 马骏，朱铭来，肖明智，宋占军. 中国国家资产负债表研究

[M]. 中国社会科学文献出版社，2012.

[15] 马骏，施娱，佟江桥. 政策要大变，才能将 PM2.5 降到 30 [J]. 博源基金会中国经济观察，2013 年特刊（4）.

[16] 齐瑞娟. 瑞典国家养老基金的投资运营和监管建议 [N]. 中国劳动保障报，2012（6）.

[17] 秦晓，马骏，曹远征. 价财税改革配套改革 [J]. 博源基金会中国经济观察，2013 年特刊（1）.

[18] 宿景昌. 论我国全方位开放格局的形成及其意义 [J]. 山东教育学院学报，1996（1）.

[19] 孙海泳. 美国社会养老金体系：愈益无法承受社会之重 [J]. 国际融资，2012（5）.

[20] 孙泽学. 1978—1984 年农村改革之中央、地方、农民的互动关系研究——以包产到户、包干到户为中心 [J]. 中国经济史研究，2006（1）.

[21] 伍戈，刘琨. 破解中国经济困局：基于总供给—总需求的框架 [J]. 国际经济评论，2013（5）.

[22] 王炳林. 我国对外开放格局的形成与邓小平的创造性贡献 [J]. 中国特色社会主义研究，1999（1）.

[23] 王志民. 对外开放格局的形成 [J]. 金融科学，1998（1）.

[24] 许成刚. 中国经济改革的制度基础 [J]. 世界经济文汇，2009（4）.

[25] 许飞琼. 香港：老龄化催生强积金制度 [N]. 法制日报，2010（11）.

[26] 许善达. 营业税改增值税，现行分税制不可持续 [D]. 工作论文，2013.

[27] 余志刚. 日本农地流转制度及对我国的启示 [J]. 中国乡村发现，2010（1）.

[28] 张军扩，廖英敏. 打破地方保护，建立国内统一市场 [J]. 前

线，2004（2）.

［29］张涛，李波．关于我国城市化相关问题的研究［J］．比较，2007，（31）.

［30］张涛，李波，卜永祥等．制造业、土地成本与中国城市发展——中国城市化决定因素的面板数据模型［J］．金融研究，2007（3）.

［31］张涛，李波，邓彬彬，王志刚．中国城市规模分布的实证研究［J］．西部金融，2007（10）.

［32］张玉棉，刘广献．日本税制——社会保障“一体化改革”最新研究［J］．日本问题研究，2013（1）.

［33］周小川．新加坡的职工保障：公积金制度［J］．经济社会体制比较，1992（4）.

［34］周小川，王林．社会保障：经济分析与体制建议（上）［J］．改革，1994（5）.

［35］周小川．从税改趋势看城市土地管理［J］．中国土地，2004（Z1）.

［36］周小川．城镇化及其融资问题［J］．比较，2011（55）.

［37］周小川．我国金融改革中自下而上的组成部分［J］．中国金融，2012（23）.

［38］赵永平．财政部：2020 年再建 4 亿亩高标准农田．人民日报［N］．2013－03－18.

［39］Henderson，J. Vernon．中国的城市化面临的政策问题和选择［J］．比较，2007（31）.

［40］Hana Brixi，马骏．财政风险管理：新理念与国际经验［M］．中国财政经济出版社，2003.

［41］俄亥俄州：地方财政紧急情况法令．http：//204．89．181．223/cgi－bin/.

［42］Kim，Sukkoo．Industrialization and urbanization：Did the steam contribute to the growth of cities in the United States? [D]. Working paper 11206, National bureau of economic research, Washington University, 2005.

[43] Sahling, Leonard G. and Sharon P. Smith. Regional wage difference: has the south rise again? [J]. The review of economics and statistics [J]. 1983 (65): 131 - 135.

[44] The America that works, The Economist, March 16, 2013 (page11).

附录一

中国金融四十人论坛简介

中国金融四十人论坛是一家非官方、非营利性的独立智库，专注于经济金融领域的政策研究。论坛由40位40岁上下的金融精锐组成，即“40×40俱乐部”。

本智库的宗旨是：以前瞻视野和探索精神，致力于夯实中国金融学术基础，研究金融界前沿课题，推动中国金融业改革与发展。

Introduction of CF40

China Finance 40 Forum (CF40) is a non-governmental, non-profit and independent think tank dedicated to policy research on economics and finance. CF40 was founded on April 12th 2008 and is a "40 × 40 club" that consists of 40 financial elites around 40 years old.

With a forward-looking vision and an exploratory spirit, CF40 aims to enhance the academic foundation of China's finance, provide high-quality research on emerging financial issues, and promote financial reform and development.

附录二

中国金融四十人论坛组织架构与成员名单
（2014 年）

论坛学术顾问（按姓氏拼音排序）：

1 胡怀邦 国家开发银行董事长

2 黄奇帆 重庆市市长

3 蒋超良 中国农业银行股份有限公司董事长

4 林毅夫 北京大学国家发展研究院教授

5 裴长洪 中国社会科学院经济研究所所长

6 钱颖一 清华大学经济管理学院院长

7 秦　晓 博源基金会理事长

8 沈联涛 中国银行业监督管理委员会首席顾问

9 王　江 美国麻省理工学院斯隆管理学院金融学教授

10 吴敬琏 国务院发展研究中心资深研究员

11 吴晓灵 全国人大财经委副主任委员、中国人民银行原副行长

12 谢　平 中国投资有限责任公司副总经理

13 易　纲 中国人民银行副行长、国家外汇管理局局长

14 余永定 中国社会科学院世界经济与政治研究所研究员

15 朱　民 国际货币基金组织副总裁

论坛常务理事会主席：

陈　元 全国政协副主席

论坛常务理事会副主席：

谢　平　中国投资有限责任公司副总经理

论坛常务理事（按姓氏拼音排序）：

1　陈东升　泰康人寿保险股份有限公司董事长兼 CEO
2　陈文辉　中国保险监督管理委员会副主席
3　陈　元　全国政协副主席
4　樊大志　华夏银行行长
5　吉晓辉　上海浦东发展银行董事长
6　金立群　中金公司董事长
7　李若谷　中国进出口银行董事长兼行长
8　刘　勇　国家开发银行业务发展局局长
9　缪建民　中国人寿保险（集团）公司总裁
10　钱颖一　清华大学经济管理学院院长
11　裘国根　上海重阳投资有限公司董事长
12　任汇川　中国平安集团总经理
13　寿梅生　交通银行副行长
14　屠光绍　上海市常务副市长
15　万建华　国泰君安证券股份有限公司董事长
16　王东明　中信证券股份有限公司董事长
17　王海明　中国金融四十人论坛秘书长
18　王　喆　中国外汇交易中心党委书记
19　吴　焰　中国人民保险集团股份有限公司董事长
20　谢　平　中国投资有限责任公司副总经理
21　阎庆民　中国银行业监督管理委员会副主席
22　张家林　北京艾亿新融资本管理有限公司董事长
23　张育军　中国证券监督管理委员会主席助理
24　周万阜　中国农业银行战略规划部总经理
25　周　伟　上海市黄浦区委书记

论坛理事（按姓氏拼音排序）：

1　蔡明兴　富邦金融控股公司副董事长
2　陈东升　泰康人寿保险股份有限公司董事长兼 CEO
3　陈一松　中信信托有限责任公司总经理
4　樊大志　华夏银行行长
5　甘为民　重庆银行董事长
6　高　峰　德意志银行（中国）有限公司行长
7　哈继铭　高盛投资管理部中国副主席暨首席投资策略师
8　吉晓辉　上海浦东发展银行董事长
9　金立群　中金公司董事长
10　康　典　新华人寿保险股份有限公司董事长
11　李仁杰　兴业银行行长
12　李若谷　中国进出口银行董事长兼行长
13　连　平　交通银行首席经济学家
14　林　涌　海通国际行政总裁
15　刘　勇　国家开发银行业务发展局局长
16　吕家进　中国邮政储蓄银行行长
17　缪建民　中国人寿保险（集团）公司总裁
18　裘国根　上海重阳投资有限公司董事长
19　任汇川　中国平安集团总经理
20　沈　颢　21 世纪传媒 CEO
21　万　放　平安资产管理有限责任公司董事长
22　万建华　国泰君安证券股份有限公司董事长
23　王东明　中信证券股份有限公司董事长
24　王　钧　浙江泰隆商业银行董事长
25　王永利　中国银行副行长
26　王　喆　中国外汇交易中心党委书记
27　王志浩　渣打银行大中华区研究主管

28　吴　焰　中国人民保险集团股份有限公司董事长
29　夏　蜀　富滇银行股份有限公司董事长
30　于业明　太平洋资产管理有限责任公司总经理
31　张家林　北京艾亿新融资本管理有限公司董事长
32　赵　民　北京正略钧策企业管理咨询有限公司董事长
33　赵　威　中再资产管理股份有限公司副董事长、总经理
34　周万阜　中国农业银行战略规划部总经理
35　周　伟　上海市黄浦区委书记

论坛会员单位：

中银国际控股有限责任公司

论坛学术委员会主席：

钱颖一　清华大学经济管理学院院长

论坛学术委员会成员（按姓氏拼音排序）：

1　管　涛　国家外汇管理局国际收支司司长
2　黄海洲　中国国际金融公司销售交易部负责人
3　潘功胜　中国人民银行副行长
4　魏加宁　国务院发展研究中心宏观经济部副部长
5　阎庆民　中国银行业监督管理委员会副主席
6　袁　力　国家开发银行副行长
7　钟　伟　北京师范大学金融研究中心主任

论坛监事长：

寿梅生　交通银行副行长

论坛监事会成员（按姓氏拼音排序）：

1　管　涛　国家外汇管理局国际收支司司长
2　陆　磊　广东金融学院院长

3　沈　颢　21世纪传媒CEO
4　巫和懋　北京大学国家发展研究院教授
5　钟　伟　北京师范大学金融研究中心主任

论坛秘书长：

王海明

40×40俱乐部成员名单（按姓氏拼音排序）：

政府机关人员：

1　巴曙松　国务院发展研究中心金融研究所副所长
2　陈文辉　中国保险监督管理委员会副主席
3　范文仲　中国银行业监督管理委员会国际部主任
4　方星海　中央财经领导小组办公室经济一组巡视员
5　管　涛　国家外汇管理局国际收支司司长
6　纪志宏　中国人民银行金融市场司司长
7　贾　康　财政部财政科学研究所所长
8　李　波　中国人民银行货币政策二司司长
9　李伏安　中国银行业监督管理委员会河南监管局局长
10　刘春航　中国银行业监督管理委员会研究局局长
11　廖　岷　中国银行业监督管理委员会上海监管局局长
12　隆国强　国务院发展研究中心办公厅主任
13　潘功胜　中国人民银行副行长
14　祁　斌　中国证券监督管理委员会研究中心主任
15　沈晓晖　国务院研究室国际司司长
16　魏加宁　国务院发展研究中心宏观经济部副部长
17　阎庆民　中国银行业监督管理委员会副主席
18　张健华　中国人民银行杭州中心支行行长
19　张　涛　国际货币基金组织中国执行董事
20　张育军　中国证券监督管理委员会主席助理

研究机构人员：

21　白重恩　清华大学经济管理学院副院长
22　丁志杰　对外经贸大学校长助理
23　黄益平　北京大学国家发展研究院副院长
24　李稻葵　清华大学经济管理学院金融系主任
25　陆　磊　广东金融学院院长
26　瞿　强　中国人民大学金融与证券研究所副所长
27　魏尚进　哥伦比亚大学金融学教授
28　巫和懋　北京大学国家发展研究院教授
29　姚　洋　北京大学国家发展研究院院长
30　殷剑峰　中国社会科学院金融研究所副所长
31　钟　伟　北京师范大学金融研究中心主任

商业机构人员：

32　高善文　安信证券首席经济学家
33　哈继铭　高盛投资管理部中国副主席
34　黄海洲　中国国际金融公司销售交易部负责人
35　黄金老　华夏银行副行长
36　连　平　交通银行首席经济学家
37　马　骏　德意志银行董事总经理、大中华区首席经济学家
38　孙明春　上海博道投资首席经济学家
39　徐　刚　中信证券董事总经理
40　袁　力　国家开发银行副行长

论坛特邀成员：

1　郭　濂　国家开发银行金融研究发展中心主任
2　黄　明　中欧国际工商学院教授、康奈尔大学终身教授
3　黄志强　中国银行国际金融研究所所长
4　何　东　香港金融管理局助理总裁

5　胡一帆　海通国际研究部主管兼首席经济学家
6　金中夏　中国人民银行金融研究所所长
7　李　麟　浦发银行战略发展部总经理
8　李迅雷　海通证券首席经济学家
9　林采宜　国泰君安证券首席经济学家
10　鲁政委　兴业银行首席经济学家
11　马　宁　高华证券公司副总经理、研究总监
12　彭文生　中国国际金融有限公司首席经济学家
13　沈建光　瑞穗证券亚洲公司董事总经理、首席经济学家
14　盛松成　中国人民银行调查统计司司长
15　孙国峰　中国人民银行货币政策司副司长
16　王志浩　渣打银行大中华区研究主管
17　吴高连　中国光大银行专职董事
18　武　剑　中国光大银行专职董事
19　谢　多　中国银行间市场交易商协会党委书记
20　熊志国　中国保险监督管理委员会政策研究室主任
21　许宪春　国家统计局副局长
22　徐　忠　中国人民银行金融市场司副司长
23　张承惠　国务院发展研究中心金融研究所所长
24　张霄岭　中国银行业监督管理委员会银行监管三部副主任
25　郑京平　国家统计局总工程师
26　诸建芳　中信证券首席经济学家
27　朱　宁　上海交通大学上海高级金融学院副院长
28　周道许　贵州省人民政府副秘书长、贵州省政府金融工作办公室主任
29　邹加怡　财政部国际司司长

论坛特邀研究员：

1	程漫江	中银国际控股董事总经理、研究部主管
2	王　信	中国人民银行南昌中心支行行长
3	向松祚	中国农业银行首席经济学家
4	张　斌	中国社科院世界经济与政治研究所全球宏观经济研究室主任
5	张　明	中国社科院世界经济与政治研究所国际投资研究室主任
6	周诚君	中国人民银行金融研究所研究员
7	祝丹涛	中央财经领导小组办公室处长

后　记

社会和经济现象错综复杂，但其具有客观规律。唯有遵循客观规律，顺应历史发展大势，才能解决现实问题，避免陷入持续的困境。面对当前中国社会客观存在的问题，理性者当于疾在腠里时，对症下药；若错失改革时机，则攻之不可，达之不及，药不至焉，不可为也。因此，应利用现有条件，抓住当前改革机遇，果断决策，谨慎推进。

首先需要抓住当前中国社会主要问题，并对问题追根溯源。从改革的逻辑上看，对既有利益格局冲击较小的改革相对容易，越是“硬骨头”越不容易触动。这些问题保罗万象，普通老百姓的医疗、养老问题；农民的土地、进城务工问题；政府的财税体制问题；对外开放问题；法治市场经济的建设问题等等，问题盘根错节，其背后原因众多。对问题原因的剖析需剥茧抽丝，层层深入。大家都说中国进入到了改革的深水区，这意味着我们在分析这些问题时，不免要触动部分人和集团的既有利益，甚至改变一些传统的认知和思维方式。

其次是问题的解决方案。逢山开道，遇水叠桥。解决困难的方法总比困难本身多，这为研究者和实践者提供了信心，却也带来了多样化选择的困境。在研究过程中，不同的学者会提出不同的解决方案。在本书中，我们将不同笔者的方案陈列出来，并进行了利弊比较。各种思想百花齐放对于学术研究是难能可贵的现象，却也从另一个角度反映了问题的复杂性，这对于政策制定者而言是一个艰难的选择过程。

最后是方案的执行问题。中国的改革经验中既有自上而下的推动，也有自下而上的创新。在实践中，我们倾向于更多发挥地方的积极性和创造力，因地制宜，寻找改革突破口，探索和比较不同的改革路径，寻找最优改革方案。从国际经验看，在维护统一大市场的前提下，向地方适度下放权力是大国发展的一个普遍趋势和基本规律。作为研究人员，我们只希望自己不沉浸于章句小楷之积习，而是融入到切实解决实际问题的过程中，发挥所长。在逢山开道，遇水叠桥后，希望道路和桥的另一端百姓安居乐业，社会安定祥和，国家独立自由；希望不断改革的中国社会实现法治，尊重市场，公平公正，使热爱这个国家并世代生存在这里的人民少一些戾气，多一些幸福；希望路的那一端，就是心目中的桃花源。

编　者

2014 年 3 月